LES MAITRES
DE LA PENSÉE MODERNE

CALMANN LÉVY, ÉDITEUR

DU MÊME AUTEUR

Format in-8°

LES PROBLÈMES DU XIX° SIÈCLE... ..... 1 vol.

Format grand in-18

LA FAMILLE........................ 1 vol.
LA PHILOSOPHIE FRANÇAISE CONTEMPORAINE. 1 —
PHILOSOPHIE DU BONHEUR............ 1 —
LES PROBLÈMES DU XIX° SIÈCLE........ 1 —

IMPRIMERIE CHAIX, RUE BERGÈRE, 20, PARIS. — 23668-2.

LES MAITRES

DE LA

PENSÉE MODERNE

PAR

PAUL JANET

DE L'INSTITUT

PARIS
CALMANN LÉVY, ÉDITEUR
ANCIENNE MAISON MICHEL LÉVY FRÈRES
3, RUE AUBER, 3

—

1883

Droits de reproduction et de traduction réservés

LES MAITRES
DE LA PENSÉE MODERNE

DESCARTES

SON CARACTÈRE ET SON GÉNIE[1]

En 1637, paraît le *Discours de la Méthode*, suivi de la *Géométrie* et des *Météores*. Descartes avait quarante et un ans. A partir de cette date, il appar-

---

1. — I. *Œuvres inédites de Descartes*, publiées par M. Foucher de Careil. — II. *Descartes, sa vie, ses travaux, ses découvertes avant 1637*, par M. Millet. — III. *Précurseurs et Disciples de Descartes*, par Émile Saisset. — IV. *Histoire de la philosophie cartésienne*, par M. Francisque Bouillier, 3ᵉ édition. — Depuis que ce travail a été publié, il a paru encore un ouvrage important à signaler sur ce sujet : *Descartes*, par Louis Liard, recteur de l'Académie de Caen, 1882. — Voyez la note à la fin de ce chapitre.

tient à la publicité et à l'histoire. D'autres écrits suivent les précédents : son école se fonde. Les universités se remplissent de ses adhérents. L'Église, passagèrement hostile, s'autorise et se couvre de ses doctrines. Tous les savants de l'Europe le consultent. Les princesses et les reines se mettent à son école. C'est alors que, dans toute la force de l'âge et du génie, dans toute la splendeur de sa gloire, il meurt à Stockholm, au milieu du siècle, en 1650, à l'âge de cinquante-quatre ans.

Si rien n'est plus connu que l'histoire de Descartes à partir de la date célèbre de cette première publication, rien au contraire ne l'est moins que son histoire antérieure. La publication de 1637 ne peut pas être considérée comme un premier essai de jeune homme : c'est au contraire une œuvre de maître, un coup de génie, qui dès le premier instant place Descartes au nombre des conquérants et des dominateurs de la science. Une révolution logique et philosophique, l'invention d'une science toute nouvelle, la géométrie analytique, — telles étaient les deux œuvres capitales que ce débutant apportait au monde savant. Ces livres, bien loin d'être le commencement, n'étaient au contraire que la conclusion et le couronnement d'immenses travaux que jusqu'alors Descartes n'avait faits que pour lui-même, et dont il donnait maintenant la meilleure partie au public. On voit encore, par le *Discours de la Méthode*, que Descartes, sans avoir encore rien publié, était déjà célèbre. Ses conversations, ses conférences, ses correspondances, avaient donné de lui la plus haute idée à tous les savants qui le connaissaient; de proche en proche son nom s'était répandu, et une grande attente s'attachait à lui. On le pressait de tous les côtés de faire connaître ses découvertes, de publier ses écrits, et, ce qui est rare, l'attente, bien loin d'être déçue, était dépassée; la gloire la plus éclatante, le succès le plus rapide, récompensaient ses laborieux efforts.

C'est donc un travail aussi intéressant que neuf de nous faire connaître Descartes avant sa gloire et son triomphe, avant ses premiers écrits, de l'étudier dans l'enfantement progressif de ses pensées, d'expliquer et de commenter par les circonstances précises de sa vie l'histoire psychologique qu'il raconte lui-même dans son premier chapitre du *Discours de la Méthode*; c'est ce travail qui vient d'être fait par un jeune professeur de l'Université, sous ce titre : *Descartes, sa vie, ses travaux, ses découvertes avant 1637*. L'auteur, M. Millet [1], s'est appliqué à ce travail avec une conscience et une ardeur des plus louables. Il est difficile d'aimer son œuvre plus qu'il ne le fait, ce qui est une condition de bien faire; non seulement il a consulté les documents imprimés, mais il a écrit partout où l'on avait pu conserver quelques vestiges de Descartes, en Hollande, en Suède, en Angleterre; il a recueilli quelques faits nouveaux, et a profité surtout avec habileté et discernement

---

1. L'auteur de ce travail, M. Millet, a malheureusement été enlevé à la science par une mort prématurée.

des trois sources les plus importantes qu'il eût à sa disposition : la *Correspondance* de Descartes, la *Vie de Descartes*, par Baillet, les *Fragments inédits* découverts et publiés par M. Foucher de Careil.

Sans contester ce que l'auteur a pu ajouter par ses connaissances philosophiques et scientifiques à la *Vie de Descartes* de Baillet, je crois toutefois qu'on le trouvera sévère à l'égard de ce livre, et qu'il ne me paraît pas reconnaître suffisamment tout ce qu'il lui doit. Il l'accuse d'être emphatique, lourd, de manquer de critique, de discernement philosophique. Je le veux bien; mais ce n'est pas une raison pour nier le mérite de cet estimable ouvrage. Sans doute Baillet est un écrivain naïf et peu exercé, il a la phrase longue, le récit diffus et beaucoup d'autres défauts; mais il est consciencieux, il a consulté toutes les sources qui étaient à sa disposition, et il les a indiquées avec précision. Son récit un peu lent ne laisse pas que d'être vivant par le détail et par les circonstances qu'il déroule devant nous; ce n'est pas une biographie, ce sont des mémoires, et ces mémoires sont d'une lecture attachante, comme tout ce qui nous fait pénétrer dans l'intimité des hommes célèbres. Nous y voyons non seulement la vie particulière de Descartes, mais les circonstances générales dans lesquelles il a vécu. Rien ne nous autorise à révoquer en doute l'exactitude des faits rappelés par Baillet, car M. Millet, si sévère qu'il soit, n'a pu y relever une seule erreur. Quant aux travaux scientifiques et philosophiques, Baillet, il faut le reconnaître, est plutôt un témoin passif qu'un critique : il rapporte plus qu'il ne juge ; mais en cela même il prouve son bon sens, et il a encore pour nous cet important avantage d'avoir eu entre les mains des écrits de Descartes que nous n'avons plus, ou que nous n'avons qu'en partie : les extraits qu'il nous en donne ont donc une très grande valeur. Enfin le style de Baillet, sans avoir ni éclat ni concision, n'est nullement emphatique, il est naturel; ce n'est pas le style fier de la société aristocratique de ce temps-là, c'est un style bourgeois, sans grandeur, mais solide, sain, honnête et d'une bonhomie parfaite. La *Vie de Descartes* de Baillet me paraît de la famille des *Mémoires* de Fontaine, ce livre excellent et charmant de l'école de Port-Royal.

Indépendamment de la *Vie de Descartes* et de sa *Correspondance*, l'auteur a encore eu à sa disposition une autre source récemment découverte, les *Fragments inédits*, l'une des trouvailles les plus intéressantes de M. Foucher de Careil. C'est peut-être ici le lieu de rappeler en quelques mots l'histoire assez bizarre des papiers de Descartes, que M. Millet nous raconte avec beaucoup de détails : c'est une des parties curieuses et instructives de son livre. Descartes avait laissé deux séries de papiers, les uns en Hollande, les autres en Suède. Les papiers de Hollande avaient été confiés par lui, au moment de son départ pour Stockholm, à un de ses amis, M. de Hooghelande. Ils étaient enfermés dans un coffre que l'on ouvrit trois semaines après la mort du philosophe pour en faire l'inventaire. On n'a jamais revu ni cet inventaire ni ces papiers, parmi lesquels devait se trouver, suivant M. Millet, le traité *du Monde*, le plus complet ouvrage de Descartes. Notre jeune et ardent critique s'est mis courageusement à la recherche de ces papiers perdus, et il ne désespère pas un jour de les retrouver.

Quant aux papiers que Descartes avait emportés en Suède avec lui, ils eurent également d'assez fâcheuses aventures. L'inventaire en fut fait par M. Chanut, ambassadeur de France et ami de Descartes, et le tout fut envoyé par lui à son beau-frère, M. Clerselier, autre ami et disciple du philosophe, qui habitait Paris. Ils furent chargés sur un bateau qui accomplit heureusement la longue traversée de Stockholm à Paris ; mais à Paris même, près du Louvre, le bateau sombra, et les papiers allèrent au fond de la Seine, où ils restèrent trois jours. Après qu'ils eurent été repêchés, ils furent confiés à des domestiques peu intelligents qui les firent sécher pêle-mêle sur des cordes, et les remirent à Clerselier dans le plus grand désordre. C'est avec ces matériaux informes que Clerselier publia sa première édition des *Lettres* de Descartes et quelques autres ouvrages ; mais cette édition est bien loin de contenir tous les écrits de Descartes mentionnés dans l'inventaire de Stockholm. Parmi ces divers écrits, qui ont encore été entre les mains de Baillet, se trouvait un *Cahier-Journal* (de 1616 à 1621) et quelques *Fragments de physique et de mathématiques*, qui furent vus par Leibniz à son passage à Paris. Sa curiosité extrême pour toutes les raretés philosophiques lui en fit prendre une copie : c'est cette copie que M. Foucher de Careil a retrouvée à Hanovre et qu'il a publiée sous le titre de *Fragments inédits*.

Enfin, dans le dénombrement des sources diverses que l'auteur a pu et dû consulter, on ne peut oublier la savante et complète *Histoire de la philosophie cartésienne*, dont l'auteur, M. Francisque Bouillier, vient précisément de nous donner la troisième édition, encore perfectionnée. Le livre de M. Bouillier est un de ceux qui font le plus d'honneur à l'érudition française en philosophie. C'est un de nos livres que l'Allemagne connaît et estime le plus. Si le livre de Bordas-Dumoulin sur le même sujet conserve son originalité soit par la force philosophique, soit par l'étendue des connaissances scientifiques, celui de M. Bouillier est supérieur par l'étendue des recherches, et aussi par la savante et heureuse ordonnance de la composition. Le livre de Bordas-Dumoulin est plein d'éclairs ; mais il est incomplet et mal ordonné. La science pure y déborde sur la métaphysique. Dans le livre de M. Francisque Bouillier, toutes les proportions sont observées : les grandes doctrines sont exposées d'une manière complète et lumineuse ; mais c'est surtout le détail des faits que l'auteur a étudié avec une exactitude et une précision supérieures. Il a suivi toutes les vicissitudes du cartésianisme dans tous les pays de l'Europe, et jusqu'à ses dernières ramifications dans le xviii° siècle. L'histoire littéraire a autant à profiter que l'histoire philosophique dans cet important ouvrage.

I

Nous ne voulons pas suivre ici et reproduire pas à pas la biographie de Descartes. On la trouvera fort détaillée soit dans son premier biographe, Baillet, soit dans l'ouvrage de M. Millet. Nous voudrions seulement recueillir quelques traits de cette physionomie, l'une des plus originales et des plus vivantes de l'histoire de la philosophie. Ce spéculatif était un homme, et s'intéressait autant que personne à tout ce qui concerne l'homme.

Ainsi l'un des traits qui frappent le plus dans le caractère de Descartes, c'est sa passion des voyages, passion assez rare à son époque, surtout parmi les savants. On peut dire que Descartes a vu toute l'Europe (la Russie et la Turquie exceptées). A peine âgé de vingt et un ans, il passe en Hollande, où

Bavière, puis en Autriche, en Hongrie, en Bohême, d'où il remonte par la Pologne et la Poméranie jusque sur les bords de la Baltique, qu'il longe jusqu'à l'Elbe. Là il s'embarque pour la Frise, rentre en Hollande par le Zuyderzée, repasse par Bruxelles, et revient à Paris. Il ne reste pas longtemps en France. Le voilà parti pour la Suisse, puis pour l'Italie ; il visite Venise et Rome, revient encore en France pour s'échapper encore et cette fois se fixer définitivement en Hollande. De là il fait un voyage en Angleterre, un autre en Danemark, rêve d'aller jusqu'à Constantinople, et enfin, sollicité par la reine Christine, passe en Suède, où sa poitrine délicate ne peut pas supporter les rigueurs du climat et où il meurt.

On pourrait croire que pendant le séjour prolongé qu'il a fait en Hollande, Descartes sera resté un peu tranquille. Nullement ; sans cesse il changeait de place, et son biographe Baillet, désespérant de pouvoir le suivre pas à pas dans ses continuels changements de domicile, se contente de nous les énumérer en une seule fois, pour ne pas compliquer l'histoire de ses travaux et de son esprit par l'histoire de ses déplacements. « D'Amsterdam, nous dit-il, il alla demeurer en Frise, près de la ville de Franker, en 1629, et il revint la même année à Amsterdam, où il passa l'hiver. S'il exécuta le dessein de son voyage en Angleterre, ce fut en 1631, et il revint achever cette année à Amsterdam. On ne sait pas précisément où il passa l'année 1632, mais, en 1633, il alla demeurer à Deventer, dans la province d'Over-Yssel. De là il retourna à Amsterdam, où il passa une partie de l'année 1634, durant laquelle il fit quelques tours à La Haye et à Leyde. Il fit ensuite le voyage de Danemark, et il revint à Amsterdam, d'où il fit une retraite de quelques mois à Dort. De là il passa une seconde fois à Deventer en 1635. Il retourna ensuite dans la Frise occidentale, et demeura quelque temps à Leuvarden. Il y passa l'hiver, et il revint ensuite à Amsterdam, où il demeura quelques mois, au bout desquels il passa à Leyde. » On se lasse de poursuivre la série de ces déplacements, qui occupent encore dans Baillet toute une longue page. Il faut avouer que, pour un homme qui s'était retiré du monde afin d'être tranquille, il employait un singulier moyen. Il est évident que chez Descartes l'esprit pur était en dehors du temps et de l'espace ; mais le corps était toujours en mouvement.

Descartes, faisant lui-même, dans son *Discours de la Méthode*, sa biographie psychologique et intellectuelle, nous représente ses voyages comme une partie de son entreprise philosophique. Peu satisfait de la science des écoles, il s'était décidé, nous dit-il, « à fermer tous ses livres pour consulter le grand livre du monde ». Je ne doute pas à la vérité que le désir de savoir n'ait été une des raisons qui l'aient conduit ainsi à travers l'Europe dans d'interminables pérégrinations. C'est néanmoins un fait curieux que l'on ne puisse signaler dans sa philosophie que bien peu de traces de cette influence. Cette philosophie est tout abstraite, toute spéculative, tout intérieure. Si l'on ne savait point, par l'ouvrage de Baillet et par la première partie du *Discours de la Méthode*, que Descartes a vu le monde autant que qui que ce soit, personne ne pourrait le deviner en étudiant sa philosophie. Cette philosophie ne se ressent en aucune manière de ce contact si intime avec la réalité, et elle semble en contradiction avec cette vie agitée. Après avoir tant vu, tant expérimenté, n'est-il pas étrange que la première pensée de notre philosophe ait été que peut-être tout cela n'existe pas? En général, les hommes qui ont beaucoup vu les choses humaines, qui ont eu le goût du spectacle de la vie, ne sont guère disposés à douter de leurs sens et à considérer la réalité extérieure comme une chimère. Ils douteront plus volontiers des idées pures que de leurs corps et des choses concrètes : c'est le contraire chez Descartes. Comme homme, il a connu de près les choses réelles ; comme philosophe, il s'est renfermé systématiquement dans la région de l'esprit pur.

Que dans sa philosophie spéculative Descartes n'ait rien laissé pénétrer de ce que l'expérience de la vie avait pu lui apprendre, on peut encore se l'expliquer ; mais il semble que cette expérience aurait dû porter ses fruits d'une manière quelconque, et se manifester quelque part. On s'attendrait à rencontrer dans ses écrits une mine de réflexions et de pensées sur les caractères, les mœurs, les opinions, sur les différents peuples, les diverses classes de la société, en un mot sur le cœur humain. C'est ce qu'on rencontre dans d'autres philosophes mêlés, comme l'a été Descartes, au monde et aux hommes. Je citerai, par exemple, Aristote et Bacon. Le premier, précepteur d'Alexandre et ayant vécu longtemps à la cour de Philippe, a pu et a dû y acquérir l'expérience de la vie. Aussi cette expérience se manifeste-t-elle d'une manière éclatante dans ses livres. Sa *Politique* est une merveille de sens pratique en même temps que de génie scientifique ; il réunit le génie de Machiavel au génie de Montesquieu, et les procédés de la politique empirique lui sont aussi familiers que les lois générales de la société. Il en est de même de sa *Morale* ; ce n'est pas seulement un admirable traité théorique, c'est encore une mine inépuisable d'observations pénétrantes et profondes sur le cœur humain. On pourrait en extraire un ouvrage sur les caractères bien plus beau que celui de Théophraste. Dans sa *Rhétorique*, la théorie des passions, la peinture des différents âges si souvent reproduites par la poésie, attestent également le moraliste auquel n'a pas manqué, quoi qu'en dise Bacon, « le suc de l'expérience et de la réalité ». Ce dernier philosophe, lui aussi, avait vu de près les choses de la vie réelle. Les *Essais de morale et de politique* sont le témoignage de cette vivante expérience. Ils nous enseignent l'art de la vie sans excès de scrupule, et comme pourrait le faire un homme du monde versé dans les mystères de ce que l'on appelle la sagesse pratique.

Rien de semblable dans les écrits de Descartes.

Il a vu tous les peuples de l'Europe, et cependant il ne laisse jamais échapper un seul trait sur leurs divers caractères, et sur leurs mœurs, bien plus différentes alors qu'aujourd'hui. Même ce bon peuple hollandais, auquel il a demandé la sécurité et la liberté, il n'a pas cherché à nous le peindre, ou, s'il en parle, c'est pour nous dire que les habitants d'Amsterdam ne le troublent pas plus dans ses méditations que ne feraient les arbres d'une forêt[1]. Il a vu les cours et les armées, il a étudié les hommes de toutes les conditions et dans toutes les classes de la société; mais nulle part il n'a songé à nous apprendre ce qu'il avait retiré de ce commerce et ce qu'il pensait des mœurs des courtisans ou des militaires, des bourgeois, du peuple ou des grands. Son *Traité des Passions*, où l'on pourrait s'attendre à trouver des pensées de ce genre, ne contient qu'une psychologie abstraite, mêlée à une physiologie arbitraire. Sa correspondance si étendue traite presque exclusivement de matières scientifiques ou métaphysiques. On en tirerait à grand'peine un recueil de maximes, de pensées, de réflexions, telles qu'on en trouve chez les moralistes et qui témoigne de la connaissance du monde et de la vie.

Il semble que chez lui le voyageur, l'observateur ait été un autre homme que le savant et l'écrivain, et que ces deux hommes ne se soient jamais mêlés.

1. Lettres à Balzac (*Œuvres*, édit. V. Cousin, tome VI, p. 201).

Il est impossible encore de ne pas être frappé, quand on lit la vie de Descartes, d'un genre de curiosité qui le caractérise et qui se distingue évidemment de la curiosité scientifique. Il est de ces hommes qui aiment à voir, et ce qu'il aime à voir, ce sont les grands et brillants spectacles, les spectacles accompagnés de pompe, de mouvement et de bruit, goût singulier chez un philosophe contemplatif. Baillet nous le représente courant à Francfort assister au couronnement de l'empereur, fête splendide et luxueuse dont aucune de nos solennités modernes ne pourrait donner une juste idée[1]. Il va à Venise pour assister au mariage du doge avec l'Adriatique ; il se rend à Rome pour le jubilé. Il avait également le goût, comme il le dit lui-même, de voir « les cours et les armées ». A La Haye, au retour de son voyage d'Allemagne, trois petites cours se partageaient la société distinguée du pays: celle des états-généraux, celle du prince d'Orange, celle de la reine de Bohême[2]. Descartes les fréquente toutes les trois. En allant de La Haye à Paris, il s'arrête à Bruxelles pour visiter la cour de la princesse Isabelle. Le voici à Paris ; mais, nous dit Baillet, il apprend que la cour est à Fontainebleau, il part pour Fontainebleau. C'est ce goût de jeunesse qui, venant à se réveiller, le

1. Gœthe nous décrit également dans ses mémoires la la même fête à Francfort, à laquelle il a assisté avec la même curiosité avide que Descartes.
2. Cette reine, alors dépossédée, était la mère de la princesse Élisabeth, avec laquelle Descartes entretint plus tard un commerce philosophique si intéressant.

décide à se rendre à la cour de la reine Christine, où il devait trouver la mort. Le même genre de curiosité le conduisit dans les armées, d'abord en Hollande dans l'armée du prince Maurice de Nassau, puis dans celle du duc de Bavière. A Paris, on le voit également partir pour le siège de La Rochelle, afin d'assister à ce spectacle mémorable et extraordinaire.

Malgré son goût avoué pour les cours et les armées, on se méprendrait gravement, si l'on voyait dans Descartes un courtisan ou un soldat. Non, c'est un curieux, un amateur, un contemplateur. Jamais on ne le vit solliciter aucune faveur d'aucun prince, ni même entretenir des relations intimes avec aucun, si ce n'est un commerce philosophique, comme on le vit d'abord avec la princesse Élisabeth et plus tard avec la reine Christine. Quant aux armées, d'après le récit que nous fait Baillet, il en prenait bien à son aise. Il visitait les savants, il méditait tout seul dans les bivouacs, tout prêt du reste à se battre quand il le fallait, car il avait l'épée prompte et le cœur ferme, mais plutôt encore par curiosité d'amateur que par amour pour le métier.

Plus on étudie la vie de Descartes et son caractère, plus on se persuade qu'il y avait un tour romanesque dans son imagination, quelque étrange que cela puisse paraître à ceux qui ne connaissent de lui que le géomètre et le métaphysicien. Ce côté romanesque, je le trouve déjà dans ce goût passionné et infatigable pour les voyages, dans cette curiosité des spectacles rares et brillants que j'ai signalés. Je le retrouve encore dans un autre trait fort étrange de son caractère, le goût des disparitions mystérieuses. A plusieurs reprises, on le voit tout à coup s'échapper du milieu du monde, qu'il aimait beaucoup, s'évanouir, cacher sa retraite à tous ses amis, et se plaire à demeurer à la fois invisible et présent en ne communiquant avec le monde extérieur que par le moyen d'un correspondant privilégié. C'est à dix-huit ans qu'a lieu sa première disparition de ce genre. Arrivé à Paris en 1613, suivi d'un domestique, à l'âge de dix-sept ans, il commença par se livrer à la société des jeunes gens de son âge, à goûter les plaisirs de la jeunesse, surtout le plaisir du jeu, préférant toutefois les jeux de calcul aux jeux de hasard, parce qu'ils donnaient plus à faire à l'activité de son esprit. Après quelques mois employés dans ces dissipations un peu frivoles, le goût du travail le saisit; il disparaît, ses jeunes amis le cherchent en vain. Il se retire dans une maison écartée du faubourg Saint-Germain[1], s'y enferme avec un ou deux domestiques, et reste ainsi deux années caché à tous les yeux et échappant à toutes les recherches de ses compagnons de plaisir. Ce ne fut qu'au mois de décembre 1616 qu'il fut rencontré par l'un d'eux, qui le ramena à ses sociétés

1. Il ne paraît pas que Descartes soit resté exclusivement à Paris pendant ces deux années, car un document récemment découvert nous apprend qu'il a été reçu licencié en droit en l'année 1616, à Poitiers. (Voir la *Revue de l'Aunis, de la Saintonge et du Poitou*, février 1867.)

habituelles. Plus tard, en 1628, il habitait la maison d'un de ses amis, M. Levasseur d'Étioles, où sa réputation déjà grande attirait beaucoup de monde[1]. Fatigué des dissipations que cette société lui occasionnait, il s'échappe et disparaît encore une fois, sans que M. Levasseur pût savoir ce qu'il était devenu ; celui-ci, cependant, au bout de six semaines, ayant rencontré par hasard son domestique dans la rue, est conduit par lui au logis de Descartes, reprend possession de son hôte, et le ramène à madame Levasseur, à qui Descartes en galant homme fit toutes sortes de satisfactions. On voit du reste par là qu'il était d'un caractère facile à vivre, et que, s'il s'échappait aisément, il se laissait ramener de même. Enfin, ce goût de retraite devenant de plus en plus impérieux, il s'échappa encore, cette fois définitivement, non seulement du cercle de ses amis, non seulement de Paris, mais de la France. En 1629, il s'exile volontairement en Hollande, cachant sa résidence à tous ses amis, Mersenne et Picot exceptés, le premier son correspondant scientifique, le second chargé de ses affaires personnelles. Évidemment ce goût de solitude qui se manifeste à plusieurs

1. Cette petite société est devenue plus tard le noyau de l'Académie des Sciences. Après la mort de M. Levasseur et après la disparition de Descartes en Hollande, les membres de cette société continuèrent à se réunir chez l'un d'entre eux, M. de Montmort, et l'on sait que c'est cette dernière réunion qui, par les soins de Colbert, est devenue notre Académie des Sciences. Le nom de Descartes se trouve donc lié à l'origine de cette Académie comme celui de Bacon à l'origine de la Société royale de Londres.

reprises chez Descartes est une singularité remarquable, qui ne s'explique pas seulement par le besoin de paix et de loisir, car bien des savants dans le monde ont su concilier la retraite avec la société. Il y a quelque chose de plus dans la passion de Descartes; il y a le goût du mystère, c'est-à-dire un certain élément que je ne crains pas d'appeler romanesque.

N'oublions pas non plus, comme symptôme remarquable de cette vivacité d'imagination, cette sorte de rêve extatique que Descartes raconte lui-même dans son *Olympica*, et où, dans un accès d'enthousiasme, le 10 novembre 1619[1], il jeta, dit-il, les fondements d'une « invention merveilleuse », accès dont il fut lui-même si émerveillé, qu'il lui attribua une origine surnaturelle, puisqu'il fit alors le vœu d'un pèlerinage à Notre-Dame de

[1]. Est-ce en 1619 ou en 1620 que Descartes a jeté les fondements d'une invention merveilleuse, en d'autres termes a fait la grande découverte de sa méthode et par là même de la géométrie analytique? Baillet, d'après le manuscrit des *Olympica*, dit que c'est en 1619; mais Descartes lui-même, dans ses *Cogitata* publiés par M. Foucher de Careil (Œuvres inédites de Descartes, p. 8 et 9), nous dit 1620. Qui a raison de Baillet ou de Descartes lui-même? Faut-il admettre avec MM. Millet (p. 98) et M. Liard (p. 6), qu'il y a eu deux inventions merveilleuses, l'une en 1619, l'autre en 1620? Nous ne le pensons pas ; la date de 1620 n'est que dans les *Cogitata* : or ce sont là des extraits faits par Leibniz, lequel a bien pu se tromper sur la date. Il ne faut pas croire comme dit M. Liard que c'est Descartes lui-même qui donne les deux dates, l'une corrigeant l'autre. Ni dans le résumé des *Olympica* donné par Baillet, (Voy. Foucher de Careil, préface des *Inédits*, p. 2 et 9), ni dans les *Cogitata* extraits par Leibniz, il n'y a deux dates.

Lorette. Singulier rapprochement entre Descartes et Pascal ! L'un et l'autre eurent une nuit d'extase et d'hallucination extraordinaire ; l'un et l'autre crurent à une sorte d'intervention miraculeuse en leur faveur ; mais les effets furent bien différents : chez l'un, la crise détermina l'abandon de la science et l'anéantissement en Dieu ; chez l'autre au contraire, ce fut le coup de foudre qui fit de lui un inventeur et un créateur.

On rencontre encore dans la vie de Descartes quelques aventures qui semblent faites pour un héros de roman. On le voit, par exemple, faisant la cour à une personne très distinguée, qui fut plus tard connue dans le monde sous le nom de madame de Rozay. Revenant un jour de Paris, où il l'avait accompagnée avec d'autres dames, il fut attaqué par un rival sur le chemin d'Orléans, il le désarma, lui rendit son épée, et lui dit qu'il devait la vie à cette dame pour laquelle lui-même venait d'exposer la sienne. Dans une autre circonstance, il fit encore voir et sa présence d'esprit et son courage. Lui-même nous a raconté cette aventure dans ses *Experimenta*. Embarqué un jour sur le Zuyderzée, seul avec son valet au milieu de cinq ou six mariniers, il s'aperçut bientôt, en prêtant l'oreille à la conversation de ces hommes, dont il comprenait la langue, que sa vie était menacée. A sa mine paisible et douce, ils l'avaient pris pour un marchand plutôt que pour un gentilhomme. Ils jugèrent qu'il devait avoir de l'argent, et prirent la résolution de le tuer et de le jeter à la mer après l'avoir dépouillé.

pensant qu'il ne savait d'autre langue que celle dont il se servait avec son domestique, ils ne croyaient pas être compris de lui. Tout à coup Descartes prend un visage résolu et courroucé, tire l'épée, parle à ces misérables dans leur langue, et les menace de les tuer sur place, s'ils font le moindre mouvement contre lui. « Ce fut dans cette rencontre, dit Baillet, qu'il s'aperçut de l'impression que peut faire la hardiesse d'un homme sur une âme basse ; je dis une hardiesse qui s'élève beaucoup au-dessus des forces et du pouvoir dans l'exécution, et qui, en d'autres occasions, pourrait passer par une pure rodomontade. Celle qu'il fit paraître alors eut un effet merveilleux sur l'esprit de ces misérables. » L'épouvante qu'ils ressentirent fut suivie d'un étourdissement qui les empêcha de considérer leurs avantages, et ils le conduisirent paisiblement au port.

Parmi les événements romanesques de la vie de Descartes, il est permis de compter la naissance d'une fille. Cette fille s'appelait Francine. Nous savons par Baillet qu'elle mourut à l'âge de trois ans dans les convulsions, et que Descartes éprouva de cette perte le plus violent chagrin. Jusqu'ici nous ne savions absolument rien de la mère de Francine : M. Millet nous apprend son nom. Il a fait relever sur les registres de Hollande l'acte de baptême de cette enfant. Elle a été baptisée le 28 juillet 1635, le père ayant signé *René*, fils de *Joachim* (c'est bien notre Descartes), et la mère *Hélène*, fille de *Jean*. Maintenant de quelle nature ont été les rapports de Descartes avec cette Hélène ? Après la mort de Descartes, les adeptes passionnés de notre philosophe, ne voulant pas, dit-on, laisser subsister une seule tache sur son nom, firent courir le bruit que Descartes avait été marié secrètement ; mais l'honnête Baillet, quelque zélé qu'il fût pour son héros, ajoute peu de foi à cette supposition, et il dit naïvement que « si M. Descartes a été marié, son mariage a été si clandestin que les casuistes les plus subtils auraient peine à ne pas lui donner le nom de concubinage ». Cependant, même après les dénégations de Baillet, il faut se garder de trancher témérairement la question, et la petite découverte de M. Millet, que nous venons de mentionner, fournit une présomption nouvelle et assez inattendue à l'hypothèse du mariage. En effet, ayant fait faire en Hollande des recherches sur la naissance de Francine, on lui répondit d'abord qu'après bien des soins inutiles on n'avait rien trouvé, ce qui n'était point d'ailleurs étonnant : la fille de Descartes en effet, étant un enfant naturel, avait dû être inscrite sur un livre particulier, destiné *ad hoc*, et qui portait le nom de *Caalverenboek*, livre aujourd'hui perdu. Cependant des recherches nouvelles, poursuivies avec zèle, obtiennent un meilleur succès, et M. Vitringa découvre l'acte de baptême signalé plus haut sur les registres de la paroisse de Deventer. Or on n'inscrivait sur ces registres que les enfants légitimes. C'est là évidemment en faveur du mariage de Descartes une présomption très forte, je dirais même décisive, si l'on pouvait s'assurer que l'exclusion signalée était absolue, et qu'on ne fît jamais d'exception en faveur de quelque personnage considérable, ce qui a pu être le cas de Descartes. Néanmoins ce fait vient évidemment à l'appui du bruit qui avait couru en Hollande, et que Baillet, étant loin de la source, a pu prendre pour une invention charitable. Supposons maintenant qu'il y ait eu réellement mariage secret, quel motif peut avoir eu Descartes de le dissimuler? J'imagine pour ma part qu'*Hélène*, fille de *Jean*, n'était peut-être pas d'une naissance très distinguée, que Descartes, assez fier d'ailleurs de sa condition, et pour éviter les tracasseries, qu'il n'aimait pas, soit les reproches de sa famille, soit le blâme de ses amis, aura voulu cacher le fait de sa mésalliance. De plus nous avons signalé déjà le singulier goût de Descartes pour le mystère, ses retraites secrètes, ses cachotteries et les combinaisons compliquées qu'il mettait en usage pour se dérober à la curiosité du public. Il cachait sa vie, il a donc pu cacher son mariage. Son imagination romanesque, qui avait horreur du commun, a pu préférer les apparences, fort peu déshonorantes d'ailleurs en ce temps-là chez un gentilhomme, d'un commerce illicite, à la situation plus honnête, mais plus bourgeoise, d'une mésalliance affichée.

Ces diverses circonstances nous montrent dans Descartes un tout autre homme que le métaphysicien abstrait et spéculatif auquel nous sommes habitués, un homme d'un caractère ferme et hardi, prêt à toutes les circonstances, connaissant la vie et ses hasards, nullement emprunté en présence des choses réelles. Un trait cependant, et un trait remarquable, réunit les deux hommes que nous venons de distinguer : c'est que, malgré sa curiosité pour les choses du monde, Descartes n'a jamais été, comme il le dit lui-même, « qu'un spectateur et non un acteur dans les comédies qui s'y jouent ». Cette fois il se définit lui-même avec une parfaite exactitude. Il n'a jamais été qu'un spectateur et n'a point voulu être autre chose. Il a vu le spectacle de la vie, mais il n'a pas joué lui-même. Dans ses voyages comme dans sa philosophie, il ne fut qu'un contemplatif. Jamais il n'eut aucune responsabilité, jamais il ne voulut en avoir. Né avec quelque aisance, dit-il lui-même non sans une certaine fierté nobiliaire, « il ne se sentait pas, grâce à Dieu, de condition qui l'obligeât à faire un métier de la science pour le soulagement de sa fortune ». Il se refusa donc toujours à prendre un état. Ses parents le pressèrent à plusieurs reprises d'acheter une charge, et Descartes à plusieurs reprises fit semblant de vouloir leur complaire ; mais il trouvait toujours des défaites nouvelles, et M. Millet a raison de reprocher à Baillet d'avoir pris au sérieux ces projets d'établissement. Descartes refusa donc toute sa vie d'accepter aucune part de responsabilité dans les affaires humaines. Il ne voulut pas même faire métier de science. Il résulte de là que sa vie, quoique très agitée, n'a pas été une vie active, et peut-être est-ce là qu'il faut chercher la raison d'une certaine stérilité psychologique et morale dans ses écrits. Pour bien connaître les hommes, il ne suffit pas de les regarder agir, il faut agir avec eux : autrement les expériences ne sont pas assez intéressantes pour laisser des traces dans l'imagination et dans la mémoire. Descartes avait sans doute assez vu les hommes pour savoir se comporter avec eux dans toutes les circonstances qui pouvaient se présenter ; mais la vie humaine n'intéressait que son imagination du moment. C'était une distraction, et non une occupation. La pente naturelle, l'inclination de son esprit étaient d'oublier le dehors pour vivre en dedans. Les grands philosophes que nous signalions plus haut pour leur profonde connaissance du cœur, Aristote et Bacon, n'avaient pas été seulement des spectateurs, ils avaient été de vrais acteurs dans la comédie du monde. Ce n'est pas un petit rôle à jouer que celui de précepteur de prince, et le lord-chancelier d'Angleterre avait vu de près (de trop près, hélas ! pour son honneur) les choses et les hommes. Quant à Descartes, qui n'a jamais voulu que voir sans agir, il ne put être et ne fut jamais qu'un spéculatif.

Cette crainte de la responsabilité est encore vraisemblablement la cause qui nous explique un des traits les moins louables du caractère de Descartes : je veux dire cet excès de circonspection qui lui fit renier Galilée, détruire ou du moins cacher son *Traité du Monde* après le jugement de l'Inquisition, et en toutes choses rechercher la sécurité un peu aux dépens de la hardiesse et de la dignité. Certainement Descartes n'était pas lâche, il avait même le cœur haut, et, quand il était attaqué, il répondait sur le ton d'un héros de Corneille. Il faut le voir répliquer au jésuite Bourdin, qui avait eu l'imprudence de se jouer à lui : la fierté et l'éloquence ne peuvent s'élever plus haut. Cependant le même homme, dont l'épée et la plume lançaient des éclairs, était d'une prudence qui allait jusqu'à la timidité et même plus loin, lorsqu'il s'agissait de faire accepter sa philosophie par l'autorité dominante alors, l'autorité ecclésiastique. On ne peut vraiment pas approuver la complaisance de Descartes à l'égard des autorités théologiques et surtout sa conduite dans l'affaire de Galilée. Lorsqu'il apprend que le *Système du monde* de celui-ci a été condamné à Rome, il écrit à Mersenne qu'il est résolu à brûler tous ses papiers ou du moins à ne les laisser voir à personne. Il rappelle la maxime : *bene vixit, qui bene latuit*. En attendant, il se soumet, et s'étonne que tout le monde ne fasse pas comme lui. Il va même jusqu'à chercher des raisons contre le mouvement de la terre, et dans une lettre adressée à un ecclésiastique il s'efforce de démontrer que ce mouvement n'est pas réel. Cette faiblesse de Descartes, si peu justifiable et si peu d'accord avec la fermeté et la hardiesse de son caractère, s'explique, selon nous, de la manière suivante. Il a refusé de s'engager dans les chaînes des occupations humaines, il a voulu être entièrement libre, dégagé de toute responsabilité et de toute nécessité servile ; mais, lorsqu'on s'est dégagé et désintéressé de toute action et de toute obligation déterminée, on arrive peu à peu à craindre quelque engagement que ce soit : on redoute les affaires, tout vous devient un embarras, un lien, et, comme il est impossible d'éviter toujours la rencontre des difficultés réelles, on recule devant elles, on leur laisse l'avantage pour se replier sur soi-même. Ainsi on a commencé par sacrifier tout à sa propre liberté, et l'on finit par sacrifier sa liberté même à sa sécurité.

Descartes fut donc avant tout et en toutes choses un curieux : curieux par l'imagination et les sens, curieux par l'esprit. Il fut un spectateur des choses humaines comme de l'univers, et refusa d'y être acteur à aucun titre. De là ses pérégrinations et ses solitudes, de là ses audaces et ses timidités, de là dans ses écrits la profondeur unie à la froideur, je ne sais quoi de haut et de timoré à la fois ; de là enfin ce mélange de romanesque et de géométrie qui caractérise sa vie, et qui caractérise aussi sa philosophie, suivant le mot de Voltaire : « Descartes a fait le roman de la nature, Newton en a fait l'histoire. »

Descartes, par sa vie et par son caractère, appartient bien au règne de Louis XIII, à l'époque où la vie n'était pas encore assise et régulière comme elle l'est devenue depuis. On y aimait les originalités et les aventures, le noble et le galant, les coups d'épée et les belles conversations ; par-dessus tout on craignait le commun et le bourgeois. Pascal, qui a vu la dernière heure de cette époque vivante et pittoresque, en a traduit en quelque sorte toute la poétique dans ces mots palpitants : « La vie tumultueuse est agréable aux grands esprits ; mais ceux qui sont médiocres n'y ont aucun plaisir, *ils sont machines partout...* La vie de tempête surprend, frappe, pénètre. » Descartes, il est vrai, n'a jamais eu aucun goût pour la vie de tempête ; mais il aimait « une vie d'action qui éclate en événements nouveaux », pourvu qu'il n'y fût pour rien. Il eût accordé à Pascal « que les pensées pures fatiguent et abattent : c'est une vie unie à laquelle l'homme ne peut s'accommoder, il lui faut du remuement et de l'action ; » mais ce remuement que Pascal demande à la passion, Descartes le cherchait dans l'imagination. L'un et l'autre aimaient profondément la vie, mais l'un pour jouir et souffrir, l'autre pour contempler : aussi éloignés d'ailleurs l'un que l'autre des soins vulgaires, et méprisant également « ceux qui sont nés médiocres; » âmes incomplètes toutes deux, car l'une manque de sérénité et l'autre d'émotion, mais originales et vivantes, et telles que notre siècle prosaïque en fournira de moins en moins.

Je crois avoir retracé fidèlement quelques-uns des traits les plus saillants de cette grande figure de Descartes, que nous connaissons si peu, quoique nous en parlions sans cesse. Il semblerait, à entendre les philosophes, que Descartes a passé sa vie à se dire : *Cogito, ergo sum.* J'admire autant que qui que ce soit ce célèbre aphorisme ; mais je voudrais en sortir. Dans sa dispute avec Gassendi,

celui-ci raille Descartes agréablement en l'appelant :
ô esprit (o spiritus), et Descartes riposte en appelant le spirituel curé : *ô chair (o caro)*. Nous avons été curieux de voir comment ces deux éléments s'unissaient et se combattaient dans le même homme, et nous avons essayé de faire la psychologie de celui qui passe pour avoir fondé la psychologie.

II

Un savant critique de l'Allemagne, d'une grande autorité, M. Henri Ritter, s'exprime sur la philosophie de Descartes avec une sévérité excessive. « Si nous passons en revue, dit-il, les différentes parties de sa philosophie, nous y trouvons peu de choses vraiment originales; elle se compose pour la plus grande partie d'idées qui, de son temps même, ne pouvaient plus passer pour nouvelles. Les preuves de l'existence de Dieu sont une vieille propriété de l'école théologique; il ne les a pas entourées d'une nouvelle lumière. S'il a attribué à la preuve ontologique plus de valeur qu'on ne lui en attribuait ordinairement, on ne lui en fera pas un mérite. Son principe: *je pense, donc je suis*, n'était jamais tombé dans l'oubli depuis que saint

Augustin l'avait posé à l'entrée de la science. Campanella l'avait repris avec une vigueur presque égale, et les sceptiques français eux-mêmes n'avaient pas manqué de poser la connaissance de nous-mêmes comme le principe de toute connaissance... A considérer tout ce qu'il y a de décousu dans les diverses parties de son système, combien peu il a émis d'idées nouvelles, on éprouve quelque embarras à expliquer d'où est venu l'immense succès de sa doctrine. »

Il est difficile de porter sur un grand homme un jugement plus acerbe et plus superficiel. Cependant, si nous nous contentions d'opposer notre propre opinion à celle du savant critique, notre jugement pourrait paraître entaché de partialité patriotique. Commençons donc par nous couvrir de l'autorité d'un grand Allemand tout aussi compétent que M. Ritter pour juger de la vraie valeur d'une philosophie, je veux dire Hegel. Voici comment celui-ci s'exprime sur Descartes dans son *Histoire de la philosophie* : « Descartes est dans le fait le vrai fondateur de la philosophie moderne, en tant qu'elle prend la pensée pour principe. L'action de cet homme sur son siècle et sur les temps nouveaux ne sera jamais exagérée. *C'est un héros;* il a repris les choses par les commencements, et il a trouvé de nouveau le vrai sol de la philosophie, auquel elle est revenue après un égarement de mille ans. » On voit par ces lignes quelle était l'admiration de Hegel pour Descartes, et elles confirment cette parole du même philosophe que rapporte Victor Cousin : « Votre nation, disait-il, a fait assez pour la philosophie en lui donnant Descartes. » Ce n'est donc pas un vain patriotisme qui nous autorise à considérer le philosophe français comme le vrai fondateur de la philosophie moderne, c'est le témoignage de toute l'école hégélienne [1], témoignage entièrement désintéressé dans cette question.

Si Descartes est le créateur de la philosophie moderne, il serait difficile de lui refuser l'originalité, car on pourrait être encore un esprit original à beaucoup moins de frais ; mais tous ceux qui connaissent l'histoire de la philosophie savent à quel point la question d'originalité est embarrassante. Il est toujours possible à un critique prévenu de soutenir que tel philosophe manque d'originalité. Jamais on ne surprendra une idée qui ait un tel caractère de nouveauté que l'on ne puisse en trouver le germe dans quelque philosophe antérieur ou contemporain. Même dans les sciences exactes et positives, c'est déjà une grande difficulté d'assurer à chacun le sien ; la difficulté est infiniment plus grande en philosophie, car dans les sciences il s'agit de découvertes précises et positives qui peuvent avoir une date ; en philosophie au contraire il ne s'agit que d'idées. Or une idée ne forme jamais un moment détaché des choses, comme une loi physique, un théorème mathématique ; une grande pensée philosophique contient toujours

---

1. On peut encore citer au même point de vue, le beau volume que M. Kuno Fischer a consacré à Descartes dans son *Histoire de la philosophie moderne.*

plus ou moins virtuellement l'ensemble des choses. C'est pourquoi toutes les grandes pensées philososophiques, considérées de certains côtés, se ressemblent et s'identifient. Ainsi on dira que les *idées* de Platon sont la même chose que les *nombres* de Pythagore, que l'*acte* d'Aristote est la même chose que l'*idée* de Platon. L'on dira encore que le mécanisme de Descartes est le même que celui d'Épicure, que son axiome: je pense, donc je suis, est déjà dans saint Augustin, que son doute méthodique est emprunté aux sceptiques. En raisonnant de la même manière, on prouvera que Hegel n'a aucune originalité, car il n'a fait qu'appliquer la méthode de Fichte à la doctrine de Schelling, — que Schelling n'a aucune originalité, car il n'a fait que reproduire Spinoza avec plus d'imagination et moins de rigueur, — que Spinoza n'en a pas davantage, car il n'a fait que combiner la méthode cartésienne avec le fond de l'alexandrinisme de Plotin. Or Descartes, suivant M. Ritter, n'est nullement original, et Plotin de son côté ne l'est pas non plus, car il doit tout à Platon.

On voit qu'en employant ce procédé de raisonnement il n'y aurait pas dans le monde un seul philosophe original, excepté peut-être le premier de tous, je veux dire Thalès de Milet. Encore celui-ci, selon certains savants, aurait-il emprunté les éléments de la philosophie aux prêtres égyptiens, de sorte qu'il nous faudrait encore recommencer notre course en arrière, et avec l'école traditionnaliste remonter jusqu'au premier homme pour lui attribuer la science infuse. La science humaine ne serait plus qu'une répétition monotone d'une révélation première. Bien entendu, M. Henri Ritter n'appartient point à cette école et n'avouerait pas de telles conséquences; mais il n'est pas moins vrai que la méthode de dénigrement qu'il emploie à l'égard de Descartes peut être appliquée aisément à quelque philosophe que ce soit. Ce n'est donc pas tel philosophe en particulier, c'est la philosophie elle-même que l'on compromet et que l'on expose au mépris des ignorants par cet esprit de critique excessif et peu éclairé. Au contraire j'appliquerais volontiers à la philosophie ce mot célèbre de Pascal : « A mesure que l'on a plus d'esprit, on trouve qu'il y a plus de philosophes originaux. » En y regardant de près, on voit que les pensées d'un homme ne sont jamais absolument semblables aux pensées d'un autre. Ces petites différences qui séparent les individus médiocres les uns des autres deviennent chez les hommes de génie des différences notables et saillantes : encore faut-il de bons yeux pour les voir et des yeux non prévenus.

Pour en revenir au génie de Descartes, ce qui est vraiment saisissant dans son entreprise philosophique, c'est la résolution hardie et sans exemple qu'il a prise et exécutée de tout recommencer et de reprendre la philosophie par sa base, en reconstruisant sur un *sol nouveau*, suivant l'expression de Hegel. Ainsi on peut dire que la philosophie a commencé deux fois dans notre Occident : une première fois en Grèce avec Thalès de Milet, qui ne se doutait guère qu'il inaugurât quelque chose de nouveau ; une seconde fois avec Descartes, qui cette fois savait ce qu'il faisait, et voulait le faire. Eh quoi ! proposer à l'esprit humain de se dépouiller volontairement de toutes ses croyances et de toutes ses opinions pour recommencer à nouveaux frais, ce ne serait pas là une pensée originale et créatrice ! Quel est donc le philosophe dans l'histoire qui a fait cela ? Que Descartes ait réservé dans son doute la religion et la politique, nos téméraires d'aujourd'hui peuvent lui en faire un reproche ; mais on ne fait jamais plus d'une révotion à la fois : c'est beaucoup d'une seule. Descartes a été Descartes ; il n'a été ni Voltaire, ni Rousseau ; un seul homme ne peut à lui seul accomplir le travail de l'humanité tout entière. Il se bornait, disait-il, « à tâcher de réformer ses propres pensées et à bâtir en un fonds qui fût tout à lui ». Était-ce donc là une si modeste entreprise ? N'était-ce pas la première et la plus nécessaire de toutes les réformes ? car, pour réformer avec fruit leurs croyances et leurs institutions, les hommes ne doivent-ils pas commencer par apprendre à penser ?

Il est incontestable que le célèbre : *je pense, donc je suis*, était déjà dans saint Augustin ; mais c'est beaucoup dire que d'affirmer avec M. Ritter que ce principe n'était jamais tombé dans l'oubli. Quel rôle jouait donc ce principe dans la philosophie scolastique ? Le rencontre-t-on dans aucun théologien du moyen âge ? Lors même qu'on l'y rencontrerait dans quelque argumentation isolée, cela ne détruirait pas l'originalité de Descartes, qui en a fait un principe. Je ne suis pas en mesure de discuter l'assertion de M. Ritter relativement à Campanella, n'ayant pas eu l'occasion d'étudier les œuvres de ce philosophe ; mais pourquoi M. Ritter ne commence-t-il pas l'histoire de la philosophie moderne par Campanella lui-même, et pourquoi suit-il le préjugé commun en commençant avec Descartes ? Ne serait-ce pas que celui-ci a fait un usage plus étendu et par conséquent plus important de son principe que n'avait fait son prédécesseur ? Quant à la valeur intrinsèque du *cogito, ergo sum*, elle est reconnue à la fois en Allemagne et en France, quoique à des points de vue différents.

L'Allemagne y voit son principe favori de l'identité de l'être et de la pensée. La France y voit la prédominance du point de vue psychologique sur le point de vue ontologique et métaphysique. L'Allemagne remarque surtout l'identité des deux attributs : je *pense*, donc je *suis*. Penser et être sont donc une seule chose. La France saisit surtout le sujet, le *moi*, le *je*, pris comme première donnée immédiate et comme la seule connaissance primitivement certaine. Je ne veux point décider entre ces deux interprétations, qui ne sont peut-être pas inconciliables ; mais on a si souvent insisté en France sur l'interprétation psychologique, que l'on sera plus curieux de savoir comment ce même principe peut être également défendu et embrassé par ceux qui sont le plus contraires à la méthode psychologique, et qui pensent que l'on doit se placer au centre des choses et non pas à la circonférence. A ce point de vue, la méthode hégélienne est un développement très inattendu et très original du *cogito* cartésien. Celui qui dit : je pense, donc je suis, ne peut évidemment pas entendre par là son individualité particulière, car cette individualité est liée au temps, au lieu, aux circonstances matérielles, enfin au corps lui-même, toutes choses que l'on a d'abord écartées. Ce n'est donc pas le moi individuel, le moi de Pierre ou de Paul qui s'affirme : c'est un moi pur, qui n'est ni celui-ci ni celui-là, qui n'a d'autre qualité que d'être moi ; de plus, ce n'est pas une substance individuelle que j'affirme, je ne sais pas si je suis une substance, je ne sais pas s'il y a des substances, je n'affirme que ma pensée, et, comme cette pensée s'abstrait de toutes conditions particulières, elle n'est plus même ma pensée, elle n'est plus que la pensée, et enfin cette pensée ne pensant plus rien en particulier qu'elle-même, et ne sachant d'elle-même qu'une seule chose, à savoir qu'elle *est*, elle pense donc l'être, et non pas tel ou tel être, mais seulement l'être sans rien spécifier. Elle est donc l'être. C'est ainsi que le premier commencement de la philosophie est l'être pur, selon Hegel, et, suivant lui, il n'y a rien de plus dans le *cogito* de Descartes, car si on l'entendait dans le sens d'un moi individuel, on ne pourrait rien fonder sur ce principe, puisque la science a pour objet non l'individuel, mais le général. Je ne me porte nullement garant de la déduction hégélienne, mais je veux seulement signaler la fécondité et la portée du principe qui a pu encore, près de deux siècles après Descartes, porter des conséquences si nouvelles et si considérables.

M. Henri Ritter nous dit encore avec un grand dédain que, si Descartes a donné tant d'importance à sa preuve ontologique de l'existence de Dieu, il n'y a pas lieu de lui en faire un grand mérite. Sans doute il entend par là que, cette preuve étant, pour lui comme pour Kant, un pur paralogisme, on ne doit guère féliciter Descartes de cette invention, qui même n'est pas de lui, puisqu'elle remonte jusqu'à saint Anselme. On sait que cette preuve consiste à démontrer Dieu par son idée, et à conclure de la définition même de Dieu à son existence. Sans vouloir juger cet argument, qui peut être appelé *la croix des métaphysiciens, crux philosophorum*, il me semble qu'il est téméraire d'éliminer avec ce dédain une pensée qui a été celle de tous les philosophes du xvii° siècle, de Descartes, de Malebranche, de Spinoza, de Fénelon et de Leibniz, et qui, même après la critique si profonde de Kant, a retrouvé un nouvel apologiste dans Hegel, car celui-ci soutient que ce n'est pas l'argument de Descartes, que c'est la réfutation de Kant qui est un sophisme. Sans doute de si grandes autorités ne suffisent pas pour prouver la vérité de l'argument cartésien, mais elles suffisent pour en prouver l'importance. Par là encore Descartes est un des maîtres de la métaphysique moderne : il lui a imprimé sa direction et son cachet, lui a ouvert les voies dans lesquelles les écoles les plus indépendantes sont elles-mêmes nécessairement entraînées.

De toutes les pensées de Descartes, la plus grande sans aucun doute et la plus originale, quoique la plus combattue, c'est la réduction hardie de tous les phénomènes de l'univers à deux grands types, l'étendue et la pensée. On lui a reproché, peut-être avec raison, d'avoir méconnu l'idée de force et d'avoir réduit la matière à ses propriétés mathématiques; mais chaque chose vient en son temps, et l'on ne doit pas demander à Descartes d'avoir été Leibniz, comme l'on ne doit pas demander à celui-ci d'être Kant ou Hegel. Descartes a posé avec la plus grande fermeté le vrai problème de la philosophie moderne, qui est la distinction et en même temps la conciliation du sujet et de l'objet. Or il est certain que tous les phénomènes extérieurs se manifestent à nous dans la forme et sous les conditions de l'étendue, comme tous les phénomènes intérieurs prennent la forme de la pensée. Pensée et étendue sont donc les deux formes types, irréductibles l'une à l'autre, et l'une et l'autre d'une clarté et d'une distinction incontestables. On peut nier que nous ayons l'idée de substance, l'idée de cause, l'idée de force, l'idée d'être; mais on ne peut nier que nous connaissions clairement l'étendue, puisqu'elle est l'objet de la géométrie, et que nous connaissions certainement le fait de la pensée, puisque sans elle nous ne connaîtrions rien autre chose.

La conception que Descartes s'est faite de la matière est encore une conception absolument neuve et sans aucun précédent dans l'histoire de la philosophie, et il faut les yeux prévenus de M. H. Ritter pour ne pas être frappé de l'originalité de cette conception. Avant Descartes, il n'y a eu que deux physiques : la physique péripatéticienne et la physique épicurienne. La physique péripatéticienne expliquait tout par les qualités : autant de phénomènes, autant de qualités différentes ; c'était la négation même de la science, car, aussitôt qu'un phénomène ne rentrait pas dans les faits les plus communs et les plus généralement connus, on inventait pour l'expliquer une propriété nouvelle ; c'est ce qu'on appelait les *qualités occultes*, qui furent l'objet de tant de plaisanteries et de sarcasmes au xvii⁰ siècle. La physique épicurienne ou atomiste était bien supérieure à la physique péripatéticienne. La donnée même des atomes, à laquelle la chimie moderne devait donner une nouvelle forme et une nouvelle vogue, avait évidemment une certaine valeur scientifique ; en expliquant tous les phénomènes par la figure, le contact, la situation, les atomistes ont certainement eu la première conception de l'explication mécanique de l'univers. Cependant ils conservaient encore, sous une autre forme, la théorie des *qualités* : ils les avaient transformées en *espèces*. Chaque genre de qualités sensibles se ramenait à un certain genre de particules, émanées des corps et venant s'introduire dans les organes ; les émanations odorantes devenaient le type de toutes nos sensations : *espèces colorées*, *espèces* sonores, *espèces* sapides, servaient d'intermédiaires et de messagers entre les corps et le *sensorium* des animaux. Ainsi, pour Démocrite et Épicure, la chaleur, la lumière, le son, étaient de véritables substances matérielles. Sans doute, les atomistes avaient bien vu déjà ce qu'il y avait de relatif et de subjectif dans nos sensations, mais ils en matérialisaient les causes. Descartes est le premier qui ait dit le mot de la science moderne : c'est que toutes ces qualités sensibles ne sont que des modes du mouvement, et que l'univers n'est qu'un problème de mécanique. Jusqu'à quel point cette conception générale pourrait-elle se rencontrer dans tel ou tel savant contemporain ou antérieur? C'est ce que nous ne sommes point en mesure de dire; mais que dans l'histoire de la philosophie elle soit une véritable découverte originale, il est difficile de le contester. Suivant Cuvier, le seul phénomène qui nous soit clairement et distinctement connu, c'est le phénomène du choc, et nous ne pouvons prétendre avoir expliqué les autres phénomènes qu'à mesure que nous pouvons les faire rentrer dans les phénomènes du choc. Là est tout le principe de la physique cartésienne. Cette physique, erronée et romanesque dans toute sa partie positive, était au fond dans la vraie voie. Seulement, comme il arrive lorsqu'un problème est posé pour la première fois, on n'en découvre pas d'abord toute la complexité. Descartes n'a pas vu que la solution mécanique du problème de l'univers ne pouvait être atteinte ni par un seul homme ni peut-être même par la suite des siècles, car alors la science serait finie, et l'homme pourrait dire : Je suis Dieu. Descartes a donc été forcé, par son ambition d'explication universelle, de substituer des hypothèses à l'analyse précise des faits; par ce côté, sa cosmogonie et sa théorie de l'univers sont encore de la famille des cosmogonies anciennes, quoique la pensée en soit éminemment moderne. De là le discrédit qui depuis le xviie siècle n'a cessé de s'attacher à ses idées, malgré cependant la vérification éclatante qu'elles obtiennent de jour en jour et de plus en plus dans la science expérimentale, au moins dans ce qu'elles ont d'essentiel et d'original.

Au reste on n'appréciera jamais complètement le génie de Descartes, si on persiste à séparer en lui, comme le font d'ordinaire les historiens de la philosophie, le philosophe et le savant. Jamais Descartes n'eût admis ni même compris une pareille séparation. Sa philosophie est absolument une, et elle comprend non seulement sa métaphysique, mais sa physique et sa physiologie. Sa méthode, la méthode d'analyse, est toujours la même, soit qu'il l'applique à la géométrie, soit qu'il l'applique à la métaphysique, ou enfin qu'il en fasse la règle générale de la pensée. C'est d'ailleurs une des tendances de l'esprit de notre temps de rattacher la philosophie aux sciences, comme autrefois de les séparer : nous cherchons la liaison des choses, tandis que nos maîtres étaient surtout attentifs aux différences. De ce changement de point de vue naîtront pour l'historien de la philosophie des obligations nouvelles. M. Millet, le nouveau biographe de Descartes, a bien compris cette nécessité. Déjà M. Bordas-Dumoulin avait fait une part considérable, peut-être même excessive, aux sciences dans son exposition du cartésianisme. Il reste cependant encore à M. Millet le mérite d'avoir suivi pas à pas et chronologiquement l'ordre des travaux scientifiques de Descartes et de ses travaux philosophiques, et de cette étude il résulte l'impression évidente que cette philosophie forme un tout qui, pour être bien compris, doit être étudié dans toutes ses parties.

Si le critique allemand que nous avons discuté juge Descartes avec une sévérité excessive, le critique français pèche peut-être à son tour par un excès contraire. Il ne met pas de bornes à son admiration pour Descartes, et même dans les sciences, où il ne devrait s'exprimer qu'avec une extrême réserve, il fait à Descartes une place vraiment disproportionnée. Sans doute le génie scientifique de Descartes est de premier ordre, et sans sortir des faits les plus certains, il doit être compté au nombre des grands inventeurs; mais il me semble qu'il faudrait se contenter de le placer dans cette noble phalange, sans essayer de le mettre au-dessus de tous les autres. Descartes a découvert la géométrie analytique ou l'application de l'algèbre à la géométrie; il a découvert les lois de la réfraction, il a perfectionné et complété la théorie de l'arc-en-ciel; M. Millet croit en outre avoir des raisons d'affirmer que c'est Descartes qui a suggéré à Pascal l'expérience du Puy-de-Dôme. Enfin l'hypothèse de Descartes sur la nature de la lumière et de la chaleur, qu'il considérait comme des mouvements, paraît avoir triomphé dans la physique. Ajoutez à toutes ces découvertes, la grande vue théorique et systématique, prématurée pour l'époque, mais si féconde, à savoir que tout dans la nature se fait mécaniquement : voilà la part incontestable faite au génie scientifique de Descartes; elle suffit à sa gloire et pourrait satisfaire l'ambition la plus exigeante. Pourquoi donc aller plus loin, pourquoi vouloir sacrifier à cette gloire d'autres gloires non moins illustres, non moins méritées, celles de Képler, de Galilée, de Newton? « Devant la seule application de l'algèbre à la géométrie, dit M. Millet, pâlissent toutes les découvertes de Képler et de Galilée. Ceux-ci, en effet, ont ajouté à la somme de nos connaissances; Descartes a ajouté directement à la puissance même de l'esprit humain. » Ne pourrait-on pas dire que Galilée, étant le premier qui ait institué des expériences savantes et régulières, a, lui aussi, ajouté directement à la force de l'esprit humain? Sans doute le calcul est un puissant instrument entre les mains du physicien ; néanmoins cet instrument serait tout à fait impuissant sans l'expérience. L'expérience à la rigueur peut se passer du calcul ; mais le calcul ne peut se passer de l'expérience. Dira-t-on qu'avant Galilée on avait fait des expériences? mais l'analyse mathématique existait aussi avant Descartes : même pour l'application de l'algèbre à la géométrie, qui est son invention propre, il paraît avoir été au moins en partie précédé par Viète. L'exagération est encore bien plus frappante lorsqu'on voit M. Millet mettre les tourbillons de Descartes au-dessus de l'attraction newtonienne [1].

Il est à regretter que notre auteur ait cru devoir exagérer d'une manière si démesurée la valeur scientifique de son héros, car, en le critiquant, nous paraissons vouloir combattre et diminuer Descartes lui-même, tandis que notre tendance et notre goût seraient au contraire de le relever. A la vérité nous n'avons pas entre nos mains des balances assez exactes pour mesurer la valeur des travaux qui échappent à notre compétence; mais nous sommes porté à croire que les savants en général ne placent pas Descartes au rang qui lui est dû. La réaction passionnée qui s'est faite au xviiiº siècle contre le cartésianisme a créé une tradition qui n'est peut-être pas la stricte justice. Les savants, fort utilement d'ailleurs absorbés dans la science active, progressive et militante, n'ont ni le temps ni le goût de reviser les jugements fournis par la tradition. Ils lisent peu les ouvrages des anciens maîtres, ou, quand ils les lisent, c'est avec les préventions de la science actuelle. On sait aussi que

1. M. Millet entend évidemment par là que l'on pourra trouver dans l'avenir une explication mécanique de l'attraction elle-même. Je le veux bien, et Newton lui-même inclinait à cette hypothèse; mais rien ne détruira le système du monde tel que Newton l'a conçu : or, évidemment, ce n'est pas là l'œuvre de Descartes.

c'est une assez mauvaise note pour un savant d'avoir été un métaphysicien, et, en outre, le temps de positivisme où nous vivons n'est pas non plus très favorable aux savants spéculatifs qui ont préféré le raisonnement à l'expérience, et qui ont géométrisé la nature. Par tous ces motifs, on pouvait avec raison prendre en main la cause de Descartes et chercher à le replacer à son vrai rang ; mais cette entreprise devait être exécutée avec mesure, et avec tact, et ne peut être que compromise par l'exagération : c'est pour cela que, tout en félicitant M. Millet de ses bonnes intentions, nous croyons qu'il a manqué le but en le dépassant.

De quelque côté que nous considérions Descartes, le trait qui nous frappe le plus est précisément celui que M. Ritter n'y a pas vu : c'est l'originalité. Sa personne est originale, sa philosophie est originale, son génie est original. Sans doute on peut trouver des génies plus variés et plus féconds ; chez lui, les idées ne coulent pas avec cette abondance inépuisable et naturelle que l'on admire chez Leibniz ; il n'a pas davantage ces ressources infinies que celui-ci sait trouver dans la controverse. Il y a dans Descartes de la sécheresse et une certaine stérilité ; mais ce qu'il possède au plus haut degré, c'est la force et le poids. Ses idées ont une plénitude, une intensité extraordinaires. Il n'a point de détails, et par là il est inférieur à Platon, à Aristote, à Leibniz et à Kant ; mais ses fondements sont remarquables par la solidité, et tout l'édifice semble avoir quelque chose de cyclopéen. Il est éminemment français par son goût pour la simplicité nue et abstraite, par son indépendance hardie qui va droit au fait, par son amour des idées claires, par son génie d'organisation. Il a été le maître de tous ceux qui sont venus après lui; tous, même les plus grands, même les plus hostiles, n'ont pensé qu'en poussant plus loin ou en corrigeant, mais toujours en subissant les pensées de Descartes. C'est un créateur, un fondateur, et, pour le redire avec Hégel, c'est un héros.

1. Depuis que ce travail a été écrit, il a paru sur Descartes, avons-nous dit plus haut, un livre fort remarquable de M. Liard, recteur de l'Académie de Caen. Dans ce livre, qui mériterait une étude approfondie, il a essayé d'établir une thèse nouvelle. C'est que, chez Descartes, la physique est absolument indépendante en fait et en principe de la métaphysique. Cette thèse est développée par l'auteur avec une grand vigueur et une abondance d'arguments qui commande l'attention.

Néanmoins, nous ne pouvons accéder à cette opinion par les raisons suivantes :

1° Quand même, historiquement, Descartes aurait fait sa physique avant sa métaphysique, il n'en est pas moins vrai que plus tard et dans sa pensée, il a voulu fonder sa physique sur sa métaphysique; 2° quand même il se serait trompé en cela même, et que le lien qu'il a imaginé fût aussi lâche que le croit M. Liard, il n'en est pas moins vrai que dans l'exposition systématique de sa philosophie (*Discours sur la Méthode* et *Principes*), il est toujours parti de la métaphysique avant de descendre à la physique ; or, il faut toujours exposer la pensée d'un auteur dans le sens et dans l'ordre où il l'a exposée lui-même, sauf à montrer ensuite dans la critique que cet ordre est factice et arbitraire; tout autre mode d'exposition est une altération de la vérité historique; 3° Il y a une raison de fond que l'auteur a négligée, et qui subordonne dans la doctrine de Descartes la physique à la métaphysique. C'est la doctrine de la véracité divine qui fonde seule la réalité des choses extérieures ; 4° comment comprendre l'originalité de la physique cartésienne qui ramène toutes les propriétés du corps à l'étendue, si on ne connaît la doctrine entière, qui ramène d'un autre côté toutes les propriétés de l'esprit à la pensée? Et n'est-ce pas dans cette opposition, et dans la prédominance de la pensée qu'est la nouveauté de la philosophie cartésienne? Une physique présentée tout d'abord comme un tout absolu, et entièrement séparée du *Cogito* ne nous montre-t-elle pas la philosophie de Descartes en général sous une forme mutilée qui en altère considérablement la vérité?

SPINOZA

ET LA THÉOLOGIE SPINOZISTE [1]

Ceux qui aiment à expliquer tous les faits de l'histoire philosophique et littéraire par les conditions extérieures, par le climat, par le milieu, seraient bien embarrassés de nous dire pourquoi le génie le plus spéculatif et le plus abstrait des temps modernes est apparu au sein du peuple le plus pratique, le plus industrieux, le plus solidement attaché aux choses terrestres qu'il y ait en Europe,

---

[1]. *Ad Benedicti de Spinoza opera quæ supersunt omnia supplementum*; Amsterdam, Fréd. Müller, 1862. — II. *Baruch d'Espinoza zijn leven en schriften in verband met zijnen en onzen tijd*, door J. Van Vloten; Amsterdam, Fréd. Müller, 1862. — III. *Spinoza seine Lehre und deren erste Nachwirkungen in Holland*, von Van der Linde; Goettingen 1862. — IV. *Spinoza et le naturalisme contemporain*, par M. Nourrisson; Paris 1866.

pourquoi en un mot Spinoza est né en Hollande. Lorsqu'on visite ce pays si intéressant et si original, ces villes coupées de canaux, ces ports riches et vivants, ces grandes prairies plantureuses et vertes, ces digues, merveilles du travail humain, on reconnaît et on admire partout une activité laborieuse, incessante, minutieuse, toutes les vertus solides de la vie commerciale et agricole, toutes les garanties du bonheur paisible : la santé, la propreté, l'aisance, la cordialité, vous sourient partout; mais rien ne porte la trace de l'activité contemplative qui produit les Descartes et les Malebranche, les Kant et les Spinoza. Sans doute la pensée est sollicitée par le spectacle qu'elle a sous les yeux, seulement elle l'est du côté des questions pratiques, politiques, économiques; on se demande d'où vient cette richesse, cette paix, cette liberté; quant aux grands problèmes métaphysiques, il semble qu'ils ne soient pas là à leur place; on ne songerait même à rien de semblable, si le souvenir de Descartes et de Spinoza ne se présentait à l'esprit pour nous rappeler que cette noble terre compte aussi dans l'histoire de la pensée philosophique, qu'elle a eu l'honneur d'être le refuge de l'un, la patrie de l'autre; et le problème s'élève de nouveau : comment le panthéisme géométrique a-t-il pris naissance dans le pays de la vie et de l'individualité?

Je sais ce qu'on pourra répondre. Spinoza, dira-t-on, est né en Hollande, mais il n'est pas Hollandais. C'est un Juif, et la race juive s'est mêlée avec tous les peuples de l'Europe sans se fondre avec aucun d'eux. Ne cherchons donc dans Spinoza ni les qualités ni les défauts de la race flamande. Ici le lieu de la naissance est indifférent, c'est la race et non le milieu qu'il faut considérer. J'entends bien ; mais ne nous apprend-on pas d'un autre côté que la race sémitique est tout à fait impropre à la spéculation métaphysique, que les Juifs n'ont jamais eu de philosophie originale, et même qu'avant la dispersion ils n'ont pas eu de philosophie du tout, au moins à Jérusalem, — que les Arabes eux-mêmes ne sont que des commentateurs ainsi que les savants juifs du moyen âge? Ainsi la race n'explique pas plus que le climat ou le milieu le génie de Spinoza. Dira-t-on qu'une fois mêlés aux autres races, il n'est point étonnant que les sémites leur aient emprunté quelques qualités, et que c'est ainsi qu'un Philon, un Maimonide, un Spinoza, sont devenus possibles? On parle alors très sagement ; mais c'est dire en d'autres termes que d'innombrables circonstances très variées et indéterminables se croisent et se compliquent pour produire les événements de l'histoire de l'intelligence, et que les causes génératrices du génie en général, et de tel ou tel génie en particulier, sont trop complexes, pour s'exprimer en une seule formule.

Cependant certaines causes générales peuvent servir à faire comprendre pourquoi le spinozisme a pu se produire en Hollande au XVIIe siècle plutôt qu'en tout autre pays, par exemple en France ;

mais ces causes sont de l'ordre moral et non de l'ordre physique. La vraie cause, c'est que la Hollande était alors le seul pays de l'Europe où régnât une certaine liberté de penser. Sans doute cette liberté était loin d'être absolue; elle n'était cependant pas très inférieure à celle dont on se contente aujourd'hui dans certaines contrées de l'Europe; et relativement à l'état des pays catholiques au XVII° siècle (France, Espagne, Italie), relativement même à certains pays protestants (Angleterre et Genève), on peut dire que la Hollande était alors le centre de la libre pensée. Ce qui le prouve suffisamment, c'est que Bayle et Spinoza ont pu y écrire sans être trop inquiétés.

Il n'est donc pas étonnant que dans un pays où régnait une telle latitude dans l'expression des opinions religieuses et philosophiques, l'esprit se soit donné des licences qu'il ne prenait point ailleurs, soit parce qu'il ne l'osait point, soit parce que, retenu à son insu même, il se pliait à l'ordre d'idées généralement reçu sans éprouver le besoin de s'en affranchir. Ceci nous explique comment un libre penseur tel que Spinoza a pu se rencontrer alors à Amsterdam plutôt qu'à Genève, plutôt qu'à Paris; mais pourquoi la libre pensée a-t-elle pris cette forme particulière que l'on appelle le spinozisme? C'est ce qu'il n'est plus possible d'expliquer, et le lieu n'y sert plus de rien. Deux origines ont été assignées à cette philosophie : d'une part, les traditions cabalistiques, de l'autre la lecture de Descartes. A ces deux causes, il faut ajouter le propre génie et l'individualité si remarquable du philosophe, ce *nescio quid* intérieur, cette *monade* dont on ne peut faire table rase sans tomber dans les hypothèses les plus arbitraires et les plus vagues.

Quoi qu'il en soit des causes cachées qui ont déterminé l'éclosion du spinozisme au xvii° siècle, ce n'est pas moins un des événements les plus considérables de l'histoire moderne, et tout ce qui s'y rattache est pour nous plein d'intérêt. A la vérité dans le siècle où il a paru, ce système paraît un épisode isolé et sans conséquence; mais si l'on considère que Spinoza est véritablement le père (avec Kant, bien entendu) du mouvement philosophique de l'Allemagne, si l'on songe à l'influence partout répandue aujourd'hui de la philosophie allemande, à ses conséquences religieuses, politiques, scientifiques, on ne peut se dissimuler qu'il y a là un courant de pensée presque aussi considérable que celui qui a fait la révolution française, et dont les conséquences sont incalculables. On consultera donc avec intérêt tous les documents qui peuvent jeter quelque jour sur les écrits de Spinoza, sur les premiers progrès de ses idées, enfin sur la signification et la valeur de cette philosophie. A ce point de vue, trois ouvrages récents nous ont paru devoir particulièrement appeler notre attention. C'est d'abord un volume d'œuvres inédites découvertes par un savant libraire d'Amsterdam, M. Frédéric Muller, et publiées par les soins de M. Van Vloten, sous ce titre : *Ad Benedicti de Spinoza opera quæ supersunt supplementum* [1], — en second lieu un ouvrage de M. Van der Linde intitulé : *Spinoza et son action en Hollande au* XVII° *siècle*, — enfin un écrit français de M. Nourrisson : *Spinoza et le naturalisme contemporain*, qui contient des détails bibliographiques intéressants et une discussion critique dirigée non moins contre certains philosophes de nos jours que contre Spinoza lui-même. Tels sont les travaux dont nous ferons connaître les résultats dans les pages suivantes [2].

---

1. Cette publication contient : 1° une première rédaction en hollandais, avec traduction latine, de l'*Éthique*, 2° un traité de l'arc-en-ciel que l'on croyait perdu, 3° quelques lettres de Spinoza et de ses disciples. — Depuis que ce travail a été publié, il a paru une traduction allemande du traité de Spinoza, par M. Sigwart, (Tubingue, 1870) et nous avons donné nous-même (G. Baillière 1878) une traduction française du même ouvrage.

2. Je ne cite que ces trois ouvrages ; mais la littérature spinoziste s'est beaucoup enrichie depuis une dizaine d'années. On trouvera toutes les indications à ce sujet soit dans le livre cité de M. Van der Linde, qui contient la bibliographie complète du spinozisme jusqu'en 1862, soit dans le savant et substantiel précis de la philosophie moderne de M. Überweg (*Grundriss der Geschichte der Philosophie, der Neuzeit* 4° édition, Berlin, 1880).

LES ŒUVRES INÉDITES

La publication hollandaise des écrits inédits de Spinoza ne nous apprend rien de bien nouveau sur la vie de ce philosophe ; mais en revanche elle contient quelques détails curieux et dignes d'être recueillis sur les rapports de Spinoza avec ses disciples. On y voit assez clairement qu'il avait réuni autour de lui un certain nombre de jeunes gens dont il était comme le guide spirituel, et qui venaient chercher auprès de lui non seulement la science, mais le bonheur, la paix de l'âme, le salut; c'était une sorte de petite église et même d'église secrète dont on ne révélait pas à tout le monde les croyances sacrées. Plusieurs passages des lettres sont explicites sur ce point.

Nous y apprenons, par exemple, que pendant que Spinoza, exclu d'Amsterdam par ses coreligionnaires, séjournait à la campagne, ses jeunes disciples avaient formé une sorte de petite conférence où l'on s'exerçait à commenter et à développer la parole du maître. Un de ces jeunes gens, qui paraît avoir été son disciple favori, Simon de Vries, lui rend compte des travaux de cette réunion. « Quant à la conférence en question, lui écrit-il, voici sur quel pied elle est instituée : l'un de nous, chacun à son tour, se met à lire ton traité et commente, selon sa pensée et dans leur ordre, toute la suite de tes propositions; puis, s'il arrive que l'un ne réussisse pas à satisfaire l'autre, nous avons décidé d'en prendre note et de t'en écrire afin d'éclaircir nos doutes, et afin qu'avec ton secours nous puissions défendre la vérité contre les superstitieux et les chrétiens, et soutenir l'assaut du monde entier. »

Spinoza, à la campagne où il s'était retiré, avait avec lui un jeune pensionnaire que M. Van Vloten croit non sans raison être le même que cet Albert Burgh, plus tard converti à la religion catholique, et à qui Spinoza écrivit à cette occasion une lettre terrible que nous possédons. Il paraissait déjà se défier de lui, même à l'époque où ils demeuraient ensemble à Rheinsbourg, et c'est ainsi que nous apprenons que Spinoza ne communiquait pas indiscrètement à tout le monde sa philosophie. Simon de Vries en effet lui avait écrit en ces termes : « Heureux, cent fois heureux, l'hôte qui demeure sous le même toit que vous, qui, soit à table, soit à la promenade, peut jouir de votre conversation sur les plus grandes choses qu'il y ait au monde! »

Spinoza lui répond : « N'enviez pas le sort de mon compagnon d'ici, car je ne vous cache pas qu'il m'est très suspect, et il n'est personne dont j'aie plus à me garder. C'est pourquoi je vous avertis expressément, vous et vos amis, de ne point lui communiquer mes doctrines avant qu'il soit arrivé à un âge plus avancé. Il est encore trop enfant, trop peu constant dans ses idées, plus ami de nouveauté que de vérité; mais j'espère que ces défauts passeront avec l'âge. »

Voici un autre fait qui nous prouve avec quelle circonspection, tout en vivant dans un pays de liberté, Spinoza communiquait sa doctrine et permettait à ses disciples de la répandre. Parmi les jeunes esprits qu'il avait groupés autour de lui, se trouvait un jeune noble allemand qui depuis a acquis une certaine célébrité philosophique, le baron de Tschirnaus, né en Allemagne en 1651, et que nous trouvons à Amsterdam, en 1674, livré à des études de toute nature et membre du petit cénacle. Plus tard, il vit le maître lui-même, qui commença par lui faire connaître sa méthode philosophique, et de proche en proche lui en révéla le fond. Il était donc entièrement à Spinoza ; mais son esprit curieux et aventureux le portait à chercher la vérité partout. Il alla d'abord en Angleterre où il vit Robert Boyle et Oldenbourg, le secrétaire de la Société royale; puis il passa en France, où, par la protection de Huyghens, il devint précepteur du fils de Colbert, depuis M. de Seignelay. Or, pendant son séjour en France, il se rencontra à

Paris avec Leibniz, alors peu connu encore, dont l'esprit libre, riche, fécond, paraît l'avoir merveilleusement séduit. Cependant il continuait de correspondre avec ses amis de Hollande; il leur confiait tout ce qui lui arrivait d'heureux et d'intéressant; il leur parla donc avec beaucoup d'enthousiasme de sa rencontre avec Leibniz, et manifesta le désir d'initier ce beau génie à la doctrine secrète dont il était le confident: Simon de Vries, intermédiaire entre Spinoza et ses autres disciples, en référa à celui-ci. « Notre ami Tschirnaus nous écrit de Paris qu'il a rencontré un homme d'un génie admirable, versé dans toutes les sciences et *libre des préjugés vulgaires de la théologie*. Il s'appelle Leibniz; notre ami a contracté amitié avec lui. Il le dit extrêmement versé dans la morale et sachant traiter des choses sans aucun entraînement de passion et par la seule lumière de la raison. En physique et principalement en métaphysique, sur Dieu et sur l'âme, il le dit extrêmement entendu. En un mot, il le croit digne, avec votre permission, de recevoir communication de vos écrits [1]. »

La réponse de Spinoza est curieuse, elle indique une défiance extrême. « Je crois, dit-il, connaître, par quelques lettres, le Leibniz dont vous me parlez; mais pourquoi, étant conseiller à Francfort, se trouve-t-il à présent en France ? C'est ce que je ne sais pas. Autant que j'en ai pu juger par ses

---

1. Leibniz lui-même reconnaît qu'il avait d'abord « penché du côté des spinozistes, qui ne laissent qu'une puissance infinie à Dieu ». (*Nouveaux Essais*, l. I, c. 1).

lettres, il m'a paru d'un esprit libéral et d'une grande science. Cependant je juge imprudent de lui communiquer sitôt mes écrits. Je désirerais d'abord savoir ce qu'il fait en France, et attendre l'opinion de notre ami Tschirnaus après qu'il l'aura plus longtemps fréquenté et qu'il connaîtra mieux son caractère. » Cet épisode ignoré, qui met en présence Spinoza et Leibniz, est très piquant et nous révèle d'une manière frappante le caractère de l'un et de l'autre : l'un curieux, avide de nouveau, expansif à l'excès, libre penseur à l'occasion, l'autre secret, circonspect, averti par les malheurs de sa race et les persécutions de sa jeunesse de ne pas se confier indiscrètement au premier venu ; — l'un mêlé à toutes les affaires de ce monde, l'autre obscur et caché, ne vivant que dans la pensée ; ces deux hommes ne pouvaient s'entendre par aucun côté. Spinoza persista-t-il d'ailleurs dans sa résolution de ne point laisser communiquer à Leibniz le secret de sa philosophie ? Cela est vraisemblable, et il est permis de le conjecturer par quelques mots de la *Théodicée*, où Leibniz nous apprend qu'à son retour de France il passa par la Hollande et y vit Spinoza « duquel il apprit, nous dit-il, quelques bonnes anecdotes sur les affaires de ce temps-ci ». Ces mots semblent indiquer que le philosophe hollandais éluda avec Leibniz toute conversation métaphysique et se borna à causer avec lui des affaires du moment.

Le morceau capital et vraiment important pour l'histoire de la philosophie dans la publication nouvelle, est une première rédaction de l'*Éthique* très étendue sous ce titre : *De Deo et homine*. Déjà, en 1853, un savant allemand, M. Boehmer, avait découvert quelques fragments latins de cette première rédaction et les avait publiés [1] : M. Frédéric Muller a eu la bonne fortune, dans une vente publique, de trouver l'ouvrage entier en hollandais. C'est cet ouvrage, esquisse développée de l'*Éthique*, que nous donne aujourd'hui l'éditeur M. Van Vloten en l'accompagnant d'une traduction latine [2].

Il serait du plus haut intérêt de comparer en détail cette première rédaction avec l'ouvrage définitif que nous possédons[3], mais cette comparaison exigerait des détails techniques qui n'intéresseraient pas tout le monde. Nous devons nous borner aux indications les plus générales.

Les différences qui frappent d'abord sont tout extérieures. Elles portent sur la forme, et sur le plan de l'ouvrage. Quant à la forme on voit que l'auteur n'a pas encore adopté le mode

[1]. *Lineamenta tractatus Spinozani de Deo et homine*; Halle, 1853.

[2]. Tout en reconnaissant le service que nous rend ici le traducteur et l'éditeur de cette nouvelle *Éthique*, qu'il nous soit permis de regretter qu'il n'ait pas mis un peu plus de soin à sa traduction, laquelle laisse fort à désirer sous le rapport de la correction et de la clarté. Ce que nous regrettons surtout, c'est la manière amère et dédaigneuse dont il parle de la critique française, et le silence injuste et volontaire qu'il garde sur les travaux de notre maître et ami Émile Saisset.

[3]. Voir pour cette comparaison détaillée notre traduction française déjà mentionnée (*Dieu, l'homme et la béatitude*, Introduction).

d'exposition que nous trouvons dans l'*Éthique*, à savoir la méthode géométrique. Nous ne rencontrons point ici ce vaste appareil d'axiomes, de définitions, de théorèmes, de corollaires, de scolies, qui rend la lecture de Spinoza si difficile et même, il faut le dire, insupportable[1]; on voit d'ailleurs que cette forme n'était nullement nécessaire à l'exposition et à la démonstration du système, puisqu'elle n'y a été appliquée qu'après coup. Quant à l'étendue et au plan de l'ouvrage, il est facile de reconnaître que l'*Éthique* est le développement de l'esquisse nouvellement découverte. En effet l'*Éthique*, on le sait, se compose de cinq parties (*Dieu*, — *l'âme*, — *les passions*, — *l'esclavage*, — *la liberté*), tandis que l'esquisse n'en a que deux : *Dieu* et *l'homme*. Seulement, la première de ces deux parties n'est pas beaucoup moins étendue que la première de l'*Éthique* et en contient à peu près toute la substance. La seconde au contraire, qui correspond aux quatre dernières de l'*Éthique*, est évidemment beaucoup moins développée. Sur tout ce qui regarde l'homme, les idées de Spinoza se sont étendues, mûries, en quelques points même modifiées ; mais tout ce qui touche à la nature divine est arrêté dans son esprit, et ne changera pas.

Il y a aussi dans la première partie des deux ouvrages une doctrine qui est exposée dans l'es-

---

[1]. Nous trouvons cependant déjà dans un *Appendice* donné par M. Van Vloten un premier essai de démonstration géométrique appliquée à la théorie de la substance (Voyez *Supplementum*, p. 233).

quisse avec beaucoup plus de netteté et de précision qu'elle ne le sera plus tard dans l'*Éthique* elle-même. Émile Saisset a le premier signalé dans quatre ou cinq théorèmes obscurs du *De Deo* une théorie qui n'avait jamais été remarquée : c'est la théorie des modes éternels et infinis. Il pensait qu'entre la substance et ses attributs, c'est-à-dire Dieu, d'une part, et les modes, c'est-à-dire les esprits et les corps d'autre part, Spinoza, par une sorte de réminiscence des émanations alexandrines et cabalistiques, admettait des intermédiaires, qui d'un côté étaient des modes comme les esprits et les corps, et de l'autre étaient infinis comme les attributs divins ; mais Émile Saisset, en signalant cette doctrine, disait qu'elle était très voilée dans Spinoza, et surtout que tout en parlant de ces modes Spinoza n'en donnait aucun exemple. Or la nouvelle *Éthique* confirme ici de la manière la plus heureuse la conjecture du critique français et vient attester sa sagacité. Non seulement Spinoza y expose expressément la théorie des modes éternels ; mais il en donne deux exemples : l'un correspondant à l'attribut de la pensée, l'autre à l'attribut de l'étendue ; le premier est le *mouvement* qu'il appelle « le fils de Dieu immédiatement créé par lui », l'autre est l'*intellect*, également « fils de Dieu, créature immédiate de Dieu, dont la fonction est de tout connaître dans tous les temps avec une entière clarté et distinction, d'où naît une joie infinie ». On remarquera cette expression toute chrétienne de *fils de Dieu* ; ce n'est pas la seule qui se rencontre dans l'esquisse : il y est parlé aussi de la *prédestination*; enfin nous voyons que Spinoza conserve encore également l'expression de *providence*, et même il distingue avec l'école la providence *générale* et la providence *particulière*. Dans l'*Éthique*, tous ces vestiges de la terminologie chrétienne ou scolastique ont entièrement disparu.

C'est surtout dans la seconde partie de l'esquisse que les différences entre les deux rédactions et surtout les lacunes de la première deviennent sensibles. Ainsi ce qui constitue la matière de la seconde partie de l'*Éthique* fait ici presque entièrement défaut[1].

La théorie des corps simples et des corps composés, la définition de l'âme, la théorie de l'union de l'âme et du corps, des idées adéquates et des idées inadéquates, enfin la théorie capitale de l'erreur, toutes ces vues si neuves et si originales sont ici à peine indiquées. La théorie des passions, non moins importante et non moins originale, est encore confuse et enveloppée. Spinoza ne s'est pas dégagé de la théorie cartésienne. Comme Descartes, il admet six passions fondamentales, et il regarde l'admiration comme la première et la racine des cinq autres, l'amour, la haine, le désir, la joie et la tristesse. Dans l'*Éthique* au contraire il n'admettra plus que

---

1. Disons cependant que dans l'Appendice qui suit le *De Deo et homine* nous trouvons un chapitre intitulé *De Mente humana*, qui est évidemment le germe de la seconde partie de l'*Éthique*; mais qu'est-ce que cet appendice? Dans quel rapport est-il avec le traité principal ? C'est ce que l'éditeur ne nous apprend pas; même dans ce chapitre il y a des différences curieuses et remarquables avec le *De Mente* de l'*Éthique*.

trois passions fondamentales, le désir, la joie et la tristesse. Enfin on peut également, dans l'*Éthique*, considérer comme presque entièrement nouvelle ou du moins comme très développée et élucidée la quatrième partie de l'*Éthique*, l'*Esclavage*, où Spinoza étudie les lois de l'âme, en tant qu'assujettie au joug des passions. Il n'en est pas de même de la dernière partie, de *la Liberté*. La conclusion de l'esquisse sur la vraie liberté, sur le bonheur, sur l'immortalité de l'âme, sur l'amour de Dieu, est à peu de chose près toute semblable à la conclusion de l'*Éthique*, et on peut dire que sur ces derniers points la pensée de Spinoza n'a subi aucune importante modification.

Pour résumer cette comparaison, on peut, je crois, affirmer que lors de la composition de ce traité, d'où est sortie plus tard l'*Éthique*, Spinoza était en pleine possession d'une part de ses principes, de l'autre de ses conclusions. D'un côté Dieu, substance unique et cause immanente de toutes choses, — de l'autre la vraie béatitude consistant dans la connaissance et dans l'amour de Dieu et dans l'affranchissement du joug des passions par le discernement exact de leurs causes, tels sont les deux termes, les deux pôles de la philosophie de Spinoza. Jusqu'ici, tout est parfaitement arrêté dans la pensée de l'auteur ; mais ce qui reste encore quelque peu indécis, soit pour les idées elles-mêmes, soit pour l'ordre des idées, ce sont les intermédiaires, c'est-à-dire toute la théorie de l'esprit humain. C'est là qu'il faudrait chercher, dans une étude plus particulière et plus précise, le mouvement et le progrès de sa pensée.

Nous ne voulons pas quitter cette étude sans mentionner un chapitre nouveau, — curieux au moins par le titre, — dont on connaissait l'existence par le témoignage de Mylius [1], mais que l'on n'avait pu trouver jusqu'ici. C'est le chapitre *de Diabolis*. Spinoza a jugé à propos de le sacrifier dans son *Éthique*, et vraiment le sacrifice n'était pas très considérable, car avec la connaissance des principes de l'*Éthique* rien n'était plus facile que de le restituer à peu près tel qu'il est en réalité. Quoi qu'il en soit, on sera bien aise de savoir en propres termes quelle était l'opinion de Spinoza

« Y a-t-il des démons, ou n'y en a-t-il pas? C'est ce que nous examinerons brièvement.

» Si le Diable est une chose contraire à Dieu, et qui ne tient rien de Dieu, il se confond entièrement avec le néant, dont nous avons déjà parlé plus haut.

» Si nous supposons, comme on le dit, que le Diable est une chose pensante, incapable de vouloir et de faire aucun bien, et qui s'oppose à Dieu dans tout ce qu'il fait, il est alors digne de toute pitié; et si les prières avaient quelque valeur, il faudrait prier pour lui.

» Mais demandons-nous si un être aussi misérable pourrait exister, même un moment; nous verrons que cela est impossible. Car la durée d'une chose

1. Myllus, dans sa *Bibliothèque des Anonymes* avait mentionné l'existence d'une première rédaction de l'*Éthique*.

procède de sa perfection; et plus elle a en elle d'être et de divinité, plus elle est durable. Or, le Diable n'ayant en soi aucun degré de perfection, comment pourrait-il exister? Ajoutons que la stabilité et la durée du mode dans la chose pensante dépendent de son amour pour Dieu et de son union avec lui; et, comme c'est le contraire de cette union que l'on suppose dans les démons, il ne peut se faire qu'ils existent.

» Enfin, il n'y a nulle nécessité à supposer l'existence des démons, puisque l'on peut découvrir les causes de la haine, de l'envie, de la colère et de toutes les passions, comme nous l'avons fait. Nous n'avons donc pas besoin de cette fiction. »

Ainsi le Diable, suivant Spinoza, est inutile et impossible, c'est une chimère de la superstition, il aurait pu ajouter que, selon toute apparence, le dogme du diable n'est autre chose qu'un vestige affaibli et atténué du vieux dualisme oriental; mais c'est assez nous occuper de Spinoza lui-même : il est temps de passer à ses successeurs et à ses disciples. Ici nous changerons de guide, et de M. Van Vloten nous passons à M. Van der Linde.

II

LA THÉOLOGIE SPINOZISTE AU XVIIᵉ SIÈCLE

On n'en était pas à apprendre que Spinoza avait eu des disciples et des amis, et qu'il avait formé en Hollande même une petite secte ou école d'une certaine importance. On connaissait les noms de ces petits spinozistes, — Louis Meyer, Bredenbourg, Abraham Kufeler et, dans une certaine mesure, Tschirnaus. Ce qui paraît avoir été assez ignoré jusqu'à la publication de l'ouvrage de M. Van der Linde [1], c'est l'influence immédiate de Spinoza, non plus sur la philosophie, mais sur la théologie, non pas dans les chaires de l'école, mais dans les

[1]. Pas tout à fait aussi ignoré cependant que le pense l'auteur Dans l'*Examen du fatalisme* de l'abbé Pluquet (Paris, 1757), ouvrage estimé au XVIIIᵉ siècle et encore assez bon aujourd'hui, je trouve mentionnés comme spinozistes les noms de Leenhof et de Hattem (tome Iᵉʳ, p. 365).

chaires de l'église, pendant la fin du xviie siècle et la première moitié du xviiie. M. Van der Linde nous apprend qu'il y a eu en Hollande un christianisme spinoziste comme de nos jours un christianisme hégélien, que le spinozisme, en se mariant avec certains dogmes de la religion réformée, a produit une petite secte persécutée et persistante, tantôt rationaliste, tantôt mystique, d'une médiocre originalité, mais qui n'en est pas moins un phénomène intéressant et un instructif épisode de l'histoire philosophique et religieuse de la Hollande. La nature toute théologique de cette école, l'ignorance assez générale où l'on est de la langue hollandaise, expliquent assez qu'il ait rarement été fait mention de cette petite Église, et nous devons savoir gré à M. Van der Linde de nous avoir fait connaître non seulement les noms et la biographie des principaux promoteurs et adeptes de cette secte, mais encore, par de nombreux extraits, les plus importantes de leurs idées. Nous les voyons faisant pénétrer le spinozisme dans la vie populaire, phénomène presque incompréhensible, si l'on persistait à ne voir dans l'*Éthique* qu'une théorie abstraite et toute spéculative, au lieu de ce qu'elle est en réalité, une morale, un traité du souverain bien.

Pour nous orienter dans ces débats, résumons en quelques mots l'histoire de la théologie hollandaise au xviie siècle. En 1603, Arminius, professeur à l'université de Leyde, fonda l'*arminianisme*, doctrine qui inclinait au pélagianisme, c'est-à-dire à une certaine réhabilitation du libre arbitre ; il combattait la doctrine exagérée du péché originel. Son adversaire, Gomar, également professeur à Leyde, défend contre lui l'interprétation calviniste et orthodoxe; ses disciples sont appelés *gomaristes* ou *supralapsaires* (partisans excessifs de la doctrine de la chute). Les arminiens, ayant adressé en 1610 aux États de Hollande des remontrances où ils exposaient leurs doctrines, furent appelés *les remontrants*, d'où les gomaristes prirent le nom de *contre-remontrants*. L'arminianisme fut momentanément étouffé en 1618 par le synode de Dordrecht, où dominait le parti gomariste, associé en politique au parti orangiste, tandis que les arminiens marchaient d'accord avec le parti républicain. Plus tard, les mêmes querelles reparurent sous d'autres noms au moment de l'orage suscité par la philosophie de Descartes. Voet, professeur à Leyde, protesta avec violence contre cette philosophie; il appartenait lui-même au parti gomariste et supra-lapsaire, qui prit alors le nom de *voetien*. En opposition à Voet, un autre professeur de Leyde, Coccéius se déclara pour la philosophie de Descartes, et en général pour une interprétation plus large et plus libre de l'Écriture; le *coccéianisme* était donc, pour le temps, une sorte de rationalisme. Quant à la secte dont nous allons parler, elle se rattachait aux coccéiens par la liberté de sa pensée, tandis que par la doctrine du libre arbitre elle eût volontiers marché d'accord avec les prédestinatiens les plus radicaux.

Le premier représentant de ce spinozisme théologique est Friedrich van Leenhof, né à Middelbourg en 1647 et ministre réformé à Zwolle en 1681. Il avait défendu le coccéianisme en quelques écrits polémiques et exégétiques contre la théologie orthodoxe; mais ce furent d'autres tempêtes, lorsqu'en 1703 il publia son principal ouvrage, intitulé *Le ciel sur la terre, ou description brève et claire de la véritable joie, aussi conforme à la raison qu'à la sainte Écriture* [1]. Les théologiens des deux partis (arminien et gomarien) s'entendirent pour reconnaître un spinozisme coupable dans cette théorie de la « vraie joie » dont parlait Leenhof, et qui n'était autre chose, suivant eux, que la soumission apathique à un aveugle destin. De là une grande controverse [2], à la suite de laquelle fut prononcée la suspension et même la révocation de Leenhof en 1708. Néanmoins il continua de prêcher jusqu'en 1710, époque où il prit lui-même sa retraite. Il mourut en 1712.

Il est facile, dans les différents extraits que M. Van der Linde nous donne du livre de Leenhof, de reconnaître les principes et les expressions mêmes de Spinoza. Pour lui, la sagesse est la connaissance de l'absolue nécessité et une libre résignation à l'inévitable. Pour tous deux, le péché, la faute, le salut et en général tous les concepts moraux, doivent

---

1. *Den Hemel op Aarden*, etc. Je dois la traduction des passages hollandais cités par M. Van der Linde à l'obligeance de notre ami M. Ch. Thurot, maître de conférences à l'École normale, que nous avons eu récemment la douleur de perdre.

2. Il est inutile de mentionner tous les ouvrages publiés à cette occasion; on en trouvera l'indication dans le livre de M. Van der Linde.

s'entendre dans un sens détourné de leur sens ordinaire. La tristesse sera une servitude, car c'est une révolte contre la nécessité, le repentir un péché, car c'est méconnaître les lois nécessaires de la substance. L'homme, dit Leenhof, en reconnaissant son imperfection devient triste et s'irrite en lui-même de voir qu'il est imparfait; mais doit-il s'en prendre à Dieu de ce qu'il n'a pas une nature plus parfaite? Dieu produit dans son œuvre des degrés différents de perfections, et personne ne peut mépriser l'œuvre de Dieu et son gouvernement. — On objectait à Leenhof l'exemple des saints de l'Ancien et du Nouveau Testament, qui avaient pleuré sur leurs fautes : « Eh quoi ! répondait-il, n'auraient-ils pas été plus parfaits, s'ils avaient marché comme des enfants de Dieu dans les voies de leurs pères, réparant leurs fautes avec joie et satisfaction ?»

Leenhof admettait toutes les conséquences stoïciennes d'une pareille morale. L'âme, disait-il, ne doit pas pleurer la perte d'un ami, « car on trouve partout des amis, » d'un mari ou d'une femme. « car personne ne peut être marié éternellement ». Et d'ailleurs « à quoi servent les larmes » ? Les douleurs physiques elles-mêmes peuvent être consolées : « Quand on contemple la nécessité des souffrances dans l'ordre éternel de Dieu, quand on peut se former une idée adéquate de ses peines et de ses émotions, les peines ne sont plus des peines, mais des pensées qui emportent toujours en elles-mêmes quelque satisfaction. » Le sage s'abandonne à la mort avec joie « parce qu'il meurt avec des idées adéquates qui contiennent toujours de la joie. » Leenhof niait que son livre s'éloignât du vrai sens du christianisme, et quant à ceux qui le contredisaient, il les renvoyait hardiment à l'enfer, dont on le menaçait lui-même. « Que si quelqu'un, dit-il, poussé par l'esprit de contradiction ont gonflé de folles illusions, calomnié ma loyale entreprise, il porte son enfer avec lui. »

Un autre spinoziste célèbre du même temps fut Wilhelm Deurhoff [1] (1650-1717), que M. Van der Linde nous dépeint « comme une tête égarée ayant fait une sorte de caricature du spinozisme en l'habillant avec la terminologie biblique ». Il exerça cependant assez d'influence pour que les cartésiens du temps, Wittichius, Andala, Van der Honert, aient cru devoir réfuter ses écrits. Jusqu'à la fin du dernier siècle, les actes de l'église font mention des erreurs du deurhoffianisme. Aujourd'hui, selon M. Van der Linde, ce n'est plus qu'une assez médiocre curiosité philosophique [2].

Dieu, selon Durhoff, est « l'acte unique ». L'acte unique a produit le mouvement, et avec le mouvement l'étendue ; de là naissent les corps particuliers qui se meuvent éternellement dans un ordre

---

1. Deurhoff est généralement cité comme un précurseur du spinozisme ; mais il paraît qu'au contraire il avait eu connaissance du manuscrit de l'*Éthique*, et que, par conséquent, il doit être compté parmi les disciples.

2. Les écrits de Deurhoff ont été réunis et publiés sous ce titre : *Système surnaturel et scriptural de la théologie, tiré de la connaissance de Dieu, des dons de la grâce et de la Sainte Écriture*, 1715, 2 vol.

nécessaire que Dieu lui-même ne peut interrompre. Les miracles sont les résultats de cet ordre et non les actes d'une intervention extraordinaire de Dieu. L'éternelle génération du Fils n'est autre chose que la création, car le Fils est la sagesse de Dieu, sa pensée, et la pensée de Dieu est la réalité immédiate. Au commencement était l'action, et l'action était en Dieu, et Dieu était action. Dieu ne peut exister avant d'avoir créé le monde, connaître les choses avant qu'elles ne soient ; il ne peut donc s'être proposé un but en créant. Dieu n'est que cause et non législateur. Deurhoff disait encore que ce n'est pas seulement le Verbe, c'est la Trinité tout entière qui s'est faite homme.

Une autre branche bien plus importante du spinozisme théologique est le *hattémisme*, dont le fondateur, Pontian Van Hattem, vivait de 1641 à 1706. Il était né à Berg-op-Zoom, avait étudié à Leyde, la grande université protestante du nord, avait visité la célèbre académie de Saumur, foyer de la théologie réformée en France, et là s'était déjà fait remarquer par ses tendances indépendantes. A son retour, il devint pasteur à Philipsland en Zélande, ses opinions hérétiques n'ayant pas encore paru au grand jour; mais on les vit bientôt se manifester dans un traité qu'il publia sur le catéchisme d'Heidelberg. Les erreurs de doctrine que l'on crut remarquer dans cet ouvrage le firent mander à Leyde et à Utrecht par les deux facultés, qui en portèrent le jugement le plus défavorable; Leyde déclara ses thèses « paradoxales et hérétiques. »

5

Utrecht prononça de son côté « qu'un tel ministre ne pourrait être supporté dans l'église réformée, à moins qu'il ne rétractât ses chimères sociniennes, libertines, athées et sacrilèges ». Van Hattem, quoiqu'il prétendît rester attaché à la doctrine de l'Église, fut suspendu en 1683. Après sa suspension, il essaya de s'associer avec un autre théologien également suspect et excommunié, Verschoor ; mais celui-ci déclina cette sorte d'alliance [1]. Il forma alors des conventicules religieux, et, comme on le voit par sa correspondance et par ses écrits, il se fit de nombreux adhérents [2].

Les principaux disciples de Van Hattem furent Jacob Bril, de Leyde (1639-1700), qui mena une vie paisible et toute hollandaise, mais en mystique de la primitive Église ; il tourna en effet le spinozisme du côté du mysticisme, mais d'un mysticisme tout intérieur qui n'avait besoin d'aucun culte public ; — Marinus Andrianz Booms (vers 1728), cordonnier à Middelbourg, exclu de l'église à cause de ses tendances hattémistes [3] ; il fut même banni de la ville en 1714 et de la province de Zélande ; il mourut à Bréda, où il s'était réfugié, sans avoir

---

1. Verschoor, accusé de spinozisme, était un supra-lapsaire exalté.

2. Après sa mort, ses écrits furent recueillis et publiés en quatre volumes (1718-1729) sous le titre : *Chute de l'idole du monde, ou la Foi des saints triomphant de la doctrine de la justification personnelle, représentée clairement d'après les écrits laissés par P. Van Hattem*, publié par M. Roggeveen.

3. Dans l'excommunication de Booms, le hattémisme est expressément rattaché au spinozisme.

jamais cessé de défendre le hattémisme par ses écrits ; — Dina Jans, surnommée le pasteur Dina, qui était servante de Van Hattem lorsqu'il était encore ministre à Philipsland ; elle travailla avec zèle à propager la doctrine de son maître ; elle était en grand honneur auprès de tous les hattémistes, dont beaucoup lui rendaient visite chaque année: elle fut excommuniée en 1728 ; — enfin Gosuinus van Buitendych, pasteur à Schore en Zélande en 1702, bientôt accusé et destitué par les États en 1709. On le voit alors associé avec Booms et tenant avec celui-ci des assemblées religieuses. Tous deux se rendent à Bréda, d'où Buitendych est chassé en 1728 ; et deux ans après il l'est encore d'Amsterdam. Ces noms et ces faits nous montrent assez quelle a été l'importance et l'activité de l'hattémisme à la fin du XVIIe siècle et au commencement du XVIIIe. Quelques mots suffiront pour établir la parenté de cette doctrine avec le spinozisme.

L'erreur capitale du vulgaire, selon Van Hattem, est de se représenter Dieu et l'homme comme deux êtres séparés l'un de l'autre, de sorte que l'homme paraît être en dehors de Dieu, et Dieu en dehors de l'homme. Dans cet ordre des idées, qui est celui de la nature, l'homme pense Dieu objectivement comme l'être le plus accompli, comme une substance intelligente, toute-puissante, toute sage, etc.; mais cette représentation objective de Dieu n'est pas le vrai Dieu : c'est une idole, c'est Satan. Cette erreur fondamentale doit être corrigée et guérie par la foi. La foi est la conscience de l'unité de l'homme avec le Christ ou avec Dieu. Le croyant ne se prend pas lui-même pour un sujet en soi, mais pour une partie du tout, dont Christ est la tête, car Christ est le fondement de toute existence.

Les conséquences morales d'une telle théologie sont faciles à prévoir, et Van Hattem les admet sans hésiter. Pour lui, le seul péché, c'est de croire au péché. Ce que l'on considère en général comme une vertu, à savoir l'humilité, c'est le péché contre le Saint-Esprit, celui dont il a été écrit qu'il ne serait jamais remis : c'est à savoir « de considérer le péché comme quelque chose de coupable, et le mal moral comme un mal en soi ». C'est là, en effet, une révolte contre la nécessité des choses, qui est le Saint-Esprit, selon Hattem. Le seul péché, c'est l'erreur, l'idée inadéquate sur Dieu et sur l'homme, idée qui, nous faisant croire à une séparation de l'homme et de Dieu, nous conduit à admettre une liberté, une responsabilité personnelle, une indépendance de l'individu absolument impossibles. La vraie vertu est de se savoir sans péché. Celui qui a rejeté tous ses anciens préjugés, qui ne se croit plus un sujet en soi, qui est content d'être tel qu'il est, celui-là est saint et sauvé. C'est ce que nous a appris l'incarnation du Verbe. Ce n'est pas une satisfaction du Christ à Dieu, mais de Dieu à nous, car Dieu, étant lumière et amour, n'a pas voulu que nous restassions dans l'erreur en continuant de le considérer comme un être transcendant et nous-mêmes comme des pécheurs. En un mot, « croire n'est autre chose que comprendre ».

Tandis que Van Hattem interprétait le christianisme dans le sens d'un spinozisme rationaliste, un de ses disciples, Jacob Bril, exposait la même doctrine, mais avec une tendance mystique et sous les formes d'un illuminisme nuageux et exalté, comme l'atteste le *credo* rapporté par M. Van der Linde [1].
« Encore aujourd'hui, nous dit celui-ci, il existe en Hollande des cercles obscurs et isolés où ce spinozisme mystique est la seule consolation de l'âme. Nous nous sommes souvent personnellement convaincu que la croyance fondamentale de ces per-

---

[1]. Ce document bizarre ne peut être cité que comme objet de curiosité. « Je crois que, en moi-même, je ne suis rien de plus qu'une ombre du corps un, éternel, et que je dois le suivre aussi longtemps que je n'y serai pas absorbé tout entier. — Je crois que je connais, honore, aime, sers la fin la plus élevée de toutes les fins, et que la fin qui est en moi est la fin des fins. — Je crois que l'humanité dans laquelle j'habite n'est point mon humanité, mais l'humanité de celui qui est conçu et né en moi, dont je suis l'honneur et la propriété. — Je crois que tout ce que je pense, dis, fais et souffre, ce n'est pas moi qui le fais, mais celui qui est en moi et qui habite, non dans mon humanité, mais dans la sienne. — Je crois que je suis mort lorsque je suis né, et que je ressusciterai lorsque je mourrai. — Je crois que je suis enseveli dans mon corps, et que lorsque je serai dans mon tombeau, c'est alors seulement que je serai au ciel. — Je crois que le monde est à ma gauche, et celui dont le monde est l'ombre est à ma droite. — Je crois que je vois l'invisible par l'œil de celui qui me voit. — Je crois que lorsque l'homme extérieur est enchaîné par les pieds et les mains et plongé dans les ténèbres extérieures, c'est alors que l'homme intérieur voit la lumière, cette lumière où il n'y a plus d'ombre. — Je crois que lorsque je me déclare coupable moi-même, je suis jugé innocent par monseigneur. — Je crois qu'il y a en moi une vie cachée dans laquelle je vivais avant de vivre. Cette vie est une vie vivante, une vie pleine de vie. »

sonnes est un panthéisme inconscient, non mathématique, comme celui de Spinoza, mais biblique. »

Tout en reconnaissant les incontestables analogies que M. Van der Linde nous signale entre ces doctrines hétérodoxes et la philosophie de Spinoza, je ne puis cependant échapper à un doute que je soumets à l'auteur, ne pouvant pas l'éclaircir moi-même faute de documents. Cette école spinozistico-théologique qu'il nous a si bien fait connaître est-elle réellement un rameau détaché du spinozisme, une application du spinozisme à la théologie, semblable à celle que nous avons vue de nos jours dans l'école de Hegel ? ou ne serait-ce pas tout simplement un des innombrables produits de la théologie protestante, qui aurait emprunté quelques formules ou expressions aux livres alors en vogue de Spinoza ? Dans la théologie protestante en général, et même dans la théologie mystique avant la réforme, ne trouve-t-on pas des doctrines tout à fait analogues? Michel Servet, par exemple, n'est-il pas une sorte de Van Hattem? Jacob Bril ne dérive-t-il pas tout aussi directement de Jacques Boehme que de Spinoza ? Et même avant Jacques Boehme et encore plus près de la Hollande ne trouvons-nous pas dans les mystiques allemands des bords du Rhin, — maître Eckart, Tauler, Suso, enfin le Flamand Ruysbroeck, — non seulement les mêmes idées, mais les mêmes formules et les mêmes expressions que celles que nous rapporte M. Van der Linde ? D'ailleurs le mysticisme panthéistique était, en quelque sorte, endémique en

Hollande et en Flandre; Geulinx, Poiret, Antoinette Bourignon, enseignaient sous toutes les formes les plus diverses et les plus monotones à la fois la doctrine de l'unité substantielle de l'homme et de Dieu. A la lumière de ces faits généraux, on voit la petite secte dont on a lu l'histoire se perdre dans ce vaste mouvement panthéiste dont l'Allemagne est le foyer depuis le xiv° siècle, et qui, tantôt sous la forme naturaliste, tantôt sous la forme mystique, a menacé à plusieurs reprises d'engloutir le monothéisme chrétien. Nous voyons bien et nous accordons que l'*Éthique* a eu une réelle influence sur les théologiens hétérodoxes de son temps; mais jusqu'à quelle profondeur a-t-elle pénétré? Est-elle bien l'élément principal et la cause première? C'est ce que nous ne voyons pas encore très clairement. Quoi qu'il en soit et dans quelque mesure que Spinoza ait exercé son action sur la théologie hollandaise, cet épisode n'en est pas moins curieux et intéressant, et pourra servir un jour, si l'on retrouve encore d'autres intermédiaires[1], à expliquer comment l'idée spinoziste, endormie et étouffée en apparence, s'est réveillée avec tant d'éclat en Allemagne dans les dernières années du siècle précédent.

---

1. Un de ces anneaux est la philosophie d'Hemsterhuys, qui vient d'être exposée très clairement dans un bon livre de M. Emile Grucker (*François Hemsterhuys, sa vie et ses œuvres*, Paris 1866). Voyez le chapitre sur le spinozisme d'Hemsterhuys.

III

SPINOZA ET LE NATURALISME CONTEMPORAIN

Les travaux critiques que nous venons d'analyser, en enrichissant utilement l'histoire du spinozisme, ont-ils modifié d'une manière notable l'opinion que l'on se faisait jusqu'ici de cette philosophie? Nous ne le pensons pas. La découverte d'une première rédaction de l'*Éthique* est certainement intéressante en nous montrant par quels chemins passe un grand esprit avant d'arriver à ses conclusions définitives, elle peut même sur certains points apporter quelques lumières nouvelles; mais, quant à l'ensemble du système, la physionomie de Spinoza (on devait s'y attendre) demeure absolument ce qu'elle était auparavant.

Reste à savoir maintenant quelle est cette physionomie? C'est ce qu'il n'est pas facile de dire, car rien n'est plus complexe que le spinozisme, et suivant qu'on le considère sous tel ou tel de ses aspects, on est tenté de le confondre avec les doctrines les plus contraires. Or, la disposition générale du temps où nous vivons tend évidemment à faire prédominer une certaine interprétation qui, pour notre part, nous paraît mal fondée ou du moins très exagérée ; ce n'est pas, comme on pourrait le croire, l'esprit exclusif de telle école qui se paie d'une interprétation arbitraire, puisque nous la voyons à la fois adoptée par les écoles les plus opposées, dans des intentions contraires. D'une part, en effet, M. Van Vloten, qui appartient manifestement aux écoles les plus avancées et qui dédie son livre à M. Moleschott [1], de l'autre,

1. Écoutons, en effet, M. Van Vloten dans sa préface latine aux Œuvres Inédites : « En conservant, il est vrai, le nom de Dieu, tandis qu'il détruisait et la personne et le caractère de Dieu, Spinoza a donné aux lecteurs superficiels une fausse idée de sa philosophie. Ceux qui savent pénétrer jusqu'au fond et ne pas confondre les noms et les choses, reconnaîtront qu'il était parvenu de son temps au point même où sont arrivés de nos jours les philosophes post-hégéliens, c'est-à-dire les partisans de la philosophie naturelle (*philosophiæ scientiæque naturalium cultores*). Leibniz trouvait que Spinoza inclinait trop du côté de la nécessité, et craignait qu'on n'en vînt à supprimer Dieu ou à le considérer comme une puissance aveugle en supprimant le principe de la convenance et les causes finales. Pour nous, *c'est précisément l'exclusion d'un tel Dieu et de telles causes qui est la vraie gloire de notre philosophe.* » Voici, d'un autre côté, comment s'exprime M. Nourrisson : « Critiquer Spinoza, c'est critiquer ces théories mêmes (les théories actuelles), qui ne sont toutes que des variétés du spinozisme et que l'on appellerait bien, en leur appliquant une dénomination commune, le naturalisme contemporain ; *car toutes elles concluent à n'admettre d'autre réalité que la nature, c'est-à-dire d'autre réalité que l'univers des corps.* »

M. Nourrisson, membre de l'école spiritualiste française, sont l'un et l'autre d'accord pour assimiler le spinozisme à ce qu'ils appellent « le naturalisme contemporain ». Dans les deux camps, on réduit la doctrine de Spinoza à une sorte de matérialisme athée. Ainsi l'entendait Voltaire dans ces vers charmants et célèbres :

> Alors un petit Juif, au long nez, au teint blême,
> Pauvre, mais satisfait, pensif et retiré,
> Esprit subtil et creux, moins lu que célébré,
> Caché sous le manteau de Descartes son maître,
> Marchant à pas comptés, s'approcha du grand Être :
> « Pardonnez-moi, dit-il, en lui parlant tout bas,
> Mais, je crois, entre nous, que vous n'existez pas. »

Tout le xviii° siècle pensait ainsi, d'accord en cela avec la théologie catholique du xvii°, et cette opinion régnait partout lorsque l'Allemagne, par la noble voix de Schleiermacher, de Lessing, de Schelling et de mille autres, présenta le spinozisme sous un aspect plus élevé et plus généreux : à nos yeux, c'est l'Allemagne qui avait raison, et, quoique le mouvement monotone et circulaire des idées ramène aujourd'hui comme nouvelle une interprétation surannée, nous persistons à soutenir, avec le savant traducteur français de Spinoza, que le panthéisme en général, celui de Spinoza en particulier, est profondément distinct de l'athéisme, et que, au risque d'une inconséquence qui est sa plaie intérieure, il ne se rattache pas moins à la tradition platonicienne qu'à celle d'Épicure.

Suivant M. Van Vloten, Spinoza, en conservant

le nom de Dieu, tandis qu'il niait la réalité divine, a donné le change aux lecteurs superficiels sur le vrai sens de sa philosophie. C'est là faire bien peu d'honneur au philosophe dont on épouse la gloire, car c'est l'accuser d'avoir manqué soit de sincérité, soit de discernement : de sincérité s'il a sciemment appelé Dieu ce qui n'était pour lui que la nature, de discernement, s'il n'a pas su voir que son Dieu n'était que la nature elle-même. La première hypothèse est inadmissible, car aucun philosophe n'a été plus intrépidement sincère que Spinoza. Quant à la seconde, elle est bien difficile également à accorder. Eh quoi! ce grand et profond penseur, pénétrant entre tous, aurait été un athée sans le savoir! Il n'aurait pas eu la clairvoyance de reconnaître dans ses propres idées la tradition du naturalisme antique, stratonicien ou épicurien! On comprend Malebranche s'abusant lui-même sur les affinités de sa philosophie avec celle de Spinoza. Sa foi chrétienne et les effusions de son âme pieuse s'interposaient entre ses idées et lui, voilaient à son esprit les écueils de sa propre philosophie; mais comment Spinoza se serait-il trompé lui-même à ce point? Quel bandeau avait-il sur les yeux, lui qui s'était affranchi du joug de toutes les églises, qui ne tenait au monde par aucun endroit, dont l'âme fière et implacable n'a jamais fait aucun sacrifice aux effusions de l'âme, aux illusions de la piété traditionnelle, aux inquiétudes d'un cœur blessé et souffrant? Non, rien ne l'empêchait de voir clair sur lui-même. D'un autre côté, il était incapable de mentir; s'il a donc conservé le nom de Dieu, c'est que ce nom correspondait à sa pensée, à sa vraie pensée.

Mais laissons ces premières présomptions, et allons aux choses elles-mêmes. Spinoza, nous dit-on de part et d'autre, a nié Dieu, car il a nié la personnalité divine. La personnalité divine est-elle donc le premier attribut de Dieu? En est-elle l'essence, la définition? En aucune façon. Il n'y a pas un seul philosophe au XVIIe siècle, même parmi les théologiens catholiques, qui définisse Dieu par la personnalité. Tous, sans exception, Descartes, Malebranche, Bossuet, Fénelon, définissent Dieu « l'être infiniment parfait, l'être sans restriction, l'être sans rien ajouter, etc. ». Or c'est là la définition de Spinoza. Suivant lui, « Dieu est une substance infinie, constituée par un nombre infini d'attributs infiniment infinis ». Comme Descartes, il prend être, réalité, perfection, pour une seule et même chose. L'être infini est donc la perfection infinie. Le principe des choses n'est pas pour lui, comme pour Hegel, le moindre être possible, quasi identique au néant; ce n'est pas, comme pour les post-hégéliens, la matière avec ses propriétés physiques et chimiques, c'est l'être dans sa plénitude, dans son essence éternelle et absolue. Toute perfection, tout bien coule de la substance comme de sa source, et ce ne serait pas forcer les termes que de dire que, pour Spinoza comme pour Platon, Dieu est le bien en soi, l'*idée du bien*.

On peut lui contester sans doute la manière dont il entend cette perfection absolue ; on peut lui dire que la personnalité, la conscience et la volonté libre sont les attributs nécessaires d'un Dieu vraiment parfait. Je le veux bien ; mais ce sera là une controverse ultérieure. Descartes, lorsqu'il nous parle de l'être parfait, ne dit pas en quoi consiste cette perfection. Saint Anselme, lorsqu'il définit Dieu « l'être le plus grand que l'on puisse concevoir, *quo non majus concipi potest* », ne dit pas non plus en quoi consiste cette grandeur. L'essence de Dieu, considérée en soi, se distingue des différents attributs par lesquels nous essayons de déterminer cette essence. Lorsque Fénelon dit de Dieu que l'expression « d'esprit » est elle-même inapplicable à Dieu et qu'il n'en faut dire que ceci, « qu'il est l'être sans rien ajouter », il ne dit rien de plus ni de moins que Spinoza. Dans la Trinité chrétienne elle-même, le Père, considéré en soi, n'est autre chose que la *substance*, la source ineffable et indéfinissable de toute vie et de toute perfection.

La *substance*, dans la philosophie de Spinoza, est si bien la plus haute réalité, la plus haute perfection possible, que toutes les choses sont plus ou moins parfaites selon qu'elles se rattachent de plus ou moins près à la substance. Ainsi les attributs sont plus parfaits que les modes, et parmi les modes ceux-là sont plus parfaits qui sont le plus proche des attributs ; par exemple, les âmes sont d'autant plus parfaites qu'elles se rattachent plus étroitement à Dieu.

Les mêmes conséquences sortent de la considération des attributs divins. Parmi ces attributs, Spinoza n'en cite que deux, l'étendue et la pensée, et de ce qu'il fait Dieu étendu, on en conclut qu'il le fait corporel ; Spinoza a prévenu cette objection, et il y répond très fortement. Il nie expressément que Dieu soit corporel, c'est-à-dire limité et divisible, circonscrit dans certaines parties de l'espace; ce qu'il attribue à Dieu, c'est ce qu'il y a d'effectif, d'essentiel, de parfait dans l'étendue : c'est l'étendue, dans son idée, sans limitation et sans restriction. N'oublions pas les données d'où il est parti. D'une part il admet, avec toute l'école cartésienne, que l'étendue est une réalité et même la réalité essentielle des corps ; de l'autre il admet encore avec les mêmes cartésiens, que toute réalité est une perfection et que toute perfection doit avoir sa racine en Dieu. Il doit donc y avoir en Dieu une étendue idéale, essentielle, absolue, comme il y a une pensée absolue. Il est impossible au cartésianisme, je dirai plus, à toute philosophie qui admet la réalité de l'étendue, de nier cette conséquence. Malebranche lui-même admet en Dieu une étendue intelligible, principe et type originel de l'étendue réelle. Or, Malebranche, pressé par le mathématicien Mairan[1], n'a jamais pu expliquer en quoi sa théorie se distingue sur ce point de celle de Spinoza. Ce qui est certain, c'est que pour l'un et l'autre Dieu n'est pas étendu à la manière des

---

1. Voir la *Correspondance de Malebranche et de Mairan*, publiée par Feuillet de Conches, Paris 1841.

corps, c'est-à-dire limité, divisé et figuré ; et d'autre part que l'étendue est en Dieu d'une certaine manière. A la vérité, Malebranche n'aurait pas admis que l'étendue intelligible est un attribut divin ; mais ici Spinoza a pour autorité un autre philosophe non moins respectable que Malebranche : c'est Newton, qui dit expressément que « Dieu constitue l'espace, *Deus constituit spatium.* »

Si de l'étendue nous passons à la pensée, nous verrons se dessiner plus nettement encore la différence du spinozisme et du naturalisme contemporain. C'est en effet une des tendances évidentes de ce naturalisme de chercher à expliquer la pensée par l'organisation, par le mouvement de la matière, par les nerfs ou par le sang. Or Spinoza est aussi éloigné que qui que ce soit de ce point de vue. Pour lui, comme pour Platon, la pensée a sa racine immédiate dans la substance divine ; son origine est dans l'éternel et l'absolu, non dans le contingent et le relatif. On dira que la pensée divine, telle que l'entend Spinoza, n'est pas la vraie pensée, la pensée consciente et libre. Soit, mais autre chose est se tromper sur l'essence de la pensée, autre chose est nier la pensée divine. Où est le métaphysicien qui resterait pur et innocent, s'il suffisait de s'être trompé sur un attribut divin pour être déclaré athée ? Que Spinoza se trompe ou non sur la pensée divine, toujours est-il qu'il admet que Dieu pense, et il doit entendre quelque chose par là. La pensée n'est pas pour lui un mot vide de sens. Elle est à ses yeux ce qu'il y a d'essentiel, d'effectif, de parfait dans la pensée humaine. La pensée divine est donc ce que Platon aurait appelé l'*idée* de la pensée, la pensée *en soi*. Quel est maintenant dans la pensée humaine l'élément essentiel? c'est là une autre question. Il y a dans la pensée un élément personnel et un élément impersonnel, d'une part la conscience, de l'autre l'intelligible, le rationnel, en un mot la vérité. L'intelligible a donc pu être considéré par quelques-uns comme l'essence, et la conscience comme l'accident de la pensée [1]. Je n'approuve pas ce point de vue ; mais après tout chacun de nous retranche quelque chose de la pensée humaine lorsqu'il se représente la pensée divine ; la limite n'est pas facile à fixer, et trop retrancher est-ce donc la même chose que de nier?

Non seulement Spinoza conçoit en Dieu deux attributs infiniment parfaits, l'étendue et la pensée, mais il suppose qu'il en possède une infinité que nous ne connaissons pas et dont nous n'avons pas la moindre idée. N'est-ce pas dire que Dieu est la source ineffable d'un nombre inépuisable de perfections? N'est-ce pas le reconnaître comme « l'être dans sa plénitude », suivant l'expression favorite des cartésiens du XVIIe siècle? Et même les âmes pieuses et mystiques, que Spinoza révolte par tant

---

1. Un critique allemand, M. J. H. Loewe, dans un écrit intitulé *Uber den Gottesbegriff Spinoza's*, Stuttgard 1862, va même jusqu'à retrouver dans le Dieu de Spinoza une sorte de conscience et de personnalité, et cette opinion n'est pas sans quelque raison plausible. — Voyez sur ce sujet Boehmer, *Spinozang* dans la *Zeitscrift-Philosophie*, 1863 p. 93.

de côtés, par son panthéisme géométrique et son impitoyable fatalisme, ne pourraient-elles pas trouver leur compte et leur satisfaction dans ces perfections inconnues, qui contiennent peut-être le secret de notre destinée ? N'est-il pas arrivé souvent à la théologie, devant les inquiètes et brûlantes questions de la misère humaine, de se retrancher dans les abîmes insondables du Dieu caché ? sans doute ce point de vue serait une altération assez grave du spinozisme ; je ne l'indique que pour faire voir qu'en pressant certaines idées on pourrait sans trop d'effort transformer Spinoza en mystique, comme d'autres le transforment en naturaliste et en athée.

N'oublions pas que Spinoza non seulement admet Dieu, mais encore qu'il le distingue du monde, à la vérité sans l'en séparer, mais aussi sans les confondre. N'est-ce donc rien que cette distinction capitale dans sa philosophie entre la nature *naturante* et la nature *naturée* ? et pourquoi n'aurait-il pas dit qu'il n'y a qu'une seule nature, s'il l'avait voulu ? C'est que la nature naturante est le monde de l'absolu, de l'indivisible, de l'immobile, de l'intelligible. Ce monde n'est pas mêlé à l'autre : il subsiste en soi dans son éternelle sérénité, manifesté, exprimé par le monde des phénomènes, mais lui demeurant infiniment supérieur. Spinoza n'aurait pas dit avec les stoïciens que « Dieu court à travers le monde », avec Héraclite que « Jupiter s'amuse dans la création », avec l'école allemande que « l'idée devient », avec Diderot : « Dieu sera peut-être un jour. » Non, pour Spinoza, Dieu est ; il ne devient pas, il ne se fuit pas, il ne joue pas. Tout cela n'est vrai que de la nature, dont il dirait volontiers avec l'Écriture : *Transit figura mundi.*

On peut soutenir que la distinction spinoziste de Dieu et du monde est insuffisante ; mais après tout, quel est le métaphysicien qui, après avoir distingué Dieu et le monde, cherchant ensuite à les réunir (car c'est à quoi il faut arriver), ait toujours montré une parfaite logique et une pleine lucidité ? Les métaphysiciens en général ne montrent qu'un côté des choses et taisent ce qui les embarrasse. Aucune formule ne peut tout embrasser. Si vous séparez trop Dieu et le monde, vous tombez dans le dualisme antique ; si vous les unissez trop, vous courez le risque de tomber dans le panthéisme. Il faut un milieu ; mais où est-il ? qui l'a fixé ? Il en est ici comme en politique. Rien de plus facile que de séparer les pouvoirs ; la vraie question, c'est de les unir et de les faire marcher d'accord, Entre l'anarchie et le despotisme, il faut aussi un milieu, et ce milieu n'est pas plus aisé à découvrir qu'en métaphysique.

Si de la doctrine de Dieu nous passons à la doctrine de l'âme, nous y trouverons également une profonde différence entre le spinozisme et le naturalisme. Pour le naturalisme, en effet, l'âme n'est autre chose qu'une propriété de la matière, l'ensemble des fonctions du système nerveux, une résultante des actions cérébrales : elle n'est donc rien autre chose qu'un effet de l'organisation. Pour

Spinoza, au contraire, l'âme est une idée, un mode de la pensée divine. A la vérité il la définit « l'idée du corps humain »; mais souvenez-vous que selon Spinoza les modes d'un attribut ne peuvent jamais résulter d'un autre attribut, et ne dérivent que de l'attribut spécial auquel ils se rapportent. On voit que les modes de la pensée ne peuvent pas être les résultats de l'organisation, mais seulement de la pensée elle-même; l'âme, à la vérité, est liée au corps, mais elle en est distincte et elle n'en est pas l'effet. Remarquons en outre que Spinoza ne dit pas que l'âme est une résultante, c'est-à-dire une pure relation. Il y a en Dieu *l'idée* de l'âme, c'est-à-dire *l'idée d'une idée* [1]. Elle a ainsi une certaine unité; elle est le point central où viennent se concentrer toutes les idées humaines: elle a donc une sorte d'individualité. Mais, dira-t-on, dans le système de Spinoza, c'est l'individualité du corps humain qui fait celle de l'âme: l'âme ne s'individualise qu'en tant qu'elle pense un corps déterminé, à savoir le sien propre. Je ne juge pas cette doctrine; mais il n'a jamais été facile à aucun philosophe de déterminer le principe d'individuation; n'oublions pas que le grand docteur catholique, saint Thomas d'Aquin, a précisément sur ce point la même doctrine que Spinoza: comme celui-ci, il croit que l'individualité de l'âme est due au corps et en général le même docteur soutient que l'individualité vient de la matière et non de la forme. Pour en revenir à Spinoza, on voit

1. Éthique, partie II, prop. XXI.

qu'il ne dissout point l'âme dans le corps ; j'ajoute qu'il ne la dissout pas même en Dieu. Sans doute il a tort d'appeler l'âme un mode divin, et je n'aime pas cette expression ; mais enfin, du moment que l'on convient de n'appeler substance que ce qui est absolu, à savoir l'infini lui-même, il importe assez peu de quel nom on appellera ce qui n'est pas l'infini. La quantité d'être que l'on accorde à la créature est essentiellement indéterminée, et elle échappe à toute mesure. Par exemple, si nous nous comparons à Dieu, nous dirons avec Bossuet : « Oh ! que nous ne sommes rien ! » et notre être se réduira à une ombre. Au contraire, si nous nous comparons à tel de nos modes, à telle sensation fugitive, il nous semble que nous sommes un tout, un monde, un infini. L'homme ne peut donc savoir exactement quel degré d'être il possède ; et, sans se mesurer au poids de la substance, il doit se saisir surtout dans la conscience individuelle et permanente qu'il a de son activité. Si donc l'on songe que pour Spinoza l'idée est une action, que cette action est accompagnée de l'idée d'elle-même, c'est-à-dire qu'elle est consciente, que d'une part elle tient à Dieu par ce qu'elle a d'absolu et par son essence éternelle, que de l'autre elle ne tient au corps que par sa partie périssable et contingente, on voit que sa philosophie, la question de la liberté mise à part, n'est pas si éloignée du spiritualisme qu'on est tenté de le croire.

Je ne puis m'étendre sur toutes les parties de la doctrine spinoziste qui répugnent à l'assimilation que nous combattons ; mais je veux au moins signaler la théorie de l'amour divin et je citerai les propres expressions de l'*Éthique*. « L'objet suprême de notre intelligence, dit-il, c'est Dieu, en d'autres termes l'être absolument infini, sans lequel rien ne peut être, ni être conçu, et par conséquent l'intérêt suprême de l'âme et son suprême bien, c'est la connaissance de Dieu[1]. » — « A mesure que l'essence de l'âme enveloppe une plus grande connaissance de Dieu, l'homme vertueux désire avec plus de force pour les autres le bien qu'il désire pour lui-même[2]. » — « Toute action dont nous sommes nous-mêmes la cause, en tant que nous avons l'idée de Dieu, je la rapporte à la religion[3]. » — « Celui qui connait les choses de cette manière (c'est-à-dire qui connait Dieu) s'élève au comble de la perfection humaine, et il est saisi de la joie la plus vive[4]. » — « Cette joie accompagnée de l'idée de Dieu comme cause n'est autre chose que l'amour de Dieu[5]. » — « Ceci nous fait comprendre en quoi consiste notre salut, notre béatitude, en d'autres termes, notre liberté, savoir dans un amour constant et éternel pour Dieu, ou, si l'on veut, dans l'amour de Dieu pour nous[6]. »

Sans doute il ne faut pas se faire illusion sur

---

1. *Éth.*, part. IV, prop. XXVIII.
2. *Ibid.*, part. IV, prop. XXXVII.
3. *Ibid.*, schol. I.
4. Part. VI, prop. XXVII.
5. Part. V, prop. XXXII.
6. Part. V, prop. XXXVI, schol.

le sens apparent que ces passages semblent présenter à celui qui les lirait dans un esprit chrétien. Évidemment c'est dans un esprit, sinon tout à fait opposé à celui du christianisme, du moins très différent, que Spinoza parle ici de l'amour de Dieu. Ce n'est point non plus dans le sens du déisme philosophique, car il nie absolument toute personnalité divine; mais il ne nie pas que Dieu soit l'infinie perfection, la perfection en tout sens : il affirme que le plus haut état pour l'âme est de s'élever à la conscience de cette souveraine perfection, d'en éprouver de la joie et d'y trouver son bonheur. Plus l'âme se nourrira de cette pensée suprême et vraiment consolante, plus elle accroîtra ses chances d'immortalité, plus il y aura en elle d'éternité, et c'est là la suprême béatitude. Or, à moins de supposer que ces paroles de Spinoza n'ont aucun sens ou qu'il a voulu tromper ses lecteurs, deux suppositions inadmissibles, il me paraît impossible de confondre cette philosophie avec les doctrines du naturalisme contemporain.

Selon le naturalisme, tout dérive de l'expérience; selon Spinoza, tout relève de la raison. D'un côté, on explique tout par la réduction des faits les plus élevés aux faits les plus humbles, de la pensée à la sensibilité, de la sensibilité à l'organisation, de l'organisation aux propriétés de la matière brute, aux combinaisons physico-chimiques et celles-ci aux lois de la mécanique. Spinoza ne voit dans le mécanisme qu'une forme de l'activité universelle; il y en a une autre absolument différente, la pensée, et d'autres encore à l'infini, puisque Dieu possède une infinité d'attributs que nous ne connaissons pas. Pour le naturalisme, le bien consiste dans le plaisir et dans les moyens savamment calculés d'éviter la douleur; pour Spinoza, le souverain bien consiste dans la connaissance et dans l'amour de la perfection infinie. Enfin pour le naturalisme, l'âme périt tout entière avec le corps; pour Spinoza au contraire, « nous sentons, nous éprouvons que nous sommes éternels ».

Sans doute, par la négation absolue et intrépide des causes finales et du libre arbitre, Spinoza peut être rapproché d'Épicure et de Hobbes ; mais par un autre endroit sa philosophie relève d'une tout autre origine, et l'on a pu se demander si son système n'était pas plutôt un *acosmisme* qu'un athéisme, et la négation du monde que la négation de Dieu. A notre avis, ce n'est ni l'un, ni l'autre : Spinoza ne nie en réalité ni le monde, ni Dieu, ni même à un certain point de vue la distinction de Dieu et du monde. Il n'est donc ni un athée ni un acosmiste. Sans doute la distinction qu'il établit est tout à fait insuffisante : nous faisons la part plus large à la personnalité soit en l'homme soit en Dieu ; nous croyons surtout qu'un monde sans finalité et sans dessein n'est pas le monde de la vie, le vrai monde qui est devant nous, nous croyons enfin que la liberté morale n'est pas une chimère; mais ces dissentiments, si graves qu'ils soient, ne nous ferment pas les yeux sur les parties hautes et imposantes de la philosophie de Spinoza, et nous ne consentirions pas volontiers à ce que, soit pour lui faire honneur, soit pour l'accabler davantage, on couvrît du prestige de son nom des conceptions philosophiques d'un ordre manifestement inférieur.

En insistant, comme nous venons de le faire, pour ramener à sa vraie signification la doctrine de Spinoza et en empêcher la confusion avec les doctrines strictement et étroitement naturalistes, nous avons une double raison, l'une critique, l'autre philosophique, l'une qui intéresse l'histoire, l'autre la philosophie elle-même.

Notre première raison, c'est que l'histoire de la philosophie cesse d'exister lorsque par des réductions violentes et par des interprétations excessives on assimile toutes les doctrines, quelque éloignées qu'elles puissent être, sous prétexte de certaines analogies. L'histoire de la philosophie, comme toute autre histoire, n'est pas une science de syllogisme et de déduction rationnelle; elle doit prendre les choses comme elles sont, représenter avec leurs vrais et originaux caractères les faits dont elle s'occupe, et non pas les altérer par des transformations arbitraires, sous prétexte de tirer les conséquences d'un principe donné. Que dirait-on d'un historien qui assimilerait César à Caligula, sous prétexte que l'un et l'autre ont possédé le pouvoir absolu, et que cette sorte de pouvoir contient en soi logiquement tous les excès? Il en est de même dans la science. Quelles que soient les ressemblances de Malebranche et de Spinoza, de Locke et de Condillac, de Hegel et de Feuerbach, il faut savoir reconnaître les différences qui les séparent, différences sans lesquelles toute doctrine perd son individualité, son originalité, son caractère. Il faut prendre les idées des philosophes dans le sens où ils les ont entendues eux-mêmes, et, fussent-ils inconséquents, ne pas chercher à être plus conséquent qu'ils ne l'ont été; en leur infligeant telle ou telle conséquence, on se substitue arbitrairement à leur place; car, si dans leur philosophie se rencontrent à la fois deux principes contraires qui peuvent donner deux séries divergentes de conséquences, de quel droit suppose-t-on que l'auteur aurait choisi telle série plutôt que telle autre? Si vous êtes son adversaire, pourquoi lui imposez-vous les conséquences qui vous sont à vous-même odieuses? Si vous êtes son partisan, pourquoi lui prêtez-vous les conséquences qui vous sont agréables? Cela est permis à la vérité dans la discussion philosophique, là où vous considérez les idées en elles-mêmes et non dans le développement historique; en histoire, au contraire, le premier devoir est la fidélité.

Même dans la discussion philosophique et dogmatique, il ne faut user qu'avec une grande circonspection de ce procédé logique qui consiste à réduire les doctrines les unes aux autres en tirant d'un principe posé les conséquences qu'il est censé contenir. On fait aujourd'hui un usage vraiment bien dangereux d'un tel procédé; nous voyons peu à peu les doctrines, par des déductions logiques semblables à celles que nous venons de discuter, poussées dans un sens ou dans l'autre aux derniers excès, et le monde de la pensée et de la croyance menacé par la logique du plus cruel déchirement. Nous voyons les doctrines moyennes disparaître peu à peu, noyées et entraînées dans le torrent des doctrines extrêmes ; nous voyons les esprits se séparer en deux camps de plus en plus enflammés, chacun arborant les dernières conséquences de ses principes; en un mot, grâce à cette fureur de logique, voici venir le jour où tous les hommes qui pensent se verront réduits à la triste alternative de n'avoir à choisir qu'entre l'athéisme de Naigeon ou le catholicisme de l'encyclique.

Suivons en effet le double mouvement de logique qui s'opère devant nous en sens contraire : d'un côté, quelques philosophes, las d'une philosophie spiritualiste qui ne leur paraît qu'un assemblage arbitraire de doctrines hétérogènes, nient, en vertu de la logique, que l'infini, l'absolu puisse posséder la personnalité, la conscience, la volonté libre, et pour échapper à ce qu'ils appellent l'anthropomorphisme ils se précipitent et veulent nous entraîner avec eux dans une sorte d'idéalisme panthéistique. Une fois arrivés là, ils sont eux-mêmes saisis et entraînés par d'autres logiciens qui leur demandent ce que c'est que ces vagues entités, la substance, l'infini, l'absolu, l'idée, l'esprit, et s'il est nécessaire de supposer autre chose dans la nature que la matière avec ses forces élémentaires et constitutives, si en un mot la matière et la force ne suffisent pas à tout expliquer. Ceux-ci rejettent tout être transcendant, métaphysique, qu'il soit ou non personnel; ils expliquent tout dans la nature par les forces aveugles de la matière, et dans l'homme par les forces non moins aveugles de l'organisation. On n'a pas encore donné hardiment la morale de cette philosophie; mais il est probable que la même évolution logique qui conduit ainsi de Platon à Plotin, de Plotin à Spinoza, de Spinoza à Épicure, amènera en morale les mêmes conséquences et nous rendra bientôt la morale de Hobbes et d'Helvétius.

Pendant que la philosophie redescend ainsi peu à peu des hauteurs idéalistes où l'avait vue la première moitié de notre siècle dans les derniers abîmes du matérialisme athée, la théologie par un mouvement inverse nous ramène peu à peu à Joseph de Maistre et au moyen âge. C'est du sein même de la philosophie spiritualiste qu'est parti d'abord sans qu'on en eût conscience ce mouvement rétrograde. La philosophie ne s'est plus contentée d'être spiritualiste, elle a voulu être chrétienne, non pas sans doute dans le sens dogmatique et théologique, non pas en sacrifiant la raison, mais avec une complaisance évidente pour les penseurs de race chrétienne, pour ceux qui ont travaillé à l'alliance de la philosophie et du christianisme, saint Augustin, saint Thomas, Malebranche, Bossuet. Tel est le premier degré, très légitime sans doute, très sage, n'engageant à rien encore, mais qui n'en est pas moins le premier degré par lequel le rationalisme spiritualiste est entraîné hors de ses positions premières et tenté de prendre un point d'appui dont il n'avait pas cru d'abord avoir besoin. Une fois sur cette pente, de nouveaux logiciens vont l'entraîner plus avant. Ceux-ci, avec la haute autorité d'une vie illustrée par les plus beaux travaux et par la pratique de toutes les grandes occupations humaines, apportant à la science religieuse, avec une grande fierté de langage, un noble sentiment de la liberté de pensée, ceux-ci, dis-je, nous mettent en demeure de nous prononcer sur la question du surnaturel. On nous dit que, si nous admettons la personnalité de Dieu, sa liberté, nous ne devons pas nous contenter d'une providence générale et vague n'agissant que par des lois universelles : nous devons accorder l'intervention immédiate, particulière de Dieu dans la nature, puisque, les lois de celle-ci étant contingentes et Dieu étant libre, la suspension de telles lois n'implique pas contradiction. On nous enferme enfin dans ce dilemme : « Croyez aux miracles ou soyez athées. » Soit, admettons le premier terme de ce dilemme ; nous ne sommes pas encore au bout. On nous dit bien que l'on peut, dans le christianisme, se borner à l'essentiel, aux dogmes fondamentaux ; mais la logique catholique a depuis longtemps fait justice de cette distinction arbitraire entre les dogmes fondamentaux et les dogmes accessoires ; et d'ailleurs, une telle distinction fût-elle fondée, qui fera le partage ? Qui décidera quels sont les dogmes essentiels et ceux qui ne le sont pas? Et ces dogmes essentiels eux-mêmes, qui en donnera l'interprétation, qui fixera le point de foi? Qui tranchera la question entre Arius et Athanase? Il faut un criterium, et, s'il est une chose démontrée par la logique, c'est que le protestantisme n'en a pas. Échappons donc à la liberté individuelle, c'est-à-dire à la fantaisie, allons où nous porte le principe d'autorité, nous voilà dans le catholicisme. Ici nous avons encore affaire à deux sortes d'esprits; les uns modérés, sensés, pratiques, n'aimant pas le contentieux théologique et qui voudraient aussi qu'on se bornât à l'essentiel; les autres, conséquents, rigoureux, allant au fond des choses et à la dernière expression.

Les premiers voudraient qu'on se bornât à dire d'une manière générale que l'Église est la dernière des autorités; mais ce mot est vague. Qu'est-ce que l'Église? Sont-ce les conciles? Est-ce le pape[1]? Placez-vous l'autorité dans les conciles? Voilà, disent les logiciens, une autorité tout intermittente, bien difficile à consulter, bien difficile à convoquer. Il faut une autorité permanente; il n'y en a qu'une, c'est le pape. Il faut donc croire à l'infaillibilité du pape, ou bien l'appel au concile ramènera bientôt l'appel au sens individuel; le gallicanisme conduit au protestantisme, qui conduit au rationalisme, qui conduit au panthéisme, qui conduit à l'athéisme, etc. Eh bien! suivons encore nos logiciens jusqu'où

---

1. Lorsque ce travail a été publié dans la *Revue des Deux-Mondes* (15 juillet 1867), la question de l'infaillibilité du pape n'était pas encore dogmatiquement résolue. Elle l'a été depuis par le Concile de 1870.

6.

ils veulent nous entraîner. Soit, le pape est infaillible en matière de dogme, en matière de foi, il est la voie du salut; mais en dehors de la foi et du dogme il y a un monde tout humain. Il semblerait que ce monde pourrait avoir ses lois, ses règles, ses intérêts, dont il jugerait par ses propres principes, sans avoir besoin d'invoquer les lumières théologiques; il semblerait qu'en laissant à l'Église le gouvernement de l'autre et en se réservant celui-ci, l'État ne prendrait pas la plus belle part; il semblerait qu'en demandant la liberté de toutes les consciences, non comme une tolérance passagère, mais comme un droit, on rendrait par là à la conscience et à la foi le plus haut hommage, car c'est les considérer comme des choses immatérielles et spirituelles sur lesquelles la force ne doit avoir aucune action; il semblerait qu'une foi libre, fondée sur la persuasion et sur le choix, aurait plus de mérite qu'une foi de routine ou de violence. — Ce sont là des chimères, disent les logiciens. Eh quoi! la vérité serait sur le même pied que l'erreur? Dieu a parlé et sa parole n'aurait pas plus d'influence sur la société temporelle que celle des hérétiques ou des athées! On nous apprend donc que la séparation du temporel et du spirituel est une erreur; on va plus loin encore, et on condamne théologiquement des principes vrais ou faux, mais purement politiques, et qui ne semblent en aucune façon relever de la foi[1]. Et de cette façon, si nous nous lais-

---

[1]. Parmi les erreurs condamnées par le *Syllabus*, il y avait le *principe de non-intervention*. (Art. LXII.)

sons entraîner par la série de syllogismes que nous avons résumés, il nous faudra soumettre non seulement notre conscience religieuse, mais notre conscience politique à une autorité étrangère.

Heureux les esprits violents et aveugles qui, placés aux deux extrémités du monde intellectuel et moral, ne craignent point d'affirmer avec la même assurance, les uns que la matière avec ses lois brutales est le principe de toutes choses, les autres que toute liberté est une folie, et qu'il y a quelque part sur la terre un souverain infaillible devant lequel toute créature humaine doit s'incliner! Malheureux les esprits éclairés qui ne sont point disposés à se laisser déposséder du droit de penser par eux-mêmes, et qui ne le sont pas non plus à cesser de croire que le monde moral a un guide et un juge! Entre l'athéisme et la servitude de la conscience et de la pensée, l'alternative n'est pas gaie : c'est là que conduit pourtant ce procédé à outrance qui est la plaie de notre temps. Nous avons essayé de le surprendre en défaut sur un point particulier d'un intérêt tout spéculatif. On pourrait également en trouver d'autres exemples dans des problèmes plus présents et plus ardents; mais, comme dit spirituellement Platon lorsqu'il veut esquiver les discussions trop délicates, « ce sera pour une autre fois ».

LE SPINOZISME EN FRANCE

L'histoire du spinozisme en France peut se diviser en trois périodes. Au xvii° siècle, Spinoza fut un objet de curiosité pour quelques esprits forts, d'exécration et d'horreur pour les croyants, qui n'y virent qu'un « monstre ». Au xviii° siècle, à quelques exceptions près, il est dédaigné et négligé comme obscur, barbare, indéchiffrable. Au xix° siècle, grâce surtout à l'influence allemande, il revient en honneur, trouve de nouveaux disciples et est traité avec respect même par ses adversaires. Ce sont ces trois phases que nous allons étudier.

Spinoza ne fut guère connu pendant sa vie que comme adversaire de la religion chrétienne. Il n'avait publié (1670) que son *Tractatus theologico-politicus*. Ce ne fut qu'après sa mort et après la publication des *Opera posthuma* (1677), qui contenaient l'*Éthique*, que son système de métaphysique eut des adversaires et des partisans. Mais il ne fut d'abord considéré que comme un épicurien athée, semblable à ceux qui vivaient alors en France et qui étaient plus nombreux qu'on ne croit : car nous voyons les plus grands écrivains, Pascal, Bossuet, Fénelon, La Bruyère, rivaliser d'éloquence pour les réfuter. L'un d'eux, le poète d'Hénault, fit exprès le voyage de Hollande pour voir Spinoza, qui, nous dit Bayle, « ne fit pas grand cas de son érudition ». C'était en effet un épicurien raffiné, « débauché avec art », qui « se piquait d'athéisme », très éloigné de comprendre la haute et austère philosophie du philosophe hollandais. Il avait commencé une traduction de Lucrèce dont il nous reste quelques beaux passages. Il avait pour amie madame Deshoulières, qui, malgré ses *Bergeries*, était aussi passablement esprit fort, et dans les vers de laquelle Bayle crut apercevoir des traces de spinozisme [1]. Mais il est probable qu'il y a encore ici une confusion entre l'épicuréisme et le spinozisme.

---

1. Notamment dans les vers suivants:
   Courez, ruisseaux, courez, fuyez et reportez
   Vos ondes dans le sein des mers dont vous sortez ;
   Tandis que, pour remplir la dure destinée
      Où nous sommes assujettis,
   Nous irons reporter la vie infortunée
   Dans le sein du néant dont nous sommes sortis.

Ce qui prouve à quel point le nom de Spinoza avait fait du bruit, non seulement en Hollande, mais en France, après la publication du *Tractatus theologico-politicus*, c'est que deux ou trois ans après, en 1673, lors de l'expédition de Hollande, et après la prise d'Utrecht, le prince de Condé manifesta le désir de voir Spinoza [1]. Spinoza eut même beaucoup de peine à se décider à faire ce voyage. Ce furent ses amis qui le déterminèrent. Il passa plusieurs jours à Utrecht ; le prince de Condé ayant été appelé à Paris, il ne put le voir. Bayle affirme cependant qu'il l'a vu ; mais d'après Colérus, son biographe, qui tenait ce témoignage de la bouche même de l'hôte de Spinoza, Van der Spick, Spinoza aurait dit lui-même en revenant d'Utrecht qu'il n'avait pas vu le prince. On regrette presque que cet entretien n'ait pas eu lieu ; mais le fait n'en est pas moins curieux, comme témoignant de la grande réputation de Spinoza.

En même temps, les plus savants théologiens du temps se préoccupaient de réfuter Spinoza ; entre autres, le savant évêque d'Avranches, Huet, préparait, disait-on, un livre contre lui. Spinoza en avait entendu parler et s'en informait auprès de ses cor-

---

1. Ce désir lui avait été suggéré, paraît-il, par un lieutenant-colonel d'un régiment de Suisses au service du roi de France, nommé Stoupe, qui cette année même écrivit un livre sur la *Religion des Hollandais*, où il reprocha aux ministres protestants de Hollande de n'avoir pas réfuté Spinoza, ce qui lui valut une réponse de Jacques Brom, ministre réformé, intitulée : *La véritable religion des Hollandais* (1673). Voir l'article de Bayle, note D.

respondants de Paris. « Je vous prie, disait-il à un de ses amis en 1676, de vous informer si le traité de M. Huet, dont vous m'avez parlé, a déjà vu le jour, et, si vous le pouvez, de m'en envoyer un exemplaire [1]. » Ce n'était pas précisément un livre contre Spinoza, mais une réfutation incidente, contenue dans d'autres traités, et dont Huet disait lui-même : « Quand je l'ai trouvé sur mon chemin, je ne l'ai pas épargné, ce sot et méchant homme, qui mériterait d'être chargé de chaînes et battu de verges [2]. »

C'est surtout Spinoza métaphysicien dont nous voulons faire ici l'histoire, du moins en France. L'*Éthique* était parue en 1677. Le premier philosophe qui paraît en avoir été préoccupé (peut-être parce qu'il lui ressemblait le plus) est Malebranche; car, dans un de ses ouvrages, publié en 1683 (*Méditations métaphysiques et chrétiennes*), il en fait mention et dans les termes les moins modérés : « Le *misérable Spinoza*, dit-il, a jugé que la création était impossible ; et par là dans quel égarement n'est-il pas tombé?.. » et, comme pour se défendre contre la tentation, Malebranche ajoute presque aussitôt après : « O mon Jésus ! ne m'abandonnez jamais ! » Plus tard, en 1688, dans ses *Entretiens sur la métaphysique*, il s'exprime sur le

---

1. Ed. Bruder, lettre 72.

2. Les ouvrages où Huet a réfuté Spinoza sont : le savant ouvrage *Demonstratio evangelica* (1679) et le *De concordia rationis et fidei* (1692). D'autres théologiens l'ont combattu : par exemple Richard Simon, suspect lui-même d'être un des inventeurs de l'exégèse rationaliste.

système de Spinoza avec plus de détail, mais toujours avec le même emportement; et nous voyons, par son témoignage, que les idées de Spinoza n'étaient pas sans avoir eu de son temps une certaine influence. « Notre nature est éternelle, dit Ariste (l'interlocuteur de Théodore, c'est-à-dire de Malebranche). Nous sommes une émanation nécessaire de la divinité. Nous en faisons partie... Ne croyez pas, ajoute Ariste, que je sois assez impie et insensé pour donner dans ces rêveries; mais j'ai ouï dire qu'*il y a des esprits assez corrompus pour s'en laisser charmer.* » Théodore répond : « Je croirais volontiers que ceux qui produisent de semblables chimères n'en sont guère persuadés... Quel monstre ! Quelle épouvantable et ridicule chimère !... S'il y a des gens capables de se forger un Dieu sur une idée aussi monstrueuse, ce sont des esprits nés pour chercher dans l'idée du cercle les propriétés du triangle. »

On voit qu'à cette époque, à la fin du xviie siècle, le nom de Spinoza était devenu une espèce d'épouvantail.

L'opinion commune se représentait ce système sous les apparences les plus odieuses et comme une œuvre en quelque sorte diabolique. L'un des témoignages les plus curieux de l'exécration et de l'horreur inspirées par Spinoza dans l'Église catholique est la diatribe éloquente et virulente à laquelle se livra, dans la chaire chrétienne elle-même, l'un des plus grands prédicateurs du temps, le doux Massillon. Pour s'expliquer un tel anathème, il fallait que le nom de Spinoza fût aussi répandu dans le monde que ses écrits étaient peu connus. C'était le symbole et le résumé de toute l'incrédulité du temps, et ce nom paraissait d'autant plus séducteur qu'il était plus mystérieux. « Pourquoi croyez-vous, s'écria Massillon, que les prétendus incrédules souhaitent si fort de voir des impies véritables, fermes et intrépides dans l'impiété, qu'ils en cherchent, qu'ils en attirent même de pays étrangers, comme un Spinoza, si le fait est vrai qu'on l'appela en France pour le consulter et pour l'entendre… un Spinoza, ce monstre qui, après avoir embrassé différentes religions, finit par n'en avoir aucune, n'était pas empressé de chercher quelque impie déclaré qui l'affermît dans le parti de l'irréligion et de l'athéisme; il s'était formé à lui-même ce chaos impénétrable d'impiété, cet ouvrage de confusion et de ténèbres, où le seul désir de ne pas croire en Dieu peut soutenir l'ennui et le dégoût de ceux qui le lisent; où, hors l'impiété, tout est inintelligible, et qui, à la honte de l'humanité, serait tombé en naissant dans un oubli éternel et n'aurait point trouvé de lecteur, s'il n'eût attaqué l'Être suprême, cet impie, dis-je, vivait caché, retiré, tranquille; il faisait son unique occupation de ses productions ténébreuses et n'avait besoin pour se rassurer que de lui-même. Mais ceux qui le cherchaient avec tant d'empressement, ces hommes frivoles et dissolus, c'étaient des insensés qui souhaitaient de devenir impies et qui cherchaient dans le témoignage d'un homme obscur, d'un transfuge de toutes les religions, d'un monstre obligé de se cacher aux yeux de tous les hommes, une autorité déplorable et monstrueuse qui les affermit dans l'impiété [1]. »

Cette diatribe insensée, qui prouve une si étrange ignorance de la vie de Spinoza et de sa doctrine, nous donne le mot de l'opinion ecclésiastique et catholique sur Spinoza au XVIIe siècle.

Mais ce ne sont pas seulement des allusions plus ou moins vives ; ce sont des attaques directes, des réfutations en forme, qui viennent porter la guerre jusque dans le sein du spinozisme. Nous en signalerons trois principales, pour ne parler que de la France : celle de François Lamy (1696)[2] ; celle de Bayle[3], dans son dictionnaire (1697) ; et enfin celle de Fénelon, dans son *Traité de l'existence de Dieu* (1718)[4].

Le livre de dom Lamy a pour but de prouver que Spinoza est « un athée » ; on ne distinguait pas alors entre l'athéisme et le panthéisme : « car, dit-il,

---

1. Massillon, *Sermon pour la quatrième semaine de Carême : Des doutes sur la religion.* Ce passage, que l'on n'avait pas remarqué, a été signalé par M. Nourrisson dans son *Spinoza et le naturalisme contemporain* (Paris 1866), ouvrage plein de renseignements bibliographiques curieux et où nous avons beaucoup puisé.

2. *Nouvel athéisme renversé, ou réfutation de Spinoza tirée de la nature de l'homme* (Paris 1696).

3. Nous citons Bayle, quoiqu'il ait écrit en Hollande, mais parce qu'il appartient à la France par sa nationalité ; son dictionnaire est de l'année 1697.

4. La réfutation du spinozisme se trouve dans la deuxième partie du *Traité de l'existence de Dieu*, qui ne parut qu'en 1718, trois ans après la mort de Fénelon, et six ans après la publication de la première partie.

de ne reconnaître qu'un être universel indistingué de toute la nature et de l'assemblage de tous les êtres ; un être sans liberté et sans providence, qui, sans but et sans fin, sans choix et sans élection, soit emporté par une nécessité aveugle et inévitable en tout ce qu'il fait, ou plutôt qui ne fait rien, à qui toutes choses échappent aussi nécessairement qu'un torrent à sa source... il nous paraît qu'il n'en faut pas davantage pour former l'athéisme. » Quant à la réfutation de dom Lamy, elle s'appuyait sur les principes de Descartes : « Je suis composé, disait-il, de deux êtres, d'un être pensant et d'un être étendu. Ces deux êtres sont si différents l'un de l'autre qu'on peut les concevoir non seulement l'un sans l'autre, mais même *avec exclusion l'un de l'autre*. Chacun de ces êtres pouvant être conçu seul, sans rapport à quoi que ce soit et sans le secours de l'idée d'aucun être, ils ne sont manière d'être de quoi que ce soit. Ce sont donc de vraies substances. Il est donc faux qu'il n'y ait dans l'univers qu'une substance. » On reconnaîtra facilement dans ces lignes l'argumentation cartésienne. C'est ainsi que Descartes, s'il en avait eu connaissance, aurait réfuté le système de Spinoza.

Ce n'est pas là d'ailleurs une simple hypothèse. Quoique Descartes n'ait pas connu Spinoza, qui n'a paru et écrit qu'après sa mort, cependant, il ne faudrait pas croire qu'il n'ait pas connu la possibilité de cette conséquence tirée de son système. En effet, un théologien de Leyde nommé Révius, dès 1647, ayant affiché en Hollande dans un placard universitaire[1], comme c'était l'usage alors, que les attributs de la pensée et de l'étendue pourraient bien être les attributs d'une seule et même substance, Descartes le réfuta dans une de ses lettres par un argument semblable à celui de dom Lamy. Voici comme Revius s'était exprimé dans son placard : « Si nous voulons suivre le sentiment de quelques nouveaux philosophes qui disent que l'étendue et la pensée sont des attributs qui sont en certaines substances, comme dans leurs propres sujets, puisque ces attributs ne sont point opposés, mais simplement divers, je ne vois pas que rien puisse empêcher que l'esprit ou la pensée ne puisse être un attribut qui convienne à un même sujet que l'étendue, quoique la notion de l'un ne soit pas comprise dans la notion de l'autre... » A quoi Descartes répondait : « Lorsqu'il s'agit d'attributs qui constituent l'essence de quelque substance, il ne saurait y avoir entre eux de plus grande opposition que d'être divers... Pour ce qui est de ces sortes d'attributs qui constituent la nature des choses, on ne peut pas dire que ceux qui sont divers, et qui ne sont en aucune façon compris dans la notion l'un de l'autre, conviennent à un même sujet : car c'est de même que si l'on disait qu'un seul et même sujet a deux natures diverses, ce qui en fera une manifeste contradiction [2] ».

Suivent quelques développements qu'il faut lire

1. Ce placard fut publié sous le titre de *Consideratio Reviana*.

2. *Œuvres de Descartes*, édition V. Cousin, tome VIII, p. 71.

dans la lettre elle-même et qui sont en quelque sorte la réfutation anticipée de Spinoza par Descartes.

Bayle est encore un des témoins les plus importants à consulter au xvii° siècle sur la philosophie de Spinoza. Il ne pouvait manquer de faire à ce philosophe une place dans son Dictionnaire. Il était à la recherche de tous les personnages extraordinaires ; et celui-ci ayant vécu en Hollande même, où Bayle s'était réfugié, il n'était entouré que du bruit de son nom. De plus, il y voyait une remarquable justification de sa thèse favorite que l'athéisme peut se concilier avec la plus sévère vertu. « Tous s'accordent, écrit-il, à dire que Spinoza a été un homme honnête, officieux, fort réglé dans ses mœurs. Cela est étrange ; mais, au fond, il ne faut pas plus s'en étonner que de voir des gens qui vivent très mal, quoiqu'ils aient une pleine persuasion de l'Évangile. » Quant à la doctrine métaphysique de Spinoza, Bayle la combat très énergiquement, et il ne faut pas croire qu'il ne fût pas sincère en cela, car sa propre philosophie consistait à voir des difficultés partout ; et il trouvait plus commode de ne rien affirmer. Il reproche à Spinoza ce qui est arrivé, dit-il, à tous ceux qui ont fait des systèmes d'impiété ; ils s'exposent à d'autres difficultés plus embarrassantes : « S'ils ne peuvent se soumettre à l'orthodoxie, s'ils aiment tant à disputer, il leur serait plus commode de ne point faire les dogmatiques. » Voilà bien Bayle : il aimait à disputer; c'est pourquoi il lui paraissait beaucoup plus commode de ne point faire le dogmatique. Quant à la réfutation de Bayle, elle serait insuffisante de nos jours, où l'idée panthéistique a pris de si riches développements; mais elle était savante et pénétrante, et touchait avec justesse à quelques-uns des points faibles du système. Il en signalait aussi, avec sa sagacité et son érudition habituelles, les origines dans la philosophie du moyen âge, David de Dinant, Amaulri de Bène, Alexandre [1], etc. Il lui trouve aussi des antécédents dans les sectes musulmanes, indiennes et chinoises. Parmi ses objections, celles qui ont eu le plus de succès sont celles qu'il tire des conséquences en apparence ridicules du système mis en présence du sens commun. « Ainsi, disait-il, dans le système de Spinoza, ceux qui disent : *Les Allemands ont tué dix mille Turcs*, parlent mal et faussement, à moins qu'ils n'entendent : *Dieu modifié en Allemands a tué Dieu modifié en dix mille Turcs...* et encore : *Dieu se hait lui-même, se demande des grâces à lui-même, se les refuse. Il se persécute; il se tue; il se mange; il se calomnie; il s'envoie sur l'échafaud.* » Quoi qu'il en soit de la valeur de ces objections, l'article de Bayle n'en est pas moins la pièce la plus importante du XVII⁰ siècle sur le système de Spinoza, et il est bien pro-

---

1. M. Hauréau a démontré que ce prétendu Alexandre soi-disant disciple de Xénophane dont parlent les écrivains du moyen âge, n'est autre qu'un archidiacre de Ségovie nommé Dominique Gondisalvi (*Mémoires de l'Académie des Inscriptions*, tome XXIX, deuxième partie).

bable que la plupart des philosophes français du siècle suivant n'ont connu Spinoza que par lui.

Fénelon semblait indiqué par son génie pour nous donner une exposition fidèle et une réfutation profonde de Spinoza. Doué lui-même au plus haut degré de la subtilité métaphysique et capable des pensées les plus sublimes et les plus téméraires, il paraissait fait pour comprendre la subtilité de Spinoza et pour apercevoir les endroits faibles de sa philosophie. Malheureusement, il est douteux qu'il ait lu Spinoza ailleurs que dans Bayle ou dans la réfutation du P. Lamy : aussi ne l'a-t-il point compris. Sa réfutation porte donc à faux, parce qu'il combat un système qui n'est pas celui de Spinoza. Il confond l'unité absolue de la substance avec l'unité collective d'une masse. « Peut-être, dit-il, cette multitude d'êtres, dont l'assemblage porte le nom d'univers, est-elle une masse infinie qui dans son tout renferme des perfections infinies. » Partant de cette idée, il croit que l'on peut dire du tout ce qu'on dit des parties. « Le tout est changeant, dit-il, si toutes les parties prises séparément sont changeantes. Un assemblage de parties ne peut être cette unité souveraine et infinie dont j'ai l'idée. Aucun composé ne peut être infini. » Et ce qui prouve combien Fénelon a peu compris Spinoza, c'est que la doctrine qu'il lui oppose ressemble beaucoup plus à celle de Spinoza que celle qu'il combat, de sorte qu'il semble le réinventer en le réfutant. « O unité infinie, dit-il, qui surpasse toutes les multitudes! *O unité, qui êtes tout* et devant qui tous les nombres accumulés ne seront jamais rien, je vous revois, et *vous me remplissez.* » Et ailleurs : « Quand je dis de l'Être infini qu'il est l'Être simplement, sans rien ajouter, j'ai tout dit. *Sa différence, c'est de n'en avoir point.* Dieu est donc l'Être. L'Être est son nom essentiel, glorieux, ineffable, inouï à la multitude... Dieu *n'est pas plus esprit que corps* ni corps qu'esprit. Il n'est ni l'un ni l'autre... Celui qui est esprit n'est qu'esprit. Celui qui est est tout être[1]. » De telles propositions sont certainement beaucoup plus près du sens de Spinoza que la doctrine du grand Tout, que Fénelon réfute et qui serait plutôt celle de d'Holbach ou de Diderot.

Ainsi, quelques-uns de ceux qui combattaient le plus violemment Spinoza, un Fénelon, un Malebranche, en étaient précisément les plus près, l'un par ses attaches avec le quiétisme espagnol, l'autre par ses attaches avec le cartésianisme.

Nous voyons en effet l'un des adversaires de Malebranche, le P. Dutertre, dans sa *Réfutation du P. Malebranche* (1715)[2] signaler avec sagacité dans ce philosophe les germes du spinozisme. Seulement, comme le P. Dutertre comprend Spinoza à la manière de Lamy et de Fénelon, il a soin de distinguer Malebranche et Spinoza au moment où il les rapproche ; mais, comme cette distinction repose sur une fausse interprétation, on peut dire qu'en

---

1. *Existence de Dieu,* 2ᵉ partie, chap. v.
2. Voici le titre exact du livre : *Réfutation d'un nouveau système de métaphysique proposé par le P. M.* (Paris, 1715).

réalité c'est le vrai spinozisme que Dutertre signale dans Malebranche, tout en évitant de le confondre avec le spinozisme convenu qui avait cours à cette époque. Voici comment s'exprime le P. Dutertre :

« Ce Dieu (le Dieu de Malebranche), cette idée d'être vague et abstrait renferme toute réalité puisque toute réalité est *être* ; il renferme tout être particulier existant ou possible, puisque rien n'est en particulier qu'en tant qu'il est un tel être ; il renferme toute perfection puisqu'il est la perfection en général, il renferme tous les esprits, tous les corps, toutes les modalités des esprits et des corps, puisque les esprits, les corps, les modalités des uns et des autres sont des êtres ; il renferme tout, puisque tout se réduit à être et à manière d'être. Mais il renferme toutes ces choses non comme *parties actuelles*, à l'égard desquelles il soit un tout actuel, ainsi que l'a faussement pensé Spinoza ; mais il les renferme comme *parties subjectives*, en tant qu'il est genre suprême à l'égard de tout être particulier, de la même manière que l'idée générique du cercle renferme tel ou tel cercle déterminé [1] ».

Ce serait sans doute une question de savoir si la substance de Spinoza est la même chose que l'être indéterminé de Malebranche ; mais ce qui est certain, c'est que, dans Spinoza, les êtres contingents ne sont pas du tout les parties actuelles d'un tout actuel, mais beaucoup plutôt les parties subjectives du genre suprême de la substance ou de

---

1. Deuxième partie, chap. I, (tome II).

l'être, de sorte que Malebranche ressemble bien plus encore à Spinoza que le P. Dutertre ne l'a cru.

Bossuet est encore un des écrivains philosophes de ce siècle qui avaient entrevu d'avance les conséquences possibles des principes de Descartes : « Ses disciples, dit-il, ont fort embrouillé ses idées; les siennes même n'ont pas été fort nettes lorsqu'il a conclu l'infinité de l'étendue par l'infinité de ce vide qu'on imagine hors du monde; en quoi il s'est fort trompé ; et je crois que de son erreur on pourrait induire, par conséquences légitimes, l'impossibilité de la création et de la destruction des substances, quoique rien au monde ne soit plus contraire à l'idée de l'être parfait [1] ».

La doctrine du plein ou de l'infinité du monde n'était pas la seule doctrine cartésienne d'où l'on pouvait tirer le spinozisme : il y en avait une autre, qui à la vérité n'appartenait pas plus à Descartes qu'à la scolastique, mais que Descartes et ses disciples s'étaient appropriée et avaient dépopularisée : la doctrine de la création continue. Victor Cousin a publié une discussion manuscrite intéressante sur ce point, dont nous ne savons pas exactement la date, mais qui doit être de la fin du XVIIe siècle. Un docteur de l'Université d'Oxford, dont le nom est resté inconnu, avait écrit à l'un de ses amis de France pour lui faire voir que la doctrine de la création continue conduit nécessairement au spinozisme. Cet ami montra sa lettre à un certain

1. *Lettres diverses*, CLVII, CLII, à Leibniz, édition de Versailles, tome XLVII, p. 492.

abbé Gaultier, zélé janséniste et cartésien, très vraisemblablement attaché aux idées de Malebranche. Il essaye de repousser la conséquence que l'on veut établir. Suivant lui, la doctrine de la création continue ne peut être confondue avec un système où il n'y a « ni création ni créatures ». La création continue n'implique pas la négation des substances contingentes ; au contraire elle en suppose l'existence ; « elle suppose leur création, dont elle soutient la continuité. » Il ajoutait, contre le savant anglais, que « la création continue ne détruit pas l'activité des créatures », qu'il « n'est personne qui nie que l'esprit soit actif », que « l'on ne prouve pas d'ailleurs que les corps soient actifs » ; que, lors même que les corps seraient inactifs, on n'aurait pas prouvé que « la création de ces corps serait une œuvre inutile », que « lors même que la négation de l'activité des corps réduirait toute la nature à l'être spirituel, il n'en résulterait aucun péril pour la religion [1] ».

Ce n'est donc pas seulement dans la philosophie de Malebranche que l'on entrevoyait dès cette époque des germes de Spinoza ; de bonne heure avant Leibniz, on vit que la philosophie de Descartes lui-même pouvait conduire au spinozisme. Quelques-uns même en avaient tiré ces conséquences avant Spinoza. C'est ainsi que M. Cousin, dans ses *Fragments philosophiques : Rapport du cartésianisme et du spinozisme*, nous fait connaître un certain

---

[1]. Voir la lettre entière dans les *Fragments philosophiques* de V. Cousin.

M. de La Clausure, ami de madame de Sablé et membre de sa Société, qui, dès 1673, par conséquent avant l'*Éthique* (1677), tirait des principes de Descartes des conséquences panthéistes : « S'il répugne, disait ce philosophe, s'il répugne qu'il y ait du vide au dedans ou au dehors du monde, il a dû toujours répugner qu'il y en ait eu ; ainsi le monde ou le plein a dû toujours être et n'aura pas été créé dans le temps, comme on le croit. Le monde sera donc nécessaire, et, comme il est déjà immense, il sera encore éternel ; en un mot, le monde sera Dieu. »

Nous avons déjà signalé dans le P. Dutertre une assimilation plus ou moins exacte de Malebranche et de Spinoza. Mais nous possédons sur cette question un document bien autrement important ; il ne s'agit plus d'une critique vague, lourde, abstraite, dirigée contre des livres qui ne parlent pas et un système qui ne se défend pas. Il s'agit maintenant de Malebranche lui-même, personnellement provoqué, mis au défi, sur le ton du plus haut respect, mais avec une insistance, une ténacité, une vigueur de logique des plus redoutables, et pressé jusqu'à l'importunité de reconnaître ou de désavouer sa parenté avec Spinoza, et cela par un jeune homme encore inconnu, mais qui devait être l'un des savants les plus distingués du xviiie siècle, Dortons de Mairan. Cette lutte entre le mathématicien et le philosophe, l'un avec toutes les ardeurs de la jeu-

---

1. Voir Cousin, *Fragments philosophiques*. (Philosophie moderne, 1re partie, 5e édition, p. 230. *(Rapports du Cartésianisme et du Spinozisme)*.

nesse, l'autre avec la mauvaise humeur de la vieillesse, l'un soutenant une cause solide avec une logique souple et toute fraiche, l'autre se défendant maladroitement et péniblement dans une cause difficile, c'est là un spectacle du plus vif intérêt, et cette correspondance, restée inconnue jusqu'à nos jours, est un des monuments les plus curieux de la philosophie française.

Le précision et la rigueur même de cette discussion, menée par un mathématicien, qui, pour la première fois, entre dans le détail des conceptions spinozistes et en détermine le vrai sens, rend difficile une analyse exacte et complète. Disons seulement que le point le plus délicat de cette discussion porte sur la notion d'étendue. Mairan soutient que l'*étendue intelligible* de Malebranche n'a rien qui la distingue de l'étendue, attribut divin, telle que la conçoit Spinoza. Si l'on place en Dieu l'étendue, même intelligible, on fait de Dieu la substance du monde corporel. Malebranche, de son côté, essaye de distinguer l'étendue intelligible de l'étendue réelle et corporelle. Ce qu'il place en Dieu, c'est « l'idée » de l'étendue, « l'archétype » de l'étendue ; mais il en distingue l'étendue réelle, corporelle, celle qui appartient aux choses créées. Mais Mairan ne se rend pas à cette distinction. Il maintient de son côté que l'étendue, attribut divin, n'est également, chez Spinoza, que l'idée et l'archétype de l'étendue, et que, hors de cette idée, il ne peut y avoir que des modes; que les corps, par conséquent, pour Malebranche comme pour Spinoza, sont des modes de Dieu.

Malebranche, poussé à bout, semble n'avoir d'autre issue que la foi. « L'âme, dit-il, ne se connaît nullement.... Étant finie, elle peut encore moins connaître les attributs de l'infini. Comment donc faire sur tout cela des démonstrations? Pour moi, je ne bâtis que sur les dogmes de la foi. »

Mairan est le premier philosophe en France qui paraisse avoir pénétré dans le vrai sens de Spinoza, et avoir distingué sa doctrine de celle des « athées de système » avec lequel on le confondait. Un autre philosophe distingué du même siècle, mais beaucoup plus tard, en 1760, a également vu cette différence. C'est l'abbé de Lignac. « Spinoza, dit celui-ci, n'était point un athée, comme on le croit communément, mais un spiritualiste outré. Il ne reconnaissait que Dieu. Le monde, les créatures matérielles étaient pour lui les songes de la divinité [1]. »

Malgré ces protestations de quelques esprits distingués, on continua à se faire de Spinoza une idée fantastique et en quelque sorte diabolique; l'accusation de spinozisme devint synonyme de celle d'athéisme. C'est ainsi que Montesquieu lui-même fut accusé de spinozisme par les Jésuites de Trévoux, pour avoir dit que « les lois sont les *rapports nécessaires* qui dérivent de la nature des choses ». Montesquieu répond à cette accusation dans la *Défense de l'Esprit des lois* : « Le critique a ouï dire que Spinoza admettait un principe aveugle et nécessaire qui gouvernait l'univers. Il ne lui en faut

[1]. Voir *Témoignage du sens intime*. (3 vol. in-12, Auxerre, 1760) 2ᵉ partie, chap. VIII.

pas davantage : dès qu'il trouvera le mot nécessaire, ce sera du spinozisme. L'auteur a dit que les lois étaient des rapports nécessaires : voilà du spinozisme parce que voilà du nécessaire... Mais on l'a si peu entendu, que l'on a pris pour des opinions de Spinoza les objections qu'il a faites contre le spinozisme. » Montesquieu avait raison. Ce qu'il avait voulu démontrer dans le premier chapitre de son livre, c'est que la morale a des lois absolues, éternelles, qui président aux actions humaines : or, rien ne semble, au premier abord, plus opposé aux maximes de Spinoza.

Les incrédules du xviiiᵉ siècle ne paraissent pas avoir mieux connu ni compris Spinoza que les croyants du xviiᵉ siècle. Ils l'interprètent d'après les idées de leur temps. C'est toujours le Dictionnaire de Bayle qui est la source principale. Voltaire déclarait absurde, comme celui-ci, « de faire Dieu astre et citrouille, pensée et fumier, battant et battu [1] ». Mais il soutenait que Spinoza n'est pas aussi dangereux qu'on le croit : « Vous êtes très confus, Baruch Spinoza, disait-il, mais êtes-vous aussi dangereux qu'on le dit ? Je soutiens que non ; et ma raison, c'est que vous êtes confus, que vous avez écrit en mauvais latin, et qu'il n'y a pas dix personnes en Europe qui vous lisent d'un bout à l'autre. » Il ne voyait en lui, comme Bayle, qu'un athée. « Le fait est, disait-il, que Spinoza ne connaît point du tout de Dieu, et qu'il ne s'est servi de ce mot sacré que pour ne pas effaroucher les hommes. »

1. Voltaire, *Le Philosophe ignorant*, XXIV.

Il exprimait la même pensée dans les vers charmants que nous avons cités plus haut (p. 82). C'est à peu près dans le même sens que le cardinal de Polignac, dans son *Anti-Lucrèce* [1], et le cardinal de Bernis, dans son *Discours sur la poésie*, entendaient le système de Spinoza.

On s'attendrait à ce que Diderot, si admiré par Gœthe, et considéré par lui comme le précurseur de la philosophie de la nature, aurait mieux compris, ou du moins mieux lu un penseur avec lequel il avait tant d'affinités de doctrine. Mais il n'en est rien. L'article Spinoza de l'*Encyclopédie*, qui est de lui, n'est guère autre chose que la reproduction presque textuelle de l'article de Bayle, y compris la polémique de celui-ci : car l'*Encyclopédie* ne pouvait administrer à ses lecteurs le poison de Spinoza sans y ajouter aussitôt le contre-poison. Si l'on consulte les œuvres de Diderot et ses propres doctrines philosophiques, on n'y trouve aucune trace non seulement de l'influence, mais de la lecture même de Spinoza ; sans doute on a eu raison de dire que Diderot est plutôt un panthéiste qu'un athée ; et par là il se rapprocherait de Spinoza ; mais son panthéisme diffère de celui de Spinoza, comme la philosophie du xviiie siècle diffère de celle du xviie. La philosophie du xviie siècle, sous l'influence de Descartes et de ses grandes découvertes mathématiques, est essentiellement métaphysique et idéaliste. La philosophie du xviiie siècle, sous l'influence de Voltaire et du progrès des sciences phy-

1. *Anti-Lucrèce*, t. III, vers 805.

siques et naturelles, est essentiellement naturaliste. L'originalité de Diderot, parmi les athées de son temps, a été de prêter comme Leibniz, et plus tard Schelling, de la vie à la nature et une force active à la matière; et par là encore il se distingue de Spinoza. Quant aux grandes théories idéalistes de celui-ci, Diderot ne les a pas connues, et il les eût vraisemblablement dédaignées. A plus forte raison en est-il ainsi de d'Holbach, qui, comme penseur, est fort au-dessous de Diderot et dont le *Système de la nature* (1770), œuvre déclamatoire et médiocre, n'est que l'apologie de l'athéisme le plus vulgaire; pour lui, il n'y a d'autre être que la nature, c'est-à-dire « ce grand *Tout qui résulte de l'assemblage de différentes matières, de leurs différentes combinaisons et des différents mouvements* que nous voyons dans l'univers[1] ». Une telle conception du principe suprême n'a évidemment aucune analogie avec celle de Spinoza, c'est-à-dire avec l'idée d'une substance absolument infinie, constituée par une infinité d'attributs dont chacun exprime une essence éternelle et infinie. »

Cependant il y eut des spinozistes en France au xviiie siècle, et qui méritent d'être mentionnés ici. Le premier en date est le comte de Boulainvilliers (1658-1712), dont l'ouvrage sur Spinoza n'a été publié qu'après sa mort (1731). Boulainvilliers est connu, parmi les publicistes du xviiie siècle, comme un des plus ardents défenseurs du régime aristocratique. Il soutenait que « le régime féodal était le

---

1. *Système de la nature*, ch. I.

chef-d'œuvre de l'esprit humain ». Aussi aventureux et excentrique en métaphysique qu'en politique, il avait pris goût pour la philosophie de Spinoza, et selon la méthode hypocrite du xviii siècle, méthode imposée par l'intolérance du temps, il écrivit, sous le titre de *Réfutation de Spinoza*[1], une analyse évidemment très favorable des doctrines de l'*Éthique*, analyse à laquelle il a joint quelques extraits de Lamy et de Fénelon, ainsi que la controverse d'Orobio et de Bredenbourg. Le véritable dessein de Boulainvilliers est manifestement dévoilé dans la préface de son livre. « Le grand loisir et le séjour de la campagne, nous dit-il, m'ayant invité à lire tout l'ouvrage (l'*Éthique*), il me parut d'une telle conséquence que dans l'espoir de combattre moi-même quelque jour le plus dangereux livre qui ait été écrit contre la religion, ou du moins dans l'espérance d'engager un plus habile métaphysicien que moi à le réfuter, j'ai entrepris de le dépouiller de cette sécheresse mathématique, qui en rend la lecture impraticable, même à la moitié des savants, afin que le système, rendu dans une langue commune et réduit à des expressions ordinaires, pût être en état d'exciter une indignation égale à la mienne, et procurer, par ce moyen, de véritables ennemis à de si pernicieux principes. »

1. Voici le titre complet de ce livre assez rare : *Réfutation des erreurs de Spinoza par M. de Fénelon, archevêque de Cambray, par le P. Lamy, bénédictin, et par M. le comte de Boulainvilliers, avec la vie de Spinoza écrite par M. Jean Colerus.* (Bruxelles, 1731.)

Il n'est pas difficile de deviner le sens de cette tactique, qui consiste à traduire Spinoza en langage vulgaire, pour « exciter l'indignation » contre lui et « lui procurer des ennemis ». La suite rend le dessein encore plus clair.

« Que servirait-il, poursuit l'auteur, de diminuer la force des raisons qu'on nous oppose? Ne travaillons-nous pas pour la vérité? J'ai donc poussé le raisonnement de Spinoza aussi loin que j'ai pu le porter. Je n'ai point négligé d'orner ses pensées au delà de ce qu'il a fait lui-même... J'ai poussé la sincérité jusqu'à soutenir les sophismes évidents de son livre par les moyens les plus plausibles que j'ai pu découvrir dans la logique naturelle... J'ai cette confiance intime qu'il est impossible que la bonne cause soit abandonnée. »

Boulainvilliers croit donc avoir non seulement éclairci, mais fortifié et rendu plus spécieuse la doctrine de Spinoza, et c'est certainement ce qu'il a voulu faire. De fait, il est douteux qu'il y ait réussi. Il a plutôt affaibli Spinoza qu'il ne l'a perfectionné. Son exposition diffuse est loin d'avoir la force saisissante de Spinoza lui-même. Sans doute, la forme artificielle de celui-ci en rend la lecture pénible et obscure; mais, lorsque Spinoza veut bien s'affranchir lui-même du joug de la méthode géométrique, ses *scholies* et ses *appendices* ont une ampleur et une grandeur qui ont tout à fait disparu dans la paraphrase de Boulainvilliers. L'ouvrage de celui-ci n'en est pas moins à signaler comme l'une des premières apparitions du spinozisme en France et en Europe.

Cependant Boulainvilliers n'était encore qu'un spinoziste timide et déguisé. Il n'en est pas de même de l'abbé Sabatier de Castres, compilateur vulgaire et sans portée, mais qui le premier osa ouvertement se déclarer l'apologiste [1] de Spinoza. Celui-ci n'invoque plus Spinoza pour favoriser l'athéisme et l'incrédulité, mais au contraire pour les combattre. Ainsi que Schleiermacher, il le considère comme le plus saint et le plus religieux des hommes; et il lui adresse une apostrophe enthousiaste, qui rappelle encore celle de Schleiermacher [2] : « O le plus mal jugé des sages, s'écrie-t-il, modeste et vertueux Spinoza, pardonne-moi d'avoir partagé l'erreur générale sur tes écrits avant de t'avoir lu, et reçois aujourd'hui le tribut de reconnaissance que je te dois ! Si dans un siècle de corruption et de délire, dans la métropole des talents et des voluptés, sous la chaire même des corrupteurs et des sophistes, je suis resté ferme dans la foi de mes pères, c'est à toi que j'en ai l'obligation ! » Spinoza, il faut l'avouer n'avait, guère prévu ce singulier effet de ses doctrines et ne s'était pas douté qu'il pût un jour servir à retenir nos prêtres dans la foi catholique ! L'abbé Sabatier admire une philosophie qui enseigne « que nous vivons dans Dieu et par lui, comme les cirons et les vers vivent

1. Dans son *Apologie de Spinoza et du spinozisme contre les athées, les incrédules, etc.* (Paris, 1706).

2. On connaît l'invocation de Schleiermacher, qui commence en ces termes : « Sacrifiez avec moi une boucle de cheveux aux mânes du saint et méconnu Spinoza !... »

en nous et par nous. » Quelle que pût être l'exagération de ces paroles, et même dût-on suspecter un peu la sincérité de l'auteur, il lui faut savoir gré d'avoir distingué la philosophie de Spinoza du pur athéisme et d'en avoir aperçu le côté mystique et religieux. Au reste, cette apologie passa presque inaperçue, et, aujourd'hui même, elle est encore à peu près ignorée [1].

C'est encore un prêtre que nous avons à nommer, pour compléter la série des spinozistes au XVIIIe siècle; cette fois, il s'agit non plus d'un amateur comme Boulainvilliers, ou d'un compilateur médiocre, comme Sabatier, mais d'un vrai et même profond métaphysicien, dont le nom, l'existence et les ouvrages sont restés inconnus jusqu'à nos jours, et qui n'a été introduit dans l'histoire de la philosophie que par un écrit récent de M. Émile Beaussire [2].

Dans une de ses lettres à mademoiselle Roland, Diderot écrit ce qui suit : « Je fis hier un dîner fort singulier. Je passai la journée avec deux moines qui n'étaient rien moins que bigots. L'un d'eux nous lut le premier cahier d'un traité d'athéisme, très frais et très vigoureux, et j'appris avec édification que cette doctrine était la doctrine courante de

---

1. C'est M. Nourrisson, dans son livre sur *Spinoza* (déjà cité plus haut) que nous avons vu pour la première fois citer des extraits de cet ouvrage, qui n'était que mentionné dans la savante bibliographie spinoziste d'Émile Saisset. (*Introduction aux œuvres de Spinoza*, Paris, 1820.)

2. *Les antécédents de l'hégélianisme en France, Dom Deschamps et son système*, Paris, 1865.)

leurs corridors. » Quel était ce moine athée dont parle Diderot? On ne le savait pas. M. Émile Beaussire nous l'a fait connaître, et il nous apprend que c'était un bénédictin, nommé dom Deschamps, très particulièrement lié avec le marquis Voyer d'Argenson, son fidèle disciple, et qui avait laissé l'exposition de sa philosophie dans un manuscrit dont M. Émile Beaussire nous a donné de nombreux extraits et une complète analyse.

Par cette analyse, nous apprenons que dom Deschamps n'était pas un athée dans le sens qu'entendait Diderot, mais qu'il avait dépassé non seulement l'athéisme du xviii° siècle, mais peut-être même le panthéisme de Spinoza ; M. Beaussire croit voir dans son système une anticipation de l'idéalisme de Hégel. On ne sera donc pas étonné de trouver dans dom Deschamps un écrit sous ce titre : *Réfutation courte et simple du système de Spinoza*, soit que dom Deschamps ait tenu à se disculper du soupçon de spinozisme ; soit, ce qui est plus probable, qu'il trouvât dans le spinozisme une métaphysique insuffisante. Au reste, nous savons peu de chose de cette réfutation, dont M. Beaussire ne cite rien et dont il ne nous donne qu'une courte analyse. Ce qui est certain, c'est que, si dom Deschamps se sépare de Spinoza, c'est sur certains points spéciaux de métaphysique : mais il s'accorde avec lui sur ce principe fondamental, à savoir que le créateur et la créature, la cause et l'effet, sont « deux choses purement relatives, qui n'ont et ne peuvent avoir d'existence que l'une par l'autre et l'une dans l'autre ». Il enseigne en effet « que le tout universel est *un être* qui existe » et « dont tous les êtres sensibles ne sont que des *nuances* ». C'est, disait-il encore, « l'être universel, ce fond métaphysique qui existe en tout et partout sous les nuances du physique ». Il distinguait *le tout* et *tout*. « J'entends, disait-il, par *le tout*, le tout de l'univers, la matière, le monde, etc. ; et j'entends, par *tout*, l'existence en soi, l'existence par elle-même. » C'est la distinction spinoziste de la *nature naturante* et de la *nature naturée*. Tout existe, disait-il, « métaphysiquement et physiquement à la fois ». Les détails du système ne rappellent pas Spinoza, et ils sont plutôt, comme nous l'avons dit, pressentiment de la philosophie allemande; mais c'est le fond qui est commun entre les deux doctrines.

C'est ce qu'avait vu J.-J. Rousseau, auquel l'auteur avait fait part de son manuscrit et dont M. Émile Beaussire nous rapporte une lettre inédite, fort curieuse : « Que vous dirais-je ? Le système que vous annoncez est si inconcevable et promet tant de choses que je ne sais qu'en penser. Si j'avais à rendre l'idée confuse que j'en conçois par quelque chose de connu, *je le rapporterais à celui de Spinoza...* Il paraît que vous établissez votre principe sur la plus grande des abstractions. Or la méthode de généraliser et d'abstraire m'est très suspecte. Nos sens ne nous montrent que des individus ; vouloir tout réunir par la force de notre entendement, *c'est vouloir pousser le bateau dans lequel on est sans rien toucher au dehors.* Nous jugeons par induction jusqu'à un certain point du tout par les parties; il semble au contraire que *de la connaissance du tout vous voulez déduire celle des parties. Je ne conçois rien à cela.* » Cette remarquable critique ne s'applique pas seulement à dom Deschamps, mais à Spinoza, à Hégel, à tous les partisans de la méthode spéculative. C'est donc encore un épisode important dans l'histoire critique du spinozisme en France.

Un noble et deux prêtres, tels furent les coryphées du spinozisme au XVIII° siècle. On peut y joindre un autre philosophe, transfuge de l'ordre des Jésuites, Robinet, auteur du livre *De la nature* (1762)[1], si admiré de Gœthe, et qui en effet, comme Diderot, plus peut-être que Diderot lui-même, peut être considéré comme un des précurseurs de la philosophie de la nature de Schelling[2].

Robinet est celui de tous les philosophes de son siècle dont les idées ont le plus d'analogie avec Spinoza, quoiqu'il ne paraisse pas plus qu'aucun de ses contemporains l'avoir particulièrement étudié. On n'y retrouve ni ses formules ni sa méthode. C'est le fond qui est spinoziste plus que la forme. Il n'affecte pas l'athéisme, comme les encyclopédistes. Mais il enseigne « l'incompréhensibilité de la nature divine ». Il combat l' « anthropomorphisme ». Comme Spinoza, il nie que l'on puisse

1. 3 vol. in-8. Amsterdam, 1763.
2. Dom Deschamps représenterait plutôt le panthéisme logique; Robinet le panthéisme vitaliste et naturaliste.

conclure de l'intelligence humaine à l'intelligence divine : mais, plus conséquent que Spinoza, il n'admet pas même en Dieu l'attribut de la pensée ; comme Spinoza, il admet une « perfection absolue » et une « perfection relative », dont l'une n'est que la négation de l'autre. Il enseigne aussi comme lui, « qu'il est au-dessous de Dieu d'agir pour une fin », mais que néanmoins il ne faut pas conclure de là qu'il agisse au hasard. Dieu n'est « ni libre ni nécessité ». Il n'a pas plus de « volonté » que d' « intelligence ». En un mot, Robinet enseigne, sans en connaître l'origine, la doctrine alexandrine du Dieu sans attributs. Par là, il passe même au delà de Spinoza. Enfin, il essaye de concilier sa doctrine avec celle des Écritures, en disant qu'il n'a fait que développer la parole sacrée : « Je suis Celui qui est ».

L'École philosophique, la plus savante et la plus rigoureuse du xviiie siècle, l'école de Condillac, se montra opposée au système et à la méthode de Spinoza. Cette école en effet avait élevé contre la métaphysique toutes les objections que l'on a renouvelées de nos jours. Toutes les recherches sur les causes et les substances, le commencement et la fin des choses, sur le fini et l'infini, paraissaient des recherches présomptueuses et chimériques dignes de la scolastique. C'est ce que Condillac appelait des « systèmes abstraits ». Il croyait avoir fondé une métaphysique véritablement positive en la réduisant à *l'analyse des sensations*. En outre, il attachait une extrême importance à la méthode, la définition des mots, à la règle fondamentale d'aller du connu à l'inconnu. Spinoza ne le satisfaisait nullement à ce point de vue. Aussi, dans son *Traité des systèmes* (1749) a-t-il soumis à une critique serrée et sévère le premier livre de l'*Éthique*. Il lui reproche d'avoir manqué aux deux conditions principales des démonstrations géométriques : « la clarté des idées et la précision des signes. » Il conclut cette discussion en disant : « Prévenu pour tous les préjugés de l'école, il ne se faisait que des notions vagues dont il se contentait toujours ; s'il connaissait l'art d'arranger les mots et les propositions à la manière des géomètres, il ne connaissait pas celui de se faire des idées comme eux. Une chose me persuade qu'il a pu être lui-même la dupe de ses propres raisonnements : c'est l'art avec lequel il les a tissus[1]. » L'opinion de Condillac sur Spinoza est celle de toute son école. Aussi, dans les écrits de Cabanis, de Destutt de Tracy, de Laromiguière, on ne trouve pas même le nom de Spinoza prononcé une seule fois[2].

En résumé, ni au XVII° ni au XVIII° siècle, du moins en France, Spinoza ne fut guère lu ni compris. Il n'eut que quelques adhérents obscurs, dont les ouvrages même étaient ignorés. C'est à notre siècle et dans ce siècle à Victor Cousin, et à son

1. *Traité des systèmes*, ch. X.

2. De Gérando, dans son *Histoire comparée des systèmes de philosophie*, consacre huit pages au système de Spinoza (tome II, p. 62-70).

école, que revient l'honneur d'avoir rétabli la signification de la doctrine de Spinoza, de l'avoir vraiment fait connaître, enfin de lui avoir restitué sa place dans l'histoire de la philosophie.

C'est Victor Cousin qui a le premier introduit en France le point de vue que Herder, Gœthe, Schleiermacher, Novalis avaient défendu en Allemagne à la fin du dernier siècle ou au début de celui-ci, peut-être même avec quelque exagération, mais certainement aussi avec un grand fond de vérité ; c'est que le panthéisme n'est pas l'athéisme. « Bien loin d'accuser Spinoza d'athéisme, disait Cousin dans le cours de 1829 [1], il faudrait plutôt lui adresser le reproche contraire, » à savoir « un théisme excessif qui écrase l'individu [2] ».

Il associait Spinoza et Mallebranche, et disait de celui-ci qu' « il était un Spinoza chrétien ». Dans un passage de ses *Fragments philosophiques* [3], il développe la même idée avec éloquence. « Chez lui, dit-il, Dieu, l'être en soi, l'éternel, l'infini, écrase trop le fini, le relatif, l'humanité. Spinoza a tellement le sentiment de Dieu qu'il y perd le sentiment de l'homme. L'*Éthique*, toute hérissée qu'elle est de formules géométriques, est, au fond, un hymne mystique, un élan et un soupir de l'âme vers Celui qui seul peut dire légitimement : Je suis Celui qui suis... Adorant l'Éternel, sans cesse en

---

1. *Cours d'histoire de la philosophie*, tome II, XIe leçon.
2. Même ouvrage sous le titre de : *Histoire générale de la philosophie* (xie leçon).
3. *Spinoza et la Synagogue*.

face de l'infini, il a dédaigné ce monde qui passe ; il n'a connu ni le plaisir, ni l'action, ni la gloire. Pauvre et souffrant, sa vie a été l'attente, la méditation de la mort. Il a vécu dans un coin de La Haye gagnant à polir des verres le peu de pain et de lait dont il avait besoin pour se soutenir, répudié des hommes de sa communion, suspect à tous les autres, détesté de tous les clergés de l'Europe, n'échappant aux persécutions et aux outrages qu'en cachant sa vie, humble et silencieuse, d'une douceur et d'une patience à toute épreuve, passant dans ce monde sans vouloir s'y arrêter, ne songeant à y faire aucun effet, à n'y laisser aucune trace. Spinoza est un mouni indien, un soufi persan, un moine enthousiaste ; et l'auteur auquel ressemble le plus ce prétendu athée est l'auteur inconnu de l'*Imitation de Jésus-Christ.* » Il y aurait sans doute, aujourd'hui, quelques restrictions à apporter à ce rapprochement, Spinoza n'est pas si mystique que le fait Victor Cousin. Mais, à ceux qui confondaient Spinoza avec Épicure il était nécessaire d'opposer les traits de sa philosophie et de sa personne, qui le rattachent à la tradition mystique des grands contemplatifs.

M. Victor Cousin s'était contenté de marquer le trait général de la philosophie de Spinoza. C'est à un de ses disciples, le plus illustre de tous, Th. Jouffroy qu'il appartient d'avoir le premier, dans une chaire publique, à la Sorbonne, donné une exposition fidèle, impartiale d'un ton haut et noble, de la métaphysique de l'*Éthique* [1].

1. Th. Jouffroy, *Cours de droit naturel*, VI° leçon, t. VII.

Pour comprendre le mérite de cette exposition, il faut se rappeler que, depuis deux siècles, tout le monde parlait de Spinoza sans l'avoir lu; que les plus sincères le déclaraient incompréhensible et indéchiffrable. Jouffroy avait apporté dans cette étude son besoin de clarté; et au moins pour la partie métaphysique, sinon pour la partie morale, il avait mis en pleine lumière les principes les plus abstraits de Spinoza.

Cependant ce n'était encore qu'une esquisse : l'honneur d'une explication vraiment complète, en même temps que d'une interprétation littérale exacte et précise, appartient à Émile Saisset, l'auteur de la *traduction* française des *Œuvres de Spinoza*[1]. Outre le mérite de la traduction, qui mettait Spinoza entre les mains de tout le monde, Émile Saisset avait eu encore celui de résumer dans une *Introduction*, faite de main de maître, non plus seulement les principes généraux de l'*Éthique*, mais toute l'économie du système, avec une largeur et une pénétration tout à fait supérieures. L'espace lui manquant pour une réfutation il s'était contenté d'indiquer avec précision les points sur lesquels il faisait des réserves. Elles se réduisaient à deux

---

1. La première édition en deux volumes est de 1842. Il y a eu une seconde édition, plus complète, en 1860, comprenant la traduction du *Tractatus politicus*. En outre, Ém. Saisset publia à part son *Introduction*, très développée et formant un véritable ouvrage (in-8, Paris, 1860). Il y a une seconde traduction des œuvres de Spinoza, postérieure à celle de Saisset, par M. Prat, avocat, celle-ci faite au point de vue exclusivement spinoziste.

principales : N'est-ce point une erreur capitale d'égaler la pensée et l'étendue, et de donner aux corps le même degré de réalité et de perfection qu'aux âmes ? L'unité radicale de l'existence, la consubstantialité de Dieu et de l'univers se peut-elle concilier avec l'individualité des êtres finis, avec la liberté des êtres moraux [1]?

En résumé, l'école de Victor Cousin avait rendu à la philosophie de Spinoza un triple service. D'abord, elle avait dégagé l'honneur du philosophe de toutes les accusations odieuses et imméritées dont il était l'objet et lui avait restitué sa place dans la série des grands penseurs et des philosophes de premier rang ; en second lieu, elle l'avait fait connaître, exposé d'une manière claire et intelligible, et l'avait ainsi disculpé du reproche d'obscurité impénétrable sous lequel il était enseveli depuis deux siècles ; enfin elle l'avait traduit et mis entre les mains de tout le monde. Voilà ce que fit pour Spinoza une école[2] que l'on a souvent accusée d'orthodoxie étroite et intolérante.

1. *Œuvres de Spinoza*, Introduction, p. ccii.

2. Ajoutez aux ouvrages précédemment indiqués d'autres écrits partant de la même école philosophique : 1° Damiron, *Mémoire sur Spinoza et sa doctrine*, 1843 (tom. IV des *Mémoires de l'Académie des sciences morales et politiques*) ; 2° Francisque Bouiller, *Histoire de la philosophie cartésienne* (ch. XV-XIX, Paris 1854) ; 3° Nourrisson, *Spinoza et le naturalisme contemporain* (Paris, 1866, souvent cité dans le présent travail ; 4° Paul Janet, *Spinoza et le spinozisme* (Revue des Deux-Mondes, 15 juillet 1867) : cet article avait pour occasion les écrits inédits de Spinoza que Saisset n'avait pas connus: c'est ce travail qui a été reproduit dans le chapitre précédent;

Il est vrai de dire que, si l'école de Cousin a rendu toute justice au génie de Spinoza, si elle a réfuté les fausses imputations dont il était l'objet, si elle a fait de grands efforts pour le comprendre et le faire comprendre, elle a tenu à conserver son indépendance à l'égard de ce grand penseur : elle ne s'est pas crue obligée d'abdiquer par rapport à lui toute liberté de penser. Elle a maintenu contre lui son propre principe, à savoir le principe de la personnalité humaine, qui était lié à celui de la personnalité divine. L'école de Victor Cousin était surtout engagée dans ce point de vue par deux raisons fondamentales : 1° au point de vue métaphysique, par l'influence très puissante de Maine de Biran[1], proclamé par Cousin lui-même le plus grand philosophe français du XIX° siècle et qui, dans tous ses écrits, renouvelant le principe de Leibniz, mais placé surtout au point de vue psychologique, avait pris son point de départ dans l'acte personnel et individuel de la volonté humaine ; 2° au point de vue politique et social, par l'influence de la philosophie du XVIII° siècle et par la doctrine des droits de l'homme, charte de la Révolution française et

---

5° Henri Martin, *Dissertatio de Spinozæ systemate*, 1836. Il n'est que juste de reconnaître que, dans un autre ordre d'idées et de la part d'autres opinions philosophiques, quelques travaux sérieux sur Spinoza doivent être mentionnés : 1° Armand Saintes, *Histoire de la vie et des ouvrages de Spinoza* (Paris 1842) ; 2° Jean Reynaud, *Encyclopédie nouvelle*, art. SPINOZA.

1. Maine de Biran, sans avoir jamais étudié Spinoza d'une manière particulière, l'a toujours en perspective lorsqu'il expose ses propres idées ou celles de Leibniz.

de toute l'école libérale. L'école de Cousin se croyait donc autorisée à défendre la personnalité humaine contre l'envahissement du panthéisme spinoziste, au point de vue scientifique puisque la première et la plus assurée de toutes les existences est celle du moi, et au point de vue moral et social, le panthéisme étant lié invinciblement, croyait-elle, à l'absorption de l'individu par le tout. C'est ce point de vue que défendait surtout le fin et profond publiciste Tocqueville, qui avait puisé en Angleterre et en Amérique un si profond sentiment de l'individualité et qui faisait remarquer avec tant de sagacité les dangers du panthéisme dans la démocratie[1].

« On ne saurait nier, disait-il que le panthéisme n'ait fait de grands progrès de nos jours. Les écrits d'une portion de l'Europe en portent visiblement l'empreinte. Les Allemands l'introduisent dans la philosophie, et les Français dans la littérature... Ceci ne me paraît pas venir seulement d'un accident, mais tenir à une cause durable. A mesure que, les conditions devenant plus égales, chaque homme en particulier devient plus semblable à tous les autres, plus faible ou plus petit, on s'habitue à ne plus envisager les citoyens, pour ne considérer que le peuple ; on oublie des individus pour ne songer qu'à l'espèce... Un pareil système (le panthéisme), quoiqu'il détruise l'individualité humaine, ou plutôt parce qu'il la détruit, aura des charmes secrets pour les hommes qui vivent dans les démocraties. Il attire naturellement leur ima-

---

[1]. *Démocratie en Amérique*, tome II, 1re partie, ch. VII.

gination ; il nourrit l'orgueil de leur esprit et flatte sa paresse. » Tandis que Tocqueville voyait clairement les menaces du panthéisme et ses affinités secrètes avec les grandeurs et les faiblesses de la démocratie, Jouffroy au contraire se faisait de singulières illusions lorsqu'il croyait le panthéisme incompatible avec les idées et les croyances de l'Occident, et, à ce titre, peu dangereux. « Il n'est pas dans la nature des races occidentales, disait-il, de mépriser la réalité et de lui substituer les rêves de l'imagination[1]. » Cela peut être vrai du panthéisme mystique, tel que l'ont connu les Indiens. Sans doute le bouddhisme européen est une fantaisie littéraire et mondaine, beaucoup plus que philosophique; mais un panthéisme naturaliste, qui absorbe l'homme dans la nature et fait de la nature l'être divin, n'a rien d'inconciliable avec la civilisation de notre temps.

Aussi vit-on, à partir de la Restauration, le point de vue panthéistique prendre, même en France, un assez grand développement. Seulement on ne peut y reconnaître l'influence de Spinoza que d'une manière assez indirecte et à travers l'influence plus immédiate de l'Allemagne contemporaine. Victor Cousin lui-même, dont la vive imagination a traversé bien des phases diverses en philosophie, s'était imprégné de philosophie hégélienne, et son cours de 1828 avait été, non sans quelque raison, accusé de panthéisme ; c'est probablement même à cette influence qu'est due sa sympathie pour

1. *Cours de droit naturel*, viii⁰ leçon.

Spinoza. Cependant, comme nous l'avons dit, il échappa bientôt à cette tentation; et son école, grâce surtout à l'action de Maine de Biran, fut nettement antispinoziste.

C'est une école assez peu philosophique, plus occupée d'économie sociale que de métaphysique, que nous voyons d'abord professer d'une manière explicite et tout à fait caractérisée le dogme de l'unité de substance et d'un Dieu à la fois esprit et matière. C'est l'école saint-simonienne. Cette école enseignait qu'après les religions de la nature (le paganisme), qu'après la religion de l'esprit (le christianisme), il y avait lieu de faire un nouveau progrès et, dans un dogme nouveau, de fondre dans une seule et même substance la matière et l'esprit. « Dieu est un, enseignaient-ils ; Dieu est tout ce qui est ; tout est en lui, tout est par lui ; tout est lui. L'être infini se manifeste à nous sous deux aspects principaux, comme esprit et comme matière, comme intelligence et comme force, comme sagesse et comme beauté. » — « Dieu est tout ce qui est, disent-ils encore ; nul de nous n'est hors de lui... Chacun de nous vit de sa vie ; et tous nous communions en lui ; car il est tout ce qui est [1]. » Cependant, tout en professant ces principes, si analogues à ceux de Spinoza, ils essayaient en même temps de se séparer de lui, en lui reprochant d'avoir imaginé un monde mort et abstrait et de n'avoir pas reconnu les attributs

---

[1]. *Exposition de la doctrine saint-simonienne*, 2º année, 7º et 8º séances.

essentiels de la divinité, «l'amour et la vie». C'est à des idées semblables qu'aboutissait Pierre Leroux, soit dans son article *Dieu* dans l'*Encyclopédie nouvelle*, soit dans son livre de l'*Humanité*. La littérature et la poésie ressentirent aussi vivement l'influence de ces doctrines : George Sand, Edgard Quinet, Lamartine même, dans quelques passages de *Jocelyn*, Michelet plus tard, tous sont plus ou moins imprégnés de panthéisme, mais plutôt sous l'influence de l'esprit du temps que par une action directe et une connaissance précise des écrits de Spinoza. Enfin, à partir de 1850, on peut dire que le point de vue de l'unité de substance tend à prédominer en philosophie. Nous citerons, parmi ceux qui ont le plus contribué à répandre ces vues, M. Vacherot, M. Taine et M. Renan. Le premier surtout, dont l'autorité comme métaphysicien est incontestable, a soutenu cette doctrine avec une grande force de pensée et de style soit dans son *Histoire de l'école d'Alexandrie* (3ᵉ volume), qui lui valut une destitution, soit dans son livre sur *la Métaphysique et la science* (VIᵉ et XIIᵉ entretiens).

M. Vacherot cependant n'admet pas sans réserve les principes de Spinoza. Il lui reproche, comme Schelling, non pas son panthéisme, mais son fatalisme. Il croit que l'on peut échapper aux conséquences dures et accablantes de la philosophie de Spinoza, en introduisant dans cette philosophie la force, la liberté et la vie.

C'est le même point de vue que nous rencontrons dans la brillante et noble conférence prononcée à

La Haye le 21 février 1877, pour l'anniversaire de la mort de Spinoza, par M. Ernest Renan. Ce que M. Renan reproche à Spinoza, ce n'est pas d'avoir divinisé la nature, c'est au contraire de l'avoir trop dédaignée, trop humiliée. « Étranger à l'idée de la vie, dit-il, Spinoza n'arriva pas à cet infini vivant et fécond que la science de la nature et de l'histoire nous montre présidant dans l'espace sans bornes à un développement toujours de plus en plus intense... Il ne vit pas clairement le progrès universel ; le monde, comme il le connaît, semble cristallisé... le sentiment de Dieu lui enlève le sentiment de l'homme ; sans cesse en face de l'infini, il n'aperçut pas suffisamment ce qui se cache de divin dans les manifestations relatives ; mais il vit mieux que personne l'éternelle identité qui sert de base à toutes les évolutions passagères... D'un vol hardi, il atteignit les hauts sommets couverts de neige. A cette hauteur où toute autre poitrine que la science devient haletante, il vit, il jouit ; il s'y épanouit, comme fait le commun des hommes dans les molles régions tempérées. Ce qu'il lui faut à lui, c'est l'air du glacier avec son âpreté forte et pénétrante. Il ne demande pas qu'on l'y suive ; il est comme Moïse, à qui se révèlent sur la montagne des secrets inconnus au vulgaire ; mais, croyez-le, il a été le voyant de son âge ; il a été, à son heure, celui qui a vu le plus profond en Dieu [1]. »

Malgré ces belles et généreuses paroles, il nous

1. *Spinoza*, p. 8 (1878).

semble toutefois résulter de ce rapide historique que le génie de Spinoza n'est pas très adapté à la nature de l'esprit français. La France n'est pas mystique. Elle aime les idées nettes et bien délimitées. Elle a un sentiment vif de l'homme et de l'humanité, et ne se plaira jamais beaucoup à une philosophie qui absorbe par trop l'homme dans le grand tout. Si le spinozisme s'acclimate en France, ce sera en se modifiant considérablement et en se traduisant d'une manière précise, soit dans le sens de ceux qui affirment, soit dans le sens de ceux qui nient la réalité de l'esprit. Les parties nobles et vraiment supérieures du spinozisme sont telles qu'un spiritualisme éclairé peut et doit se les approprier, ne laissant que les moindres à ses adversaires. Spinoza serait ainsi partagé en deux moitiés, dont l'une serait réclamée par les fils de Descartes, et l'autre par les fils de Diderot.

LA PHILOSOPHIE DE MALEBRANCHE[1]

On a dit souvent, peut-être avec raison, que les Français n'ont point la *tête épique*; on a dit aussi, mais avec moins de raison, qu'ils n'avaient pas la faculté métaphysique. Malebranche est un brillant démenti de ce préjugé assez répandu. Si la faculté métaphysique consiste dans la profondeur et dans la sublimité des pensées, personne plus que Malebranche ne peut prétendre à la posséder : car il n'est pas de philosophie plus haute et plus divine; si, comme d'autres le croient, la faculté métaphysique consiste dans l'étrangeté des pensées, dans la subtilité des inventions, et s'il faut le dire dans l'oubli et dans le mépris des données du sens com-

1. Ce travail est un *Rapport* présenté à l'Académie des sciences morales et politiques sur un concours relatif à la philosophie de Malebranche.

mun, personne encore, à ce nouveau point de vue, ne mérite plus que Malebranche le titre de métaphysicien ; car personne ne s'est moins préoccupé de satisfaire le bon sens vulgaire, personne n'a foulé aux pieds avec plus de mépris les réclamations du sens commun. Ce n'est pas par ce côté, sans doute, que l'Académie des sciences morales et politiques avait cru devoir recommander la philosophie de Malebranche à l'examen et à la méditation. Mais elle a pensé qu'un philosophe aussi original et aussi subtil, dont les erreurs même ont une sorte de beauté poétique et attachante, n'occupait pas dans l'histoire de la philosophie, au moins à l'étranger [1], une place égale à son génie. En France, à la vérité, Malebranche a été l'objet de belles études, soit dans l'histoire de la philosophie au XVIIe siècle de M. Damiron, soit dans l'histoire de la philosophie cartésienne de M. Francisque Bouillier; mais il restait à l'étudier en lui-même, c'est-à-dire à lui consacrer un examen spécial et approfondi. L'Académie a voulu bien faire entendre par là qu'elle le considère, non comme un disciple, mais comme un maître ; que dans la chaîne d'or des grands philosophes, il est un des anneaux; enfin qu'il est au nombre de ces privilégiés du génie, à qui il a été donné de séduire et d'enchanter les hommes au

---

1. Dans l'*Histoire de la philosophie moderne*, de M H. Ritter, Malebranche est sacrifié à Geulinx. Dans l'*Esquisse de l'Histoire de la philosophie*, excellente d'ailleurs, de M. Ueberweg, Malebranche est compté parmi les petits cartésiens, et n'occupe que dix lignes à peine, tandis que le moindre des philosophes allemands occupe dix pages.

moins autant par de brillantes erreurs que par de sublimes vérités.

Cette séduction exercée par Malebranche n'est plus aussi grande aujourd'hui qu'elle l'a été au xvii° siècle, puisqu'une première fois ce sujet mis au concours n'avait attiré aucun mémoire, et que la seconde fois nous n'en avons eu que deux. Mais sur les deux auteurs de ces mémoires le charme a opéré. Dans le tumulte de notre temps, dans ce mouvement un peu révolutionnaire qui agite le monde de la pensée, il s'est trouvé deux esprits méditatifs et délicats qui ont su se plaire, sans s'oublier, dans la lecture du plus grand des méditatifs français : ils ont su écouter sans sourire, ou du moins sans un sourire dédaigneux, les candides conversations de Malebranche avec le verbe divin : conversations sublimes de naïve audace, où le pieux philosophe, plus hardi encore que Platon libre interprète de Socrate, n'a pas craint de faire parler Jésus-Christ lui-même, sans se demander si l'Homme-Dieu ne pourrait pas dire aussi comme Socrate: « Que de choses me fait dire ce philosophe auxquelles je n'ai jamais pensé! » Les deux auteurs ont lu l'un et l'autre Malebranche avec amour, quoique sans illusion : ils se sont plu à suivre dans tous ses replis la pensée du maître, et à en faire valoir toutes les finesses et toutes les beautés : l'un et l'autre nous ont mis en garde contre les erreurs du grand penseur, l'un avec un bon sens ferme et éclairé qui craint que l'on ne compromette les vérités spiritualistes en y mêlant des exagérations subtiles et suspectes; l'autre avec une demi-ironie quasi socratique, qui laisse soupçonner, sans le dire, que c'est peut-être le fond des doctrines, plus encore que les exagérations, qui lui inspire de la défiance.

Hâtons-nous de dire que, si ces deux mémoires ont quelque chose de commun, à savoir le talent, ils se distinguent cependant par des caractères bien différents et sont à une grande distance l'un de l'autre. L'un est un véritable mémoire; disons plus, c'est un ouvrage complet, savant, heureusement ordonné, largement développé, répondant à toutes les questions du programme, composé enfin sur le plan des grandes compositions historiques, que l'Académie a jusqu'ici couronnées [1]. L'autre, quoique très distingué, est plutôt un discours sur Malebranche qu'un véritable mémoire; c'est une spirituelle et pénétrante esquisse, ce n'est pas le savant et complet travail que vous aviez demandé. Parlons-en cependant avec quelque développement; car, si l'on néglige les conditions du programme, le travail en lui-même est digne d'estime et indique un vrai talent.

Ce mémoire a pour épigraphe : « *Si minus erras-*

---

1. Ce premier mémoire (n° 2), dont l'auteur est M. Ollé Laprune, a été publié depuis sous ce titre: *La philosophie de Malebranche* (2 vol. in-8°, Paris 1870). Dans ce livre, l'auteur a tenu compte de toutes les observations qui lui avaient été faites. Nous ne les maintenons ici que parce qu'elles nous sont une occasion d'indiquer quelques vues sur la philosophie de Malebranche. — Le second mémoire (n° 1) n'a pas été publié. Les pages distinguées que nous en citons ont donc l'intérêt de l'inédit. L'auteur est M. Royer, professeur de la Faculté des lettres de Dijon.

set, minus esset notus. » Cette spirituelle devise est déjà une indication de la tournure d'esprit de l'auteur, chez lequel le trait piquant et fin, quelquefois hardi, se présente naturellement. Une nuance de scepticisme, très sobre et très discret, et qui semble dépasser à peine les bornes d'une juste indépendance, mais qui peut-être va au delà, est répandue à travers toutes les pages de cet intéressant ouvrage. On voit bien que l'auteur aime le spiritualisme; rien ne nous autorise à croire que ce ne soit pas sa propre doctrine; mais il en aperçoit avec beaucoup de clairvoyance les difficultés, et il y touche d'une main sûre et libre avec une délicate audace. Il semble même qu'il éprouve quelque plaisir à ce jeu, semblable à ces personnes vertueuses à qui il ne déplaît pas de se jouer à de périlleuses tentations. Telle est l'indiscipline naturelle de l'esprit humain : il n'aime point à trop croire, et, lorsqu'un fond de vérité lui est assuré, il satisfait son libertinage en insistant sur les obscurités des problèmes et sur les lacunes des solutions.

De quelque manière que l'on juge cette disposition de l'esprit de l'auteur, il faut reconnaître qu'elle lui sert à démêler avec une certaine pénétration le sens de la philosophie de Malebranche. Au lieu de voir, comme le bon sens vulgaire, dans les brillantes et subtiles hypothèses de Malebranche, des fictions gratuites de l'imagination, il y voit des efforts hardis du génie pour résoudre des difficultés que le sens commun n'aperçoit pas, ou dont il ne se soucie pas. Le sens commun se contente d'affirmer que telle chose est ; le métaphysicien cherche pourquoi et comment elle est : le sens commun se contente du fait : la métaphysique cherche en outre le pourquoi et le comment. Le sens commun se contente de savoir qu'il y a un Dieu, une âme et un corps. Le philosophe cherche comment l'âme peut connaître le corps, comment elle peut agir sur lui, comment le corps peut exister dans la pensée divine, pourquoi Dieu a créé le monde ; pourquoi, dans ce monde créé par une bonté suprême, il y a cependant du mal, etc. A toutes ces questions, suscitées par une curiosité orgueilleuse si l'on veut mais irrésistible, Malebranche répond ou essaye de répondre. A la question de savoir comment l'âme connaît ce qui n'est pas immédiatement visible, Malebranche répond par la théorie de la vision en Dieu ; comment l'âme agit sur le corps et réciproquement, par la théorie de l'occasionalisme ; comment le corps a pu être créé par Dieu, par la théorie de l'étendue intelligible ; comment Dieu a permis le mal, par la théorie des volontés générales et de la simplicité des voies ; pourquoi Dieu a créé le monde, par le dogme de l'incarnation. Malebranche est comme Pascal ; il ne craint point d'ébranler les croyances vulgaires, sûr de trouver dans la hauteur de son génie des réponses plus fortes que les objections. Pour ces esprits de grande maison, s'il est permis de parler ainsi, tout vaut mieux que le commun et le vulgaire ; et il semble qu'ils aimeraient mieux douter et nier que de croire comme tout le monde.

C'est un des mérites de ce mémoire de faire ainsi ressortir la valeur des théories de Malebranche, en les présentant comme des efforts de solution à des difficultés que l'on ne supprime pas en les écartant. Le rapprochement que nous venons de faire entre Pascal et Malebranche est de lui, et est juste dans la mesure où il l'expose. C'est une vue assez neuve de l'auteur de nous montrer dans Malebranche le premier philosophe moderne qui ait saisi dans toute sa profondeur la difficulté du passage du moi au non-moi; et ainsi ce grand problème allemand aurait été à l'origine un problème français. L'auteur même va peut-être un peu trop loin dans cette pensée. On a vu jusqu'ici dans Malebranche un précurseur de Spinoza; il ne craint point d'y voir un précurseur de Hegel, et il y a sans doute en cela quelque exagération ; il est difficile par exemple d'admettre comme entièrement exacte l'analyse et l'interprétation qu'il donne de la théorie de l'idée de l'infini dans la philosophie de Malebranche.

« Malebranche va plus loin, dit-il, et commet ici
» une de ses plus grandes témérités. Il prétend que
» l'idée d'infini ne peut pas, comme les autres
» idées, résider dans l'entendement divin. Car
» l'infini ne peut être représenté que par sa subs-
» tance. En un mot, l'idée de l'infini ne saurait se
» distinguer de la substance divine. Cette idée est
» dans l'esprit de l'homme en vertu d'une commu-
» nication perpétuelle, non pas avec l'entendement
» mais avec la substance de Dieu. C'est trop peu

» dire que nous la voyons en Dieu; nous voyons
» Dieu même en la contemplant. L'idée de l'infini
» est adéquate à l'infini; or il ne saurait y avoir
» deux infinis, l'un dans l'entendement, l'autre
» dans la substance de Dieu. Sous ces raisonne-
» ments géométriques on aurait facilement montré
» à Malebranche une doctrine qui l'aurait fait re-
» culer. Ce n'est plus seulement l'action de Dieu
» qui se manifeste dans le monde, c'est aussi sa
» substance. Si l'entendement divin ne peut con-
» tenir l'idée de Dieu, que faut-il conclure, sinon
» que Dieu n'a pas l'idée de Dieu, c'est-à-dire que
» Dieu, n'ayant pas conscience de lui-même, est im-
» personnel; enfin, pour achever, lorsque l'homme,
» concevant l'idée de Dieu, reçoit communica-
» tion de la substance divine, n'est-il pas Dieu
» prenant conscience de lui-même? C'est le pan-
» théisme le plus complet. Heureusement pour la
» tranquillité de Malebranche le panthéisme était
» encore peu connu; les philosophes le côtoyaient
» sans effroi, et les critiques n'avaient pas pris la
» déplorable habitude d'opposer cet épouvantail à
» tous les métaphysiciens, et de les arrêter court
» avec ce grand mot. Alors on critiquait beau-
» coup plus les raisonnements que les conséquences,
» et ici on pouvait avec raison représenter à
» Malebranche qu'en refusant de mettre l'idée
» de l'infini dans un entendement fini et même
» dans l'entendement infini, il transportait dans
» l'ordre intellectuel les lois de l'ordre matériel.
» Il n'y a pas entre les esprits et les idées le même

» rapport qu'entre les vases et les quantités de
» liquide destinées à les remplir. Rien du moins ne
» nous oblige à supposer qu'une idée vaste ne puisse
» tenir dans un esprit étroit, une idée infinie dans
» un esprit fini, à plus forte raison dans un esprit
» infini. »

Rien de plus juste que ces raisonnements de l'auteur, si Malebranche avait voulu dire ce qu'il lui fait dire, à savoir qu'il n'y a pas en Dieu ni dans l'homme la connaissance de Dieu. Mais que ce ne soit pas là le sens de Malebranche, c'est ce qui résulte de ce que dit l'auteur lui-même, à savoir que l'homme conçoit Dieu, ce que Malebranche n'a jamais nié, quoiqu'il reconnaisse que cette connaissance est très obscure. Mais on sait bien que dans la langue de Malebranche comme dans celle de Platon, idée signifie essence et non pas connaissance. L'idée est l'objet même de la connaissance, loin de se confondre avec elle: et on sait aussi combien Arnauld s'est élevé contre cette distinction de la perception et de l'idée. L'idée étant le modèle idéal des choses, leur forme *a priori* en quelque sorte comme dirait Kant, leur représentation anticipée, on comprend que toutes les choses créées et finies aient leurs modèles, leurs essences dans l'intelligence divine. Mais comment l'idée de Dieu, ou l'essence de Dieu serait-elle mêlée avec les autres dans son intelligence, et représentée par une modalité, même divine? La substance divine étant logiquement antérieure à son intelligence, cette substance serait sans essence, ce qui est contradictoire.

D'un autre côté, Dieu, ne pouvant être représenté par rien d'antérieur à lui, ne peut être représenté que par lui-même. Cette théorie, dans la langue cartésienne, revient à dire qu'en Dieu l'essence est inséparable de l'existence : doctrine qui ne paraît avoir aucun rapport avec celle d'un Dieu impersonnel prenant dans l'homme conscience de lui-même.

Si, dans la page que nous venons de citer, l'auteur va un peu au delà du droit d'interprétation autorisé à l'égard des philosophes, et tombe lui-même dans le défaut qu'il reproche aux critiques modernes, à savoir de juger une doctrine par les conséquences qu'on lui fait porter, dans d'autres endroits, il nous donne l'exemple d'une interprétation aussi juste que sagace, comme on peut en juger, entre autres, par la page suivante :

« Au point de vue moral, la théorie des causes
» occasionnelles paraît bien hasardée. Si Dieu seul
» accomplit tous les mouvements du corps humain,
» il lui suffirait de refuser son concours à nos mau-
» vais désirs pour empêcher nos mauvaises actions.
» Voilà Dieu complice de tous nos crimes. La doc-
» trine de Malebranche accuse plus nettement que
» toute autre une des grandes difficultés du spiri-
» tualisme : pourquoi le mal dans la création,
» dans l'œuvre de la perfection souveraine? Les
» spiritualistes les plus prudents ne peuvent se
» dispenser de répondre au moins que Dieu laisse
» faire le mal; Malebranche, avec sa hardiesse habi-
» tuelle, répond que Dieu exécute le mal. Cepen-

» dant il réussit aussi bien que les spiritualistes
» les plus sages à décharger Dieu de la responsa-
» bilité de nos crimes. En effet, où réside le mal?
» Dans l'esprit qui l'a conçu, dans le désir qui est
» la part de l'homme. Quant aux mouvements que
» Dieu exécute en conformité et à l'occasion de nos
» désirs, ce sont des actes de la toute-puissance
» qui n'empruntent ni les défauts ni les qualités
» de nos volontés. Malebranche même, par une de
» ces conceptions qui lui sont habituelles, donne
» au mal dans son système un caractère plus
» grave; il n'y a pas de mauvaise action qui ne
» soit en même temps un sacrilège, c'est-à-dire un
» abus de la puissance divine. Malebranche trouve
» ainsi de nouvelles noirceurs dans le péché; il
» rend la morale plus sévère, tant il est loin de
» sanctifier le mal, en lui assurant la complaisance,
» au moins la complicité de Dieu. On peut être sûr
» que jamais le mysticisme de notre philosophe
» n'aboutira au relâchement, comme celui de Mo-
» linos; Malebranche est un esprit d'une trempe
» autrement virile; avec lui on ne risque point de
» s'amollir. »

Si l'auteur du mémoire n° 1 cherche en général à faire valoir la pensée de Malebranche, soit en montrant que ses théories les plus hardies lui sont inspirées par le sentiment de certaines difficultés trop peu aperçues par le commun des philosophes, soit en montrant que ces théories ne soulèvent pas plus de difficultés que l'opinion vulgaire, cependant lui-même ne réussit pas à garder cet équilibre d'humeur devant certaines doctrines choquantes qui blessent par trop le cœur humain ; et il se laisse aller, toujours avec quelques réserves, à de vives protestations qui ne manquent pas d'éloquence. C'est ainsi qu'à propos de la doctrine de *la simplicité des voies*, d'après laquelle le meilleur des mondes n'est pas celui où il y a le moins de malheur pour les créatures, mais celui où le plus grand nombre d'effets est obtenu par le moins de moyens possibles, l'auteur s'écrie :

« La philosophie n'a pas de doctrine plus désolante. Dieu ne fait le monde que pour s'y contempler et s'y admirer lui-même ; la prévision des souffrances qu'entrainera l'exécution de son plan favori ne saurait l'arrêter un instant. Voilà un Dieu qui est grand, j'en conviens ; glorieux, je l'accorde, mais qui manque de bonté. Je crois même un peu moins à sa justice. Si j'ai bonne mémoire, Malebranche a quelque part fait allusion à une vie future qui devait effacer jusqu'au souvenir des maux d'ici-bas ; mais, outre que Malebranche n'a jamais démontré l'immortalité de l'âme, je me crois maintenant le droit d'en douter. L'homme est si peu de chose ; son bonheur a si peu de prix aux yeux de Dieu ; la même gloire qui l'oblige à causer nos maux paraît si peu l'obliger à les réparer, que je ne compte plus sur la récompense promise. Jadis, quand la règle suprême de Dieu était sa bonté et sa justice, j'espérais : entre cette bonté et mes besoins, entre cette justice et mes souffrances, j'apercevais un

» certain rapport. Mais, depuis que Dieu a fait de
» sa gloire sa loi principale, je ne sais plus que
» penser ; c'est un Dieu tout nouveau dont je ne
» connais plus les intentions à mon égard. Il m'af-
» flige aujourd'hui pour sa gloire : je ne vois pas
» pourquoi sa gloire me serait plus favorable ailleurs
» qu'ici-bas, dans l'avenir plus qu'en ce mo-
» ment. Voilà donc en quel abîme de doute et de dé-
» sespoir Malebranche nous précipite et nous aban-
» donne ! »

L'auteur trouve encore quelques accents émus et vifs en combattant l'ascétisme de Malebranche, qui entend l'éducation des enfants plutôt en religieux qu'en homme. Il voudrait que l'on fît des leçons austères à l'enfant, qu'on le préparât à la mort dès l'âge le plus tendre. On meurt à dix ans aussi bien qu'à cinquante. « Mais, dit l'auteur, l'enfance est
» faite pour préparer l'homme à vivre et non pas à
» mourir. On peut, malgré l'arrêt de Malebranche, lui
» laisser ses études mondaines, sa gaieté insouciante,
» et ne pas le condamner sitôt à la triste médita-
» tion de la mort. Ce n'est point cette morale étroi-
» tement ascétique qui peut accélérer les progrès de
» l'humanité. L'homme fait bien de regarder le
» ciel pour y chercher la consolation, et de songer
» à l'autre monde pour se fortifier dans le bien.
» Mais il doit consacrer le meilleur de son temps et
» de ses forces au monde où Dieu l'a placé, — appa-
» remment pour qu'il y vécût. »

Cette analyse et ces extraits témoignent, sans aucun doute, d'un esprit fin et sagace, libre et sensé, qui connaît bien Malebranche, qui l'interprète généralement avec justesse, quelquefois avec une pénétration peu commune. Enfin la section de philosophie a été d'accord pour reconnaître dans ce travail une certaine originalité d'esprit et de style. Malheureusement, il n'est guère qu'une ébauche du sujet proposé par votre section, et il a laissé de côté la plus grande partie du programme. Ainsi, les origines de la philosophie de Malebranche, l'étude approfondie des discussions qu'elle a soulevées, l'histoire de cette philosophie, sont des chapitres presque complètement absents dans ce mémoire. L'examen de la philosophie de Malebranche est à la vérité continuellement mêlé à l'exposition, mais par là même il n'est pas assez indépendant, assez approfondi, assez complet.

L'auteur n'essaye même pas de répondre à la dernière question du programme, à savoir : que peut-on conserver ou faire revivre de la doctrine de Malebranche dans la philosophie de notre temps? Ce silence peut s'expliquer par les tendances un peu dubitatives en général de l'auteur du mémoire ; mais peut-être eût-il mieux fait de s'expliquer plus clairement ; en tout cas, il a laissé sur ce point, comme sur beaucoup d'autres, le programme sans réponse. De plus, quoique la valeur des écrits philosophiques ne doive pas se mesurer à la quantité, on sait cependant que l'exposition approfondie d'une philosophie exige toujours une certaine étendue : et l'auteur, en se renfermant dans un cercle trop étroit, ne pouvait guère se flatter d'embrasser l'ensemble d'une philosophie aussi compliquée et aussi délicate que celle de Malebranche. Enfin, même cette revue rapide pèche un peu par le défaut d'ordre et par la confusion.

Tels sont les défauts graves qui, malgré le talent distingué de l'auteur, mettent son ouvrage fort au-dessous du n° 1 dont nous allons parler. Néanmoins, en raison des qualités de critique et d'écrivain dont témoigne ce travail, on a cru devoir proposer pour lui une mention honorable.

Le second mémoire [1] se distingue du précédent d'abord par l'étendue. Il se compose de deux cahiers, formant ensemble la valeur de huit cents pages, d'une écriture assez fine. Le premier de ces deux cahiers est consacré à l'exposition et à l'histoire de la doctrine. Le second, de près de trois cents pages, contient les conclusions. C'est déjà là une indication des efforts sérieux de l'auteur pour embrasser dans toute sa portée et toute sa profondeur le sujet proposé. De plus, dans ce solide et excellent mémoire, toutes les parties du programme sont traitées, et, quoiqu'on puisse encore trouver quelques points incomplètement développés, cependant aucune des questions posées n'est négligée ; chacune à son ordre et dans sa proportion occupe la place qu'elle doit occuper. L'ordre suivi par l'auteur est l'ordre même du programme ; mais, tout en le suivant, l'au-

---

1. Celui de M. Ollé-Laprune.

teur a su conserver sa liberté, et il semble avoir trouvé lui-même, tant ses idées se développent naturellement, le plan qui lui était suggéré. Le programme, d'ailleurs, en ne lui donnant que des têtes de chapitre très générales, lui laissait encore beaucoup à faire pour la division et l'ordonnance des matières; et, soit dans l'exposition, soit dans l'appréciation du système, c'est à l'auteur seul qu'appartient le mérite de la composition. Essayons de donner quelque idée par l'analyse de ce savant travail, œuvre d'un esprit noble et délicat, pénétrant et judicieux, plein de candeur et d'élévation morale, très capable d'entrer par la pensée dans toutes les profondeurs du problème, mais assez ferme pour s'arrêter devant les hypothèses téméraires et dangereuses, et pour ne pas craindre de justifier en philosophe l'irrésistible empire des croyances naturelles, excellent esprit encore une fois chez lequel ne se séparent pas le sens commun et l'ardeur métaphysique, et même, on le sait par sa propre et noble confession, la foi chrétienne et la liberté philosophique. Il porte dans l'exposition de Malebranche une lumière pure et aimable, dans l'interprétation des difficultés du système une sagacité très au-dessus du commun, dans la comparaison de cette philosophie avec les philosophies voisines et semblables, une finesse rare et toujours juste, dans l'examen des problèmes eux-mêmes, le mouvement d'une âme émue, pour qui la philosophie n'est pas seulement un objet de spéculation pure, mais un objet d'amour : *non scholæ, sed vitæ scribimus*, pourrait-il dire avec Sénèque; partout enfin, il s'exprime sur un ton de simplicité, de sincérité, qui fait penser à Fénelon, non pas au Fénelon subtil des *Maximes des Saints* et du Quiétisme, mais à l'aimable, au charmant, au noble auteur de l'*Éducation des Filles* et de l'*Existence de Dieu*. S'il y a, comme le pense un spirituel critique de nos jours, des familles d'esprits, séparées les unes des autres par des traits innés et des virtualités ineffaçables, l'auteur du mémoire n° 2 appartient, avec Fénelon et Malebranche, à la famille des méditatifs, mais il s'en sépare aussi par un bon sens éveillé et éclairé, qui voit l'abîme, qui le regarde et le sonde sans vertige, et se retire prudemment en arrière pour n'y pas tomber.

L'auteur commence, comme le programme le lui indiquait, par rechercher les origines de la philosophie de Malebranche; non pas qu'il se croie obligé d'exposer dogmatiquement les doctrines philosophiques auxquelles Malebranche a pu puiser, telles que celles de Descartes ou de saint Augustin. Les comparaisons nombreuses et approfondies qu'il fera plus tard suffisaient amplement, sans qu'il fût nécessaire de grossir ce travail par une étude trop étendue des origines; car on sait que d'origine en origine on a bien vite remonté à l'origine des choses. L'auteur se contente donc avec raison de nous donner l'histoire de l'esprit de Malebranche, de nous faire connaître d'abord le caractère de son génie, la nature de son âme, la famille d'esprits à laquelle il appartient. Il se sert pour cela des aveux indirects par lesquels Malebranche se peint lui-même sans s'en douter dans son ouvrage; et il arrive par cette ingénieuse méthode, et en liant ensemble de la manière la plus naturelle ces textes épars, à nous faire le vivant et fidèle portrait du philosophe, qu'il résume très bien en l'appelant un *méditatif*. Peut-être quelques traits de ce portrait pourraient-ils soulever quelques doutes; par exemple, est-il bien certain, comme il le dit, que Malebranche eût l'âme tendre? Il est permis d'en douter; sa philosophie est noble et grande, mais elle n'est pas tendre, et l'auteur du mémoire précédent nous a bien montré qu'elle était dure. La dévotion pieuse et la tendresse du cœur ne sont pas toujours la même chose, et on peut aimer Dieu sans aimer les créatures. Nous ne voudrions pas abuser d'une anecdote de Fontenelle qui nous montre Malebranche maltraitant brutalement une pauvre chienne, car ce pouvait être l'effet de l'esprit de système; mais si tout ce que nous savons de Malebranche nous montre une âme ferme et fière, nous ne savons rien de lui qui nous montre une âme bonne et douce. Ne concluons rien contre la tendresse de son cœur; mais n'en parlons pas. L'auteur nous le montre ensuite entrant à l'Oratoire que venait de fonder M. de Bérulle, attiré sans doute par l'esprit de piété et de haute méditation qui éclate dans les écrits de ce saint fondateur; puis, prenant comme établie la célèbre anecdote citée par Fontenelle, et dont l'auteur défend contre M. Cousin la vérité historique, il nous raconte que c'est à la lecture du *Traité de l'homme*, de Descartes, que s'est tout à coup révélée chez Malebranche la vocation philosophique; et il cherche à s'expliquer comment cette vocation avait pu dormir jusque-là. Cette discussion nous paraît aussi ingénieuse que solide, et s'appuie sur une fine psychologie. Il montre en effet comment Malebranche, ayant à la fois l'âme méditative et l'esprit scientifique, a pu pendant longtemps posséder sans le savoir la philosophie pieuse et mystique qu'il devait développer plus tard; et comment Descartes a suscité en lui la pensée de retrouver par la science et par l'analyse ces mêmes vérités qui n'avaient été jusque-là pour lui que des objets de dévotion pratique.

Vient ensuite l'exposition de la philosophie d Malebranche, laquelle contient huit chapitres : 1° Objet et méthode de la philosophie; 2° Théorie de la connaissance; 3° Théorie de la volonté; 4° Théorie de la cause; 5° De la nature de Dieu; 6° De la création et de la providence; 7° Logique, morale et religion; 8° Résumé. L'ensemble de cette exposition contient trois cent quarante pages.

Nous croyons ne rien exagérer en disant que la philosophie de Malebranche, sauf peut-être une lacune assez importante que nous signalerons, n'a jamais été exposée d'une manière plus complète, plus heureuse, plus satisfaisante de tous points[1]. On voit que l'auteur est tout plein de Malebranche, qu'il l'a non seulement lu et étudié, mais en quelque sorte savouré, qu'il se l'est assimilé; il se meut dans l'exposition de ces idées si subtiles et si abstraites avec une aisance et une liberté parfaites; il comprend et parle la langue de Malebranche comme sa langue naturelle, langue savante et mystique, raffinée et vaporeuse, qui unit l'exactitude géométrique à l'élan poétique et dont le caractère propre est d'unir l'imagination à l'abstraction. L'auteur du mémoire n° 2 se promène avec Malebranche dans le monde des idées avec une sérénité et une tranquillité merveilleuses; il nous en dévoile les obscures clartés, et nous les rend comme familières. Tel est à nos yeux le caractère original de ce travail; on ne peut dire qu'il ait précisément découvert quelque chose de nouveau dans la philosophie de Malebranche; mais, au lieu de l'exposer du dehors en quelque sorte, comme une doctrine étrange et abstraite, il se place au cœur de cette philosophie, et nous la rend persuasive et lumineuse par le sentiment juste et vif qu'il en a lui-même.

Quant à l'interprétation de la doctrine, l'Académie n'a pas trouvé une seule méprise dans le mémoire n° 2. Tout au plus, a-t-on pu faire remarquer que

---

[1]. Il ne faut pas oublier cependant la savante analyse de M. Fr. Bouillier dans son *Histoire de la philosophie cartésienne*. (Tome II, ch. III-VIII) et celle de M. Damiron dans sa *Philosophie du XVIIIᵉ siècle*.

l'auteur forçait un peu trop, surtout dans la théorie de l'étendue intelligible, le rapport de Malebranche et de Spinoza, si souvent signalé. Que, dans la critique de cette théorie, on puisse, par voie de conséquence, faire remarquer que l'une de ces théories conduit à l'autre, rien de plus légitime ; mais, dans l'exposition d'une doctrine, il faut prendre la pensée propre de l'auteur, et ne lui imputer que ce qu'il a voulu dire. Or il est certain que Malebranche n'a jamais voulu assimiler substantiellement les corps avec l'étendue intelligible. Il croit à la réalité des corps créés par Dieu et distincts de Dieu, sinon sur l'autorité de la raison naturelle, au moins sur celle de la révélation. Si l'auteur n'avait pas négligé, et c'est une critique que nous lui ferons plus tard, la correspondance de Malebranche et de Mairan, il aurait vu que Malebranche, pressé par ce dernier d'avouer l'identité de sa doctrine avec celle de Spinoza, précisément sur le point en question, à savoir l'étendue intelligible, a toujours manifesté son horreur pour cette assimilation et a toujours maintenu, à tort ou à raison, qu'il ne mettait en Dieu que l'idée de l'étendue, tandis que Spinoza y mettait l'étendue elle-même. Or c'est un principe fondamental de la critique dans l'histoire de la philosophie qu'il faut interpréter les doctrines dans le sens que les auteurs leur ont donné eux-mêmes sciemment, et ne pas confondre avec ces doctrines mêmes les conséquences que l'on en peut tirer par voie d'analyse. En outre, il n'y a pas seulement injustice, mais inexactitude absolue, à dire que, par la théorie de l'étendue intelligible, Dieu deviendrait la *matière* de toutes choses, dans le sens aristotélique. Le mot *matière* est ici à rebours de la vérité. Leibniz a dit avec raison et profondeur qu'il y a deux sortes de doctrines qui réduisent tout à l'unité : celles qui ramènent tout à la *matière première*, et celles qui ramènent tout à la *première forme*. Malebranche est évidemment du nombre de ceux qui tendent à tout réduire à l'unité, mais, dans le second sens et non dans le premier. On pourra donc dire que dans son système Dieu est la forme du monde ; mais on ne devra jamais dire qu'il en est la matière.

On voit, par le développement même que nous avons donné à ce léger dissentiment, qui porte sur les mots plus encore que sur les choses, combien la section de philosophie a trouvé peu à reprendre dans l'interprétation donnée par l'auteur à la philosophie de Malebranche. On aurait seulement désiré sur la question des origines quelques lumières de plus. Ainsi l'auteur aurait pu indiquer, par exemple, que la théorie des idées individuelles que Malebranche met en Dieu, remonte jusqu'à Plotin. Il y avait lieu de se demander à cette occasion si Malebranche a eu quelque connaissance des Alexandrins, soit par saint Augustin, soit par Thomassin. Il y a en outre une question de critique assez importante que nous indiquons à l'auteur pour le cas où, comme nous l'espérons, il publiera son travail. Nous considérons en France comme un point acquis que Malebranche est le véritable auteur de la doctrine occasionaliste. Cette opinion n'est pas aussi généralement admise en Allemagne : l'occasionalisme y est considéré comme la doctrine propre de Geulinx. Dans son Histoire de la philosophie moderne, M. H. Ritter expose Geulinx aussi longuement que Malebranche et avant lui, et c'est Geulinx qu'il considère comme l'inventeur de l'occasionalisme, Malebranche se trouvant réduit ainsi à la doctrine de la vision de Dieu. Au fond, si l'on veut, la question n'a pas une très grande importance, car il est bien certain que Malebranche n'a pas lu Geulinx, et ne lui a pas emprunté ses idées, et il n'est pas étonnant, lorsque règne un certain courant de pensée, qu'une même hypothèse se présente à la fois à plusieurs esprits. Néanmoins il y a là une question de priorité qui n'est pas sans intérêt au moins historique ; et, pour bien mesurer le degré d'originalité et de puissance philosophique de Malebranche, peut-être y aurait-il lieu de le comparer non seulement à Geulinx, mais encore à Laforge et à Clauberg, afin de bien se rendre compte du chemin que les idées cartésiennes avaient fait vers le point de vue idéaliste avant d'arriver à l'idéalisme complet de Malebranche. On saurait alors exactement si nous avons le droit, comme nous le faisons en France, de considérer Malebranche comme un des quatre grands maîtres philosophiques du xvii° siècle, au lieu de le compter, comme certains critiques allemands, au nombre des cartésiens secondaires, intermédiaires entre Descartes et Spinoza.

Quelque intéressante et satisfaisante que soit l'exposition de la philosophie de Malebranche donnée par l'auteur du mémoire n° 2, nous aurons cependant une critique à lui faire. Il y a dans cette exposition une grave lacune. L'auteur a par trop négligé ce que j'appellerai la psychologie de Malebranche. Il a exposé, à la vérité, savamment et longuement la théorie de l'entendement et la théorie de la volonté ; mais il a pris ces théories surtout par le côté métaphysique. Or il y a dans Malebranche, non seulement une psychologie métaphysique, mais encore une psychologie expérimentale; c'est même là un des points les plus nouveaux de cette philosophie. Il est difficile d'admettre, comme on l'a souvent dit, que Descartes soit le fondateur de la psychologie moderne. Pour être parti d'un point de vue psychologique, il n'en est pas moins presque exclusivement un métaphysicien. Le vrai fondateur de la psychologie expérimentale est Locke, et c'est une part d'invention et de création qu'on ne peut lui refuser. Or entre Descartes et Locke il est juste de placer Malebranche, qui, dans la *Recherche de la vérité*, a commencé à mêler le point de vue expérimental au point de vue métaphysique. Sans doute sa psychologie n'est pas encore rigoureusement scientifique : elle est d'un côté trop physiologique et de l'autre trop littéraire; mais ces deux points de vue eux-mêmes méritaient d'être mis en lumière par l'auteur du mémoire, et son talent même en eût pu tirer des pages charmantes et intéressantes. Les explications physiologiques que Malebranche donnait de la mémoire et de l'imagination ont une importance considérable, surtout aujourd'hui où ces explications reviennent à la mode. Il eût été curieux de voir si les hypothèses d'il y a deux siècles étaient plus arbitraires et plus vagues que les hypothèses de nos jours, si les mouvements des esprits animaux ne valaient pas les vibrations de la cellule nerveuse que l'on nous recommande aujourd'hui. Il eût été très curieux de nous montrer une philosophie aussi parfaitement spiritualiste que celle de Malebranche ne reculant pas devant les explications physiologiques des phénomènes intellectuels, au moins de ceux qui touchent le plus près aux sens. Cette correspondance du physique et du moral, dont nous nous effrayons trop, n'effrayait ni Descartes, ni Malebranche, ni Leibniz, ils s'y complaisaient même, et leur spiritualisme en sortait plus fort et plus convaincu. Quant à ce que j'appelle la partie littéraire de la psychologie de Malebranche, l'auteur du mémoire n° 2 a peut-être trop oublié que son philosophe n'est pas seulement un métaphysicien abstrait et spéculatif, mais un moraliste exquis et même un satirique mordant, qui, pour la peinture vive et caustique des caractères humains, ne le cède pas même à La Bruyère. A-t-on jamais mieux raillé les pédants ? A-t-on jamais mieux peint les travers des gens de cour ? A-t-on peint avec des couleurs plus vives les inclinations et les passions du cœur humain ? Non seulement la science du physique et du moral, non seulement la littérature, peuvent revendiquer Malebranche comme une de leurs gloires ; j'ajoute que la psychologie proprement dite lui doit beaucoup. N'est-il pas étrange que, dans son long mémoire, l'auteur ait presque entièrement oublié la théorie des erreurs des sens, des erreurs de l'imagination, des erreurs des passions? Autre chose est la théorie de l'erreur, autre chose est l'analyse, la classification des erreurs. L'auteur du mémoire dit un mot de la première, mais il oublie complètement la seconde. C'est là cependant un des résultats les plus solides et les plus durables de la philosophie de Malebranche. Il sera à jamais impossible de parler des erreurs humaines, sans parler de lui, sans revenir à lui. C'est un véritable gain pour la science, et qui appartient à la *perennis philosophia* : c'est un bien qui peut être accepté par toutes les écoles et que Voltaire et Diderot admiraient autant que nous l'admirons nous-mêmes [1].

Si nous recherchons la raison de l'oubli que nous reprochons ici à l'auteur, nous la trouverons dans la méthode d'exposition qu'il a adoptée. Il a

1. L'auteur a donné quelque satisfaction à cette critique dans son ouvrage imprimé, en intercalant çà et là quelques pages sur la psychologie de Malebranche ; mais il s'est refusé à la séparer, parce que c'eût été, dit-il, altérer l'ensemble de cette philosophie qui est, dit-il, exclusivement métaphysique. Mais Malebranche n'a-t-il pas fait lui-même dans une certaine mesure cette séparation lorsqu'il a publié les *Recherches sur la vérité* avant les *Méditations chrétiennes* ou les *Entretiens métaphysiques ?* L'élément psychologique ne prédomine-t-il pas dans les *Recherches de la vérité ?* Et était-ce être infidèle à l'esprit de Malebranche, que de suivre l'ordre qu'il a suivi lui-même?

cru prendre pour base de son exposition l'ouvrage où Malebranche a exposé lui-même sa philosophie de la manière la plus régulière et la plus systématique, à savoir les *Entretiens de métaphysique*, et il a été amené par là à donner trop peu d'importance à la *Recherche de la vérité*. Il n'a emprunté à ce dernier ouvrage que ce qui était nécessaire pour éclaircir l'autre, c'est-à-dire tout ce qui rentrait dans le cadre du système. Or, c'est le propre d'une bonne psychologie fondée sur l'expérience, d'être précisément indépendante de toute conception systématique. Il résultait de là que la partie la plus solide de la psychologie de Malebranche, n'ayant rien à faire dans son système général et n'y trouvant pas sa place, a dû être naturellement négligée. Peut-être l'auteur eût-il évité ce défaut s'il eût adopté dans son analyse le point de vue chronologique, au lieu du point de vue systématique. Mais nous ne faisons pas de cette observation une critique; car peut-être cette autre méthode aurait-elle eu dans la pratique d'autres inconvénients. Toujours est-il qu'il y a là une lacune sérieuse dans le travail de l'auteur, et qu'il devra s'appliquer à la combler.

L'un des points les mieux traités dans la partie du mémoire qui concerne l'exposition de la philosophie de Malebranche, c'est la comparaison de cette philosophie avec celle de Descartes et celle de saint Augustin, qui sont en effet les deux éléments qui, avec le génie de Malebranche, ont servi à composer sa propre doctrine. Cette comparaison, dans le mémoire n° 2, est faite avec une précision, une justesse et une finesse qui ne laissent rien à désirer. Sur ce point, il sera permis de dire que le travail de l'auteur est définitif, et qu'il n'aura pas besoin d'être refait ni même complété. Peut-être eût-il été bon cependant d'ajouter à cette comparaison, un peu plus souvent que l'auteur ne le fait, un troisième élément, je veux dire la philosophie de saint Thomas d'Aquin : car déjà dans Malebranche on voit reparaître et rentrer dans le domaine de la philosophie un bon nombre de points appartenant à la philosophie de l'École; mais je répète que dans la mesure où l'auteur s'est renfermé on ne pouvait mieux faire; et pour en donner une idée, je reproduirai les pages où il résume la théorie des idées de Malebranche comparée à celle de Descartes, de Platon et de saint Augustin.

« Descartes fait de l'idée une modification de
» l'esprit ; Malebranche veut que l'idée soit l'ob-
» jet intelligible lui-même. Descartes distingue
» l'essence de l'existence; Malebranche approfon-
» dit cette distinction, et, avec Platon et saint
» Augustin, conçoit, au-dessus du monde sen-
» sible, un monde idéal qui en est le modèle
» et l'archétype. Contrairement à Platon il semble
» placer dans ce monde intelligible autant d'idées
» qu'il y a d'êtres particuliers ; mais bientôt, con-
» trairement à saint Augustin, il absorbe toutes
» ces idées dans une seule, celle de l'étendue, fai-
» sant de l'essence entendue à la façon de Des-
» cartes une idée entendue à la façon de Platon;

» alors il est infidèle en même temps à ses trois
» maîtres, tout en empruntant à chacun d'eux
» quelque chose. Contrairement à Platon, il sup-
» prime toute hiérarchie entre les idées ramenées
» à une seule ; contrairement à saint Augustin, il
» semble détruire en Dieu la connaissance des ob-
» jets individuels ; contrairement à Descartes, il
» réalise et divinise une conception abstraite. Mais
» il établit avec force que le sensible suppose l'in-
» telligible, et que la source des essences et des
» possibilités est dans la sagesse et la puissance de
» Dieu : cela est solide. »

La seconde partie du mémoire, qui traite des critiques et des disciples de Malebranche, est celle qui, au jugement de la section, laisse le plus à désirer ; non qu'elle ne contienne encore des parties très distinguées, mais on y a signalé des lacunes graves, et même, dans ce qu'il traite, l'auteur court encore trop rapidement, et se borne à un résumé un peu trop court.

Parmi ces lacunes, la plus grave est certainement celle qui consiste dans l'omission de la correspondance si importante, découverte de nos jours, entre Malebranche et Mairan[1]. De toutes les publications inédites, ayant trait à la philosophie du XVIIe siècle, aucune ne l'emporte pour la gravité et pour la valeur philosophique sur cette correspondance, et c'est à peine si l'on peut lui préférer et lui égaler la découverte si précieuse cependant des

1. *Correspondance de Malebranche avec Dartout de Mairan.* Paris, 1841.

lettres de Leibniz et d'Arnauld. La critique philosophique moderne pouvait, à ce qu'il semble, s'attribuer l'honneur d'avoir découvert, ce dont le xviie siècle ne s'était pas douté la parenté de Malebranche et de Spinoza. C'était là, à ce qu'il paraissait, le fruit d'une science née de nos jours et habituée, par une critique de plus en plus exercée, à surprendre l'analogie des pensées sous l'apparente contradiction du langage, et dans la plus entière opposition des sentiments. Eh bien! l'on découvrait une correspondance, dans laquelle du vivant même de Malebranche, un jeune homme, plus tard célèbre à la vérité, mais alors très jeune, et d'ailleurs plus connu comme mathématicien que comme philosophe, où ce jeune contradicteur, devançant la critique moderne, devançant aussi la science allemande, lisait Spinoza, le comprenait, surprenait les analogies de cette philosophie avec celle de Malebranche, et, avec l'audace et l'impatience du jeune âge, s'adressant à Malebranche lui-même déjà vieux, le pressant, le fatiguant avec une insistance respectueuse, mais irritante, le mettait au défi, d'une part, de lui signaler le paralogisme fondamental de Spinoza, de l'autre, de trouver une limite rigoureuse entre cette philosophie et la sienne. Cette correspondance, qui, au fond, est une controverse, n'était pas à la vérité expressément indiquée dans le programme de l'Académie; mais elle y était implicitement contenue, et on s'explique difficilement cette omission de l'auteur [1].

[1]. L'auteur dans son livre imprimé a comblé cette lacune.

Ce n'est pas par oubli, mais de propos délibéré, que l'auteur, dans la controverse d'Arnauld et de Malebranche, s'est décidé à ne s'occuper que d'un seul ouvrage d'Arnauld à savoir le livre *Des vraies et des fausses Idées*, et à laisser entièrement de côté les autres ouvrages d'Arnauld, et entre autres les *Réflexions sur un nouveau système de la nature et de la grâce*. La raison donnée par l'auteur, c'est qu'Arnauld, dans ce livre, critiquant surtout la théodicée de Malebranche, et cette critique étant au fond à peu près la même que celle de Fénelon, il suffisait d'exposer la controverse de Fénelon, qui ne faisait que reproduire celle d'Arnauld. Cette raison paraît peu solide; car, le livre d'Arnauld ayant précédé celui de Fénelon, il eût été plus rationnel de commencer par lui, sauf à supprimer dans le chapitre sur Fénelon tout ce qui faisait double emploi. J'ajoute qu'en étudiant de près les deux ouvrages, l'auteur n'eût pas manqué de reconnaître qu'ils ne peuvent se remplacer l'un l'autre. C'est ainsi par exemple que, si l'optimisme est discuté plus à fond dans Fénelon, la question des volontés générales et de la causalité des créatures est plus profondément fouillée dans Arnauld que dans Fénelon.

On peut aussi se demander si l'auteur a eu raison d'écarter presque entièrement, comme il l'a fait, soit dans la première, soit dans la seconde partie, la théorie de Malebranche sur la grâce et sur les miracles. Sans doute, l'auteur n'a pas voulu mêler la théologie à la philosophie, et on doit le féliciter de cette circonspection; mais, dans une philosophie chrétienne comme celle de Malebranche, qui ne craint point du tout de mêler le dogme à ses systèmes, ni ses systèmes au dogme, ce qui est même un des caractères originaux de cette philosophie, une telle séparation est-elle légitime? Si l'on considère en outre que la doctrine de Malebranche sur la grâce et sur les miracles est une doctrine philosophique, et qu'elle se lie très étroitement à son système de la simplicité des voies et des volontés générales, enfin qu'elle touche de très près à la question de la Providence particulière; on ne voit pas trop pourquoi l'auteur se serait fait plus de scrupules d'exposer cette partie de la doctrine de Malebranche et de la polémique d'Arnauld, qu'il n'en a eu à nous exposer l'hypothèse hardie par laquelle Malebranche fait de l'Incarnation de Jésus-Christ le motif et le but de la création.

Puisque nous en sommes à signaler les lacunes et les oublis de l'auteur, rappelons-lui encore le nom d'un grand controversiste du xvii⁰ siècle, mêlé à tous ces débats, qui à la vérité n'a pas attaqué Malebranche, qui au contraire l'a défendu, mais qui en le défendant le compromet, et est, par son adhésion même, une objection à son système : je veux parler de Bayle. On sait que Bayle en effet a pris parti contre Arnauld pour les causes occasionnelles; mais ce n'est pas, on peut le supposer, pour la plus grande gloire de Dieu. Il est impossible de signaler aucune grande controverse au xvii⁰ siècle, sans y rencontrer le nom de Bayle, et sans lui faire sa part. C'est encore là une omission que l'auteur aura à réparer.

Tout en relevant les oublis commis par l'auteur dans cette seconde partie de son mémoire, nous devons reconnaître que c'est dans cette partie même que se trouvent ses pages les plus heureuses, celles qui font le plus d'honneur à son talent d'écrivain. Nous citerons par exemple celle où il oppose Arnauld à Malebranche : tous deux cartésiens, tous deux amis de saint Augustin, tous deux faisant la part de Dieu très grande et la part de la créature très petite; comment deux esprits qui ont tant de points communs ont-ils pu passer leur vie à se disputer? C'est ce que l'auteur explique avec beaucoup de finesse et d'esprit.

« Malebranche, dit-il, soumis à l'Église et pé-
» nétré de l'esprit chrétien, est avant tout un mé-
» taphysicien; il veut éclaircir la foi, il veut avoir
» la science de ce qu'il croit. Arnauld, esprit net,
» ferme, solide, mais plus étroit et plus sec, traite
» de chimères les entreprises du philosophe. Cette
» philosophie subtile, engageante et hardie, effraye
» ou plutôt irrite le fidèle défenseur de la tradition
» théologique. Il veut bien qu'on philosophe, mais
» avec plus de retenue. Dans Descartes, il trouve
» quelques principes clairs et simples, puis un bel
» enchaînement de vérités scientifiques ; cela lui
» va; il y a là de la force et de la rigueur ; et les
» questions morales et religieuses étant soigneuse-
» ment écartées, tout empiétement sur le domaine
» de la théologie est impossible ; ainsi l'esprit scien-

» tifique d'Arnauld est satisfait, et les susceptibili-
» tés de sa foi sont ménagées. Dans Malebranche,
» c'est tout autre chose. Au lieu de la prudente ré-
» serve du maître, le dessein avoué de philosopher
» sur les choses de la foi ; au lieu de ces quelques
» principes très nets, une métaphysique péné-
» trante, subtile et outrée. Arnauld ne reconnaît
» plus là l'esprit de Descartes. Il se plaint aussi de
» trouver saint Augustin singulièrement altéré dans
» cette philosophie où le nom du grand docteur
» revient si souvent. On se cherche toujours un
» peu soi-même dans ses auteurs favoris ; Arnauld
» ne voit guère et n'aime dans saint Augustin que
» le défenseur de la foi. Il lui demande des déci-
» sions théologiques, et il admire la rectitude et la
» fermeté de son esprit. Il remarque bien moins la
» philosophie platonicienne répandue dans ses
» écrits, et les aspirations mystiques qui s'échap-
» pent à chaque instant de cette âme ardente.
» Quand il retrouve dans Malebranche ce plato-
» nisme avec un esprit moins juste et un sens
» théologique moins sûr, il se plaint et il prétend
» opposer à l'infidèle et téméraire disciple le vrai
» saint Augustin, comme tout à l'heure il lui op-
» posait le vrai Descartes... Ces deux esprits ne
» peuvent se comprendre. Arnauld a-t-il jamais
» tressailli en contemplant le monde intelligible ?
» Il aime la vérité, mais il l'aime pratique et vi-
» vante ; il l'aime mêlée à l'expérience, en tant
» que règle des esprits et de la conduite, dans les
» faits ou dans les dogmes. Il ne la contemple guère

» en elle-même. C'est un esprit positif, que l'idéal
» ne touche que médiocrement. Quand il voit Ma-
» lebranche s'attarder dans le pays des idées, il
» s'indigne de ces rêveries contraires à l'esprit de la
» science qui repousse les chimères, contraires à
» l'esprit chrétien qui condamne la perte du temps.
» Et Malebranche à son tour s'étonne de rencon-
» trer dans une grande intelligence si peu de goût
» pour ce qu'il y a à ses yeux de plus solide, de
» plus relevé et de meilleur ; et il se sent pris de
» pitié pour ces philosophes qui ne savent point ou
» ne veulent point méditer et qui mesurent Dieu
» sur eux-mêmes. »

Il faut citer encore une page agréable et fine sur la Société de Jésus, dont l'auteur paraît peindre avec une liberté discrète et une impartiale équité les vrais caractères :

« C'est l'esprit de la société, dit-il, de prendre
» l'homme tel qu'il est, et non de le traiter comme
» un pur esprit. Ainsi l'homme a des sens; il est
» doué d'imagination ; il a des passions ; mépri-
» sera-t-on tout cela ? Non pas, ce serait folie.
» Pour mener une âme au bien, on la prend par
» toutes les puissances à la fois ; on ne rejettera
» rien de ce que les hommes estiment; on ne lan-
» cera pas l'anathème sur la poésie, sur les arts; et
» les jeux même du bel esprit trouveront grâce
» devant une indulgente sagesse. Puis on ne dé-
» couragera pas la faiblesse humaine par les prin-
» cipes d'une morale outrée ; on n'exigera pas tou-
» jours d'une âme tout ce que la règle demande;

» on verra ce que cette âme peut porter et peut
» faire, et, sans faire fléchir les principes sur les-
» quels on ne doit point transiger, on ne cher-
» chera pourtant point à les retrouver toujours
» dans l'application avec une idéale rigueur. Entre-
» prise difficile que celle-là ! A force de ne regar-
» der que la réalité, on risque de ne plus voir
» qu'elle ; à force de tenir compte des difficultés
» de la pratique et de la faiblesse de l'homme, on
» peut affaiblir les principes mêmes. Les jésuites
» se défient dans les choses de la vie de l'esprit
» géométrique ; ils en redoutent la rigueur et la
» roideur. Ils ont l'esprit de finesse, et je le dis
» dans le bon sens ; les choses pratiques sont
» choses de finesse, comme dit Pascal : c'est là
» qu'il faut avoir bonne vue pour saisir ces prin-
» cipes ; c'est là qu'il faut un sens délicat pour
» sentir ces choses si délicates et si nombreuses.
» Mais encore une fois quel danger ! Qui peut dire
» le moment précis où à la finesse succéderont les
» finesses ? Qui sait au juste le point où la pru-
» dence s'arrête, et où commencent les accommo-
» dements, les transactions et les compromis ? »

La dernière partie du mémoire n° 2 contient la conclusion ; elle occupe la valeur de près de trois cents pages, c'est-à-dire presque un volume : on voit que l'auteur du mémoire a pris à cœur non seulement l'étude de son auteur, mais les problèmes eux-mêmes, et qu'il a voulu se satisfaire, non seulement sur la philosophie de Malebranche, mais sur le fond des choses.

Tout en appréciant hautement cette dernière partie de son ouvrage, la section de philosophie s'est demandé s'il était absolument nécessaire de faire ici, à propos de la critique de Malebranche, une exposition générale de principes. Qu'il faille avoir des principes arrêtés pour faire cette critique, c'est ce qui est hors de doute. Mais il suffit qu'on les sente dans l'examen de la doctrine, sans qu'on soit tenu d'apporter une doctrine toute faite. Quoique toutes les parties de la philosophie de Malebranche soient ici successivement passées en revue de nouveau, et que l'auteur nous ramène de temps en temps à son auteur sans jamais l'oublier, cependant son travail paraît plutôt l'exposition de sa philosophie personnelle que l'examen critique qui lui était demandé. Il introduit trop, dans cette exposition, l'esprit et la méthode de la philosophie moderne, et, en exposant dogmatiquement ses propres idées, peut-être néglige-t-il de soumettre à un examen assez approfondi la doctrine qui lui était soumise.

Ce qui peut-être était moins nécessaire encore que cette exposition dogmatique d'une philosophie complète, c'est la profession de foi par laquelle l'auteur commence cette exposition. Contestant la doctrine de Descartes, renouvelée de nos jours par le maître illustre que nous avons récemment perdu, sur les rapports de la religion et de la philosophie, et sur la séparation de ces deux puissances dans leur intérêt respectif, il expose cette pensée que le croyant ne peut jamais cesser d'être croyant, et que le philosophe ne peut s'abstraire entièrement de la religion. En un mot, il défend dans Malebranche et il accepte en son propre nom ce qu'il appelle une philosophie chrétienne. On comprendrait cette profession de foi, si l'auteur dans les chapitres qui suivent nous eût, en effet, exposé un système propre de philosophie qui eût quelque titre particulier à se donner comme un système de philosophie chrétienne, dans laquelle, par exemple, comme chez Malebranche, le dogme chrétien interviendrait comme explication des problèmes philosophiques. Mais on ne voit rien de semblable, et la philosophie de l'auteur, qui est toute spiritualiste, n'a rien qui soit particulièrement chrétien ; cette philosophie pourrait être acceptée tout entière par un platonicien ou par un déiste. On n'y voit jouer aucun rôle, par exemple, à la doctrine de la chute, à la doctrine de la grâce, à la doctrine de la rédemption. L'auteur, au contraire, condamne la théorie de Malebranche sur l'Incarnation du Verbe, considérée comme le motif de la Création, et il néglige même d'examiner sa doctrine sur les miracles. C'est à peine si lui-même nous dit quelques mots en son propre nom sur la possibilité des miracles. Sa philosophie n'étant pas chrétienne par les dogmes, il reste qu'elle le soit par les sentiments personnels de l'auteur : mais on peut se demander si une exposition de sentiments personnels est nécessaire dans un écrit philosophique de ce genre, et si même elle n'a pas quelque inconvénient. Il est certain qu'on ne peut pas se séparer de ses propres sentiments; mais, si c'est là une nécessité, il semble qu'il ne faille pas faire de cela une théorie et une règle. Cependant, si l'on a pu élever quelques doutes sur l'opportunité de cette profession de foi, il n'y a eu qu'une voix sur le mérite littéraire de ce chapitre, pris en lui-même et qui est écrit avec une élévation, une sincérité, une onction extrêmement touchantes. L'auteur n'a rien voulu dissimuler de sa pensée; il a voulu qu'on la connût tout entière, telle qu'elle est; et on ne peut que louer le sentiment qui l'a animé.

Sur l'ensemble de la philosophie de Malebranche, le travail de l'auteur est généralement satisfaisant. Il fait la part du vrai et du faux avec perspicacité et fermeté; et lui-même développe à son point de vue certaines des théories de Malebranche avec force et quelquefois même une certaine profondeur. L'on peut citer, par exemple, la théorie de la raison, qui est une des meilleures parties de l'ouvrage par la finesse et la précision de l'analyse; sur ce sujet si souvent manié, l'auteur a encore su présenter quelques aspects nouveaux. On peut signaler également son étude sur les rapports de Dieu et de l'homme, sur l'action divine et l'attrait divin; il a émis à ce sujet des vues platoniciennes et aristotéliques, reprises et développées avec finesse et élévation.

Ce que l'on doit le plus louer dans ce travail, c'est le talent du style. Ce style sans doute n'est pas éclatant, et il ne se fait pas remarquer au premier abord; mais, quand on en a lu quelques pages, on s'aperçoit que l'on est charmé par le naturel, la simplicité et la grâce. Rien de choquant, rien d'emphatique, rien de banal; un ton libre et aisé, persuasif et touchant; une précision élégante, une abondance sans diffusion, une chaleur douce et aimable : voilà l'écrivain. Peut-être lui manque-t-il quelque chose du côté de la force ; la plume faiblit quelquefois, et sa pensée même recule peut-être parfois un peu trop timidement devant les problèmes. Mais les qualités l'emportent de beaucoup sur les défauts, et, en couronnant ce mémoire, la section de philosophie ne doute pas que, complété et perfectionné par l'auteur, il ne vienne prendre dignement sa place à côté de tous ceux qui l'ont précédé.

LA PHILOSOPHIE ANGLAISE
ET SON HISTORIEN

M. Ch. de Rémusat, l'historien de la philosophie d'Abélard, de Bacon, et de saint Anselme, vient de donner au public un nouvel ouvrage : l'*Histoire de la philosophie en Angleterre depuis Bacon jusqu'à Locke*, ouvrage écrit avec autant d'agrément que de clarté. Il était tout préparé pour un tel sujet et par ses études sur l'histoire politique de l'Angleterre et par son livre sur Bacon. Les longs loisirs que lui avait faits l'empire lui ont permis de le composer, et les nouveaux loisirs que lui a procurés la chute du gouvernement de M. Thiers lui ont permis de le publier. Nous ne pouvons trouver un meilleur guide pour étudier cette période peu connue et intéressante de l'histoire de la philosophie, et nous essaierons d'en donner quelque idée au lecteur en en empruntant à son historien les principaux traits.

I

L'ouvrage de M. de Rémusat ne comprend que l'histoire de la philosophie anglaise au xvii⁰ siècle. Dans cet espace de temps, trois noms s'élèvent au-dessus des autres : Bacon, Hobbes et Locke, auxquels on peut ajouter Newton, quoique la gloire de celui-ci appartienne plutôt à la physique qu'à la philosophie proprement dite. Ces quatre noms représentent la part que la philosophie anglaise a fournie à l'histoire de l'esprit humain ; mais au-dessous d'eux et dans les intervalles qui les séparent, un grand nombre d'esprits distingués, curieux, quelquefois originaux, se sont fait une place digne d'estime. Nulle part, selon M. de Rémusat, la philosophie n'a produit un plus grand nombre d'esprits « libres et variés ». Alimentée par la controverse religieuse et politique, la philosophie anglaise a soulevé beaucoup de problèmes, semé beaucoup d'idées et constamment tenu l'esprit humain en éveil. Ces philosophes de second ou troisième ordre nous étaient pour la plupart inconnus, quelques-uns même de nom, et, quant à ceux-là dont le nom est connu, nous n'avions jusqu'ici que l'idée la plus vague de leurs écrits et de leurs idées. L'Angleterre même n'a consacré que des travaux incomplets et isolés à ces philosophes, et M. de Rémusat sera le premier qui nous en aura donné la série régulière et complète. Cette analyse mêlée de biographie et nourrie par les rapprochements historiques nécessaires sera d'une grande utilité aux philosophes de profession et d'un vif intérêt pour tous.

Dans un livre précédent [1], M. de Rémusat avait déjà, nous l'avons dit, consacré une sérieuse étude aux écrits de Bacon; mais comment parler de la philosophie anglaise sans revenir sur ce grand nom, et sans toucher encore une fois aux controverses qu'il a provoquées, et qui ne sont pas apaisées même aujourd'hui? Depuis 1857, date du premier ouvrage de M. de Rémusat, un écrit de polémique, signé d'un nom autorisé, est venu de nouveau mettre en question la gloire de l'illustre chancelier. Le célèbre chimiste allemand, M. de Liebig, a publié contre Bacon un livre agressif et violent, écrit avec une telle amertume qu'on croirait qu'il s'agit d'un contemporain, car peut-on mettre une telle passion contre un mort de trois siècles? C'est une chose étrange que Bacon, dont

1. *Bacon, sa vie et son temps*, 1857.

la philosophie est après tout assez innocente, ait excité tant de colères. La théologie et la science semblent s'être réunies pour l'accabler et rivalisent de pamphlets. L'écrit de M. de Liebig n'est en effet qu'un pamphlet qui ira rejoindre celui de Joseph de Maistre. Ce n'est pas qu'il n'y ait des choses vraies dans l'ouvrage de Liebig, mais M. de Rémusat fait remarquer avec raison que tout ce qu'il peut y avoir de vrai dans ces accusations se trouvait déjà dans l'article de Biot sur Bacon dans la *Biographie universelle*, et que Liebig n'y avait ajouté « rien de neuf et d'important ».

Le fond des objections des savants contre Bacon est toujours celui-ci : c'est que, tandis que Bacon prêche la méthode expérimentale, Galilée la pratiquait ; le premier se contente de dire qu'il faut faire des expériences, le second en faisait véritablement. On peut n'être pas persuadé de la force de cette objection. Les savants expérimentent ; il appartient à un philosophe de décrire avec précision la méthode expérimentale. Nous trouverions même volontiers M. de Rémusat encore trop sévère pour son héros lorsqu'il nous dit que celui-ci « a réduit l'art de découvrir à un certain nombre de recettes inégalement utiles ». Il y a sans doute dans Bacon des recettes inutiles et surannées, mais elles sont de peu d'importance. Ce qui est vu d'une vue perçante et gravé d'un style lapidaire, c'est le rôle de l'expérimentation dans la science, c'est cette admirable théorie des trois tables, de présence, d'absence et de degré, qui contient les conditions essentielles de toute recherche positive [1]. Cette théorie de l'expérimentation est complète, elle est profonde, elle appartient en propre à Bacon ; les logiciens modernes y ont peu ajouté. Elle suffit à la gloire d'un penseur.

Dans les études sur la méthode, il faut distinguer, comme partout, la pratique et la théorie. Tel saisit l'importance et le trait essentiel d'une méthode qui n'a pas su la pratiquer; tel autre en a fait les plus belles applications qui n'en a pas mesuré l'importance. Bacon n'a pas fait une seule expérience durable, mais il a vu que c'est par l'expérimentation qu'on arrivera à la connaissance rigoureuse de la nature. Pascal au contraire, illustre dans la science par la célèbre expérience du Puy-de-Dôme, n'a connu théoriquement que la méthode démonstrative ou géométrique, et c'est la seule sur laquelle il nous ait laissé des règles. Descartes a fait autant d'expériences qu'aucun savant de son temps, mais il n'a jamais vu là qu'un procédé secondaire, et c'est à l'analyse géométrique qu'il demandait le secret de ses découvertes. Galilée seul paraît avoir eu l'idée nette et la conscience réfléchie du rôle de l'expérience ; mais le génie de l'un n'exclut pas le génie de l'autre, et même on peut encore accorder

1. Bacon établit par cette théorie que le procédé de la découverte dans les sciences consiste à constater toutes les circonstances importantes qui accompagnent un phénomène, puis à supprimer successivement toutes ces circonstances jusqu'à ce qu'on arrive à celle dont la suppression amène celle du fait lui-même, enfin à faire varier cette circonstance, présumée la cause, et à noter les variations concomitantes de l'effet.

qu'il y a des rangs dans le génie. Ce qui d'ailleurs appartient en propre à Bacon, comme le dit M. de Rémusat, c'est « d'avoir compris et magnifiquement exprimé le rôle de la science dans les destinées de l'humanité. Par là il est un des prophètes de l'avenir intellectuel et social du monde. » Son éloquence d'ailleurs est égale à son génie, elle en est du moins l'une des plus importantes parties. « Il est difficile, dit encore l'auteur, d'avoir plus d'esprit que Bacon, d'écrire avec plus d'imagination et de grandeur. »

Si nous avons insisté sur le nom si controversé de Bacon, c'est que là est la mesure de l'estime que l'on accordera à la philosophie anglaise en général. Si vous dédaignez Bacon, fermez le livre de M. de Rémusat, et déclarez tout d'abord qu'il n'y a pas de philosophie anglaise. Il est, en effet, le représentant naturel et éclatant de cette philosophie, non qu'il ait exercé réellement et historiquement une aussi grande influence qu'on l'a cru, mais c'est son génie lui-même qui est l'expression du génie anglais. Si ce génie ne vous dit rien, c'est qu'une philosophie exclusivement expérimentale et qui ne touche à la métaphysique que par le sens commun n'est pas à vos yeux une philosophie. Si, au contraire, vous êtes disposé à croire, ce qui est la vérité pour nous, que la philosophie expérimentale a son rôle, sa part légitime dans ce que l'on a appelé « la philosophie perpétuelle » ou « universelle », si elle en est une portion nécessaire, que l'on ne peut supprimer ou dédaigner sans porter un profond préjudice à l'esprit humain, restituez à Bacon une part de l'estime que vous accordez à une telle philosophie, car il en a été certainement le maître et l'initiateur.

Nous avons commencé par le nom de Bacon ; ce n'est pourtant pas le premier que nous présente M. de Rémusat. Déjà, avant Bacon, l'esprit anglais s'était appliqué à la philosophie, et l'auteur cite plusieurs noms, parmi lesquels deux au moins ont conservé une certaine célébrité : Hooker et Raleigh, le premier plus original par la pensée, le second par les aventures, — l'un auteur d'un grand ouvrage devenu presque classique, *la Politique ecclésiastique*, l'autre de plusieurs opuscules métaphysiques, où D. Stewart a cru apercevoir quelque anticipation de la philosophie de l'esprit humain. Le livre de *la Politique ecclésiastique* est encore admiré aujourd'hui pour la beauté et la sagesse des vues générales, pour la dignité solennelle et parfois magnifique du style. C'est un grand honneur pour ce livre que M. de Rémusat ait pu citer le nom de Montesquieu à l'occasion des premiers chapitres, et qu'il ait cru démêler dans quelques passages les premiers vestiges du principe de la perfectibilité humaine. Quant à Raleigh, l'intérêt de sa philosophie le cède de beaucoup à l'intérêt de sa vie, et il est à regretter que M. de Rémusat se soit privé de nous la raconter : il la résume seulement en quelques traits. Raleigh a été signalé comme le premier libre penseur en Angleterre ; M. de Rémusat ne croit pas que cette imputation soit justifiée par ses écrits. A coup sûr, s'il ne fut pas un libre penseur, dans le sens strict du mot, il a eu du goût pour la pensée libre, et, comme Bacon, il s'est porté avec ardeur vers les recherches naturelles. Il est de ces esprits cultivés, éclairés, avides de connaissances, que l'on peut appeler les précurseurs de la philosophie.

Tels sont les principaux prédécesseurs de Bacon. Quels en ont été les successeurs? M. de Rémusat les classe en trois groupes : ceux d'abord qui sont restés fidèles à la tradition de l'ancienne philosophie et qui semblent tenir Bacon pour non avenu, — ceux qui suivent sa voie et développent ses idées, enfin ceux qui, après avoir subi son influence, se sont séparés de lui soit pour marcher dans un autre sens, soit pour s'avancer plus en avant qu'il n'eût peut-être voulu. Nous n'insisterons pas sur les premiers, qui ne peuvent compter dans l'histoire de la philosophie que comme d'utiles modérateurs ; mais, parmi les seconds, M. de Rémusat cite un nom tout à fait inconnu jusqu'ici parmi nous, et qui mérite de ne plus l'être : c'est le nom de Hakewill, qui doit désormais avoir sa place dans l'histoire d'une des idées les plus importantes du monde moderne, l'idée du progrès.

Un critique plein de talent, prématurément enlevé aux lettres il y a quelques années, Hippolyte Rigault, a essayé de faire, à l'occasion de la *Querelle des anciens et des modernes*, un historique de la question du progrès. Dans cet historique, rempli de recherches neuves et curieuses, il est remonté jusqu'aux deux Bacon ; car l'un et l'autre, celui du moyen âge et celui du xvie siècle, ont eu le sentiment net des progrès de l'humanité dans l'ordre de la science et dans le gouvernement de la nature; mais Bacon lui-même ne s'est pas exprimé sur cette question avec l'étendue et la décision de son disciple Hakewill. L'ouvrage de celui-ci a précisément pour thème la réfutation de ce lieu commun de tous les temps, que les choses sont dans une perpétuelle et universelle décadence [1]. C'était, suivant lui, manquer à Dieu même que de supposer qu'il a fait une œuvre qui tend sans cesse à dépérir. Si ce monde contenait un principe d'altération, il y a longtemps que sa vigueur serait épuisée. L'auteur décrivait la marche du progrès comme on le ferait de nos jours. Assistant à un prodigieux développement des forces de la civilisation, Hakevill a ressenti l'impression que nous avons tous éprouvée devant les inventions extraordinaires de l'industrie moderne. Il en a été de même au XVI° siècle. L'invention de l'imprimerie et la découverte de la boussole ont eu au moins autant de conséquences que la découverte de la machine à vapeur. Hakevill cite encore avec admiration d'autres inventions plus modestes, mais qui ont ajouté soit au confortable, soit à l'agrément de la vie : les cheminées, les étriers, le papier, les lunettes, le sucre raffiné, etc. Du progrès physique, Hakewill passe au progrès intellectuel et moral.

1. C'est le titre même de l'ouvrage de Hakewill : *An Apology of the power and providence of God in the government of the world or an examination and censure of the common error touching nature's perpetual and universal decay*, Oxford 1627.

Tous les noms les plus illustres du xvie siècle dans la philosophie, dans les sciences, dans les lettres, sont invoqués pour prouver que l'esprit humain ne dégénère pas. Dans l'ordre moral, il montre la société s'améliorant avec la religion ; l'idolâtrie, les sacrifices humains, les cultes impurs ont disparu, les lois et les mœurs se sont perfectionnées. Nous aurions horreur, dit-il, des cruautés des Romains. Enfin la réforme lui sert à prouver le progrès religieux.

Un autre philosophe du même temps se rattache à Bacon, mais avec plus d'indépendance, et est encore cité avec honneur dans l'école écossaise moderne : c'est lord Herbert de Cherbury. Ce curieux personnage nous offre le contraste d'une philosophie sage et d'une vie étrange. Original par le tour de son esprit et par la variété piquante de ses aventures, il est en philosophie l'un des premiers précurseurs de la doctrine du sens commun. C'était le temps où les philosophes étaient non plus seulement dans les cloîtres et dans les écoles, mais à la ville et à la cour, mêlant la galanterie à la philosophie, la chevalerie aux lumières, et se piquant de savoir se battre tout autant que de bien penser.

Notre illustre Descartes n'est pas si éloigné encore qu'on pourrait le croire de ce type du philosophe du xvie siècle. Il ne laisse pas échapper l'occasion de nous apprendre qu'il est né gentilhomme et qu'il n'est pas, « grâce à Dieu, d'une condition qui l'oblige à faire métier de la science pour le soulagement de sa fortune ». Il mène une vie libre, voyageuse, curieuse, mêlée aux choses du monde, spectateur, il est vrai, plutôt qu'acteur, mais soldat et courtisan en même temps que savant, et sachant mettre, quand il le fallait, l'épée à la main [1].

Lord Herbert de Cherbury est, comme Descartes, un philosophe gentilhomme, et sa vie est plus mondaine, plus aventureuse encore que celle de Descartes : il ne s'est pas contenté, comme celui-ci, du rôle de spectateur, il a voulu être acteur sur la scène du monde, « dans les comédies qui s'y jouent ». Lui-même du reste nous a laissé des mémoires curieux et amusants, où il raconte avec vanité et même fatuité ses romanesques aventures. M. de Rémusat n'a pas pu résister ici à son goût de biographe comme il l'avait fait pour Walter Raleigh; il s'est épris d'un goût vif pour la personne de lord Herbert, trop peu connue des philosophes et craignant de lui donner une part trop disproportionnée dans son ouvrage, il lui a consacré un volume séparé, d'une lecture agréable aux lettrés, et instructif pour les savants.

Né sous le règne d'Élisabeth, en 1583, marié à seize ans à une de ses cousines, après dix ans de mariage, il éprouva le besoin de voir le monde, et il quitta sa femme pour ne plus la revoir. C'est alors que commencent ses aventures. Nous le voyons d'abord à Paris, à la cour de Henri IV, chez les Montmorency, à Chantilly, dont il a laissé une description curieuse, et la chasse, l'équitation, la ga-

[1]. Voir plus haut le chapitre sur la vie de Descartes.

lanterie, les duels, se partagent son temps, suivant la mode de la vie élégante de l'époque. Bien entendu, il se donne l'avantage dans toutes les affaires ; et s'il n'était point Anglais, on pourrait le croire Gascon. Bientôt sir Herbert quitte la cour pour le métier des armes : le voici volontaire dans l'armée de Maurice de Nassau, l'illustre prince d'Orange ; il paraît s'être plus occupé de duels que de batailles et n'avoir vu dans la guerre qu'une « occasion favorable à des prouesses de chevalier errant ». De retour en Angleterre, il nous raconte, toujours d'un ton avantageux, l'histoire des mystérieuses et platoniques amours dont il aurait été l'objet de la part de plusieurs belles et grandes dames du temps, entre autres de lady Ayres qui portait constamment son portrait à son cou. Le mari, peu satisfait, quoique, suivant sir Herbert, il n'eût aucun droit sérieux de se plaindre, voulut le tuer. Herbert réussit à grand'peine à s'échapper de ses mains après l'avoir blessé ; il fallut que le conseil privé, singulier arbitre en cette affaire, donnât tort au mari vaincu et lui fît honte de sa conduite. Après ce court séjour dans son pays natal, il recommença de courir le monde, soit comme volontaire, soit comme voyageur : il visita l'Italie plus en curieux qu'en artiste, mais un jour, étant à Rome, et ayant assisté à un consistoire présidé par le pape, il se vit sur le point d'en recevoir la bénédiction : là-dessus il s'esquive un peu brusquement ; devenu suspect à cette occasion, il est obligé de quitter Rome en toute hâte. Cependant l'âge était venu, le temps des aventures, des voyages, des folies chevaleresques commençait à passer. Il fallait songer à une carrière sérieuse. Pendant qu'il délibérait sur le choix de cette carrière, le roi Jacques Ier en décida pour lui, et le galant aventurier fut nommé ambassadeur en France à la cour de Louis XIII. Les détails qu'il nous a laissés sur son ambassade ne concernent guère que sa table, sa maison, ses domestiques, ses querelles de préséance et d'étiquette avec les autres ambassadeurs, et nous savons peu de chose du rôle politique qu'il a pu jouer. Entre autres anecdotes, il raconte qu'il donnait le bras à Anne d'Autriche dans le jardin des Tuileries pendant que le roi, chassant à côté d'eux, manqua tuer sa femme en tirant trop près d'elle. Cependant un événement important vint troubler son ambassade : ce fut la prise d'armes contre les protestants. Sir Herbert proposa la médiation de son gouvernement qui ne fut pas acceptée. Une lutte avec le connétable de Luynes à la suite de ces affaires, détermina son rappel. C'est pendant son séjour en France qu'il composa et fit imprimer à Paris même son plus important ouvrage, le *De veritate*. Ses mémoires se terminant avec son ambassade : on sait peu de chose des dernières années de sa vie, qui cependant se prolongea encore pendant vingt-cinq ans. Il fit partie du célèbre parlement de 1640 ; mais on ignore le rôle qu'il y joua : il est probable qu'il prit le parti de la neutralité, si dangereux dans les troubles civils. Il survécut à la révolution et mourut en 1648.

Sir Herbert de Cherbury ne paraissait pas destiné par sa vie mondaine et un peu frivole à un rôle philosophique. Cependant on ne peut lui refuser le nom de philosophe, ni même un rôle plus important en philosophie qu'on ne l'avait cru jusqu'ici. Gassendi et Descartes l'ont connu et estimé et le savant philosophe écossais Hamilton s'étonne que le nom d'un esprit aussi original « ait échappé à tous ceux qui depuis, en Angleterre, ont philosophé dans la même direction que lui ». Deux traits caractérisent la doctrine de sir Herbert : avant Buffier, avant Reid, avant Jacobi, il a enseigné la philosophie du sens commun ; avant Locke, avant Rousseau, il a professé la religion naturelle. Ainsi cette branche importante de la philosophie du xviiie siècle, qui échappe au scepticisme en invoquant les croyances naturelles, au mysticisme et au surnaturel en se bornant aux vérités de la raison, a eu pour précurseur le chevaleresque et frivole courtisan de la cour d'Élisabeth et de Jacques Ier. Il enseignait une conformité naturelle et une sorte d'harmonie préétablie entre les facultés de l'âme et leur objet, c'est-à-dire la vérité ; cette conformité, sans pouvoir être prouvée, lui paraissait impliquée dans la foi commune et universelle des hommes. Il ne se contentait pas cependant d'invoquer cet instinct naturel qui nous fait croire spontanément et sans réflexion à la véracité de nos facultés ; il ne disait pas seulement comme Pascal : « La nature confond les pyrrhoniens ; » mais il recherchait les caractères de ces vérités premières fondamentales, et il les signalait à peu près tels que

Kant ou Reid les ont désignés plus tard : c'étaient suivant la priorité (*prioritas*)[1], l'indépendance, l'universalité, la certitude, la nécessité, enfin le caractère immédiat et intuitif. Il anticipait d'une manière plus remarquable encore sur la doctrine de Kant en disant que « ces principes, bien loin de dériver de l'expérience, sont tels au contraire que sans eux, ou tout ou moins sans l'un d'entre eux, l'observation et l'expérimentation seraient impossibles[2] ». Tels sont les traits généraux de la psychologie et de la métaphysique de sir Herbert. Quant à sa philosophie religieuse, elle se ramène à cinq maximes fondamentales qui sont, suivant lui, la base et le *critérium* de toute religion, et qui composent le *credo* de ce qu'il a appelé la *religion des laïques*. « Cette église des notions communes est la seule qui ne puisse errer ; hors d'elle, point de salut. » Sir Herbert ne s'inscrit point en faux contre la religion positive, mais il incline toujours à l'interpréter dans le sens le plus rationnel, le plus humain. Sa philosophie religieuse pouvait, aussi bien que celle de Locke, prendre le nom de christianisme raisonnable.

Le nom le plus illustre qui termine cette première période est celui de Hobbes. La doctrine de ce philosophe est si connue que nous n'avons pas à y insister dans un travail consacré surtout aux noms ignorés et à ce que M. de Rémusat appelle les *dii ignoti* de la philosophie anglaise. Contentons-nous

---

1. On a dit depuis que ces notions étaient *a priori*.
2. *Lord Herbert*, p. 133.

de rappeler le rôle important et l'influence considérable de Hobbes au xvii⁰ siècle, influence bien plus grande que celle de Bacon lui-même — non que Hobbes ait eu à proprement parler une école ; c'est au contraire par voie d'opposition et de contradiction qu'il a provoqué tous les débats qui se sont élevés sur la morale et même sur la théodicée dans la seconde partie du xviii⁰ siècle. Non seulement en Angleterre, la grande école de Cambridge dont Cudworth est le chef, non seulement Clarke, Cumberland, Locke lui-même ont écrit pour le combattre, le réfuter, ou bien encore pour reprendre ses idées en les modifiant ; mais, en dehors même de l'Angleterre, les plus grands esprits ont eu en philosophie morale et religieuse sa doctrine devant les yeux. Grotius le réfutait indirectement en fondant la science du droit naturel et du droit des gens. Spinoza, tout en le côtoyant par des opinions à peu près analogues, tient cependant à s'en séparer, et à spécifier les points de dissentiment. Leibniz pense souvent à Hobbes : c'est à lui qu'il fait allusion dans sa *Théodicée* lorsqu'il dit « qu'on a recours à la puissance irrésistible de Dieu, quand il s'agissait plutôt de faire voir sa bonté suprême, et qu'on a employé un pouvoir despotique au lieu d'une puissance réglée par la sagesse ». Hobbes a donc eu au xvii⁰ siècle le même genre de célébrité et d'influence que Machiavel au xvi⁰ siècle, et M. de Rémusat a dit finement et justement qu'il a fait « la métaphysique du machiavélisme ».

Si Thomas Hobbes a eu cette autorité dans son

siècle, pour la morale et la politique, il est certain que sa psychologie et sa métaphysique proprement dite étaient appelées à exercer plus longtemps encore une sérieuse influence. C'est de lui, en effet, que paraît relever l'école psychologique moderne de l'Angleterre, et c'est son nom que M. Stuart Mill et ses amis citent toujours le premier parmi leurs ancêtres. Sa doctrine de l'association des idées, son nominalisme, sa théorie du raisonnement réduit au calcul, sont des idées qui se sont retrouvées plus tard, soit parmi les idéologues de l'école de Condillac, soit parmi les *associationistes* contemporains. Quel que soit d'ailleurs le peu de sympathie que l'on éprouve pour les idées de cet auteur, on ne peut qu'admirer la vigueur de ses déductions et l'enchaînement systématique de ses idées. Si le fond de sa philosophie est bien anglais, on peut dire que la forme ne l'est pas. Les Anglais n'ont pas d'ordinaire cette raideur de logique et ce goût d'abstraction théorique. Quoi qu'il en soit, Hobbes est le plus grand logicien de l'Angleterre, et l'un de ses moins aimables philosophes. M. de Rémusat le condamne en invoquant « les titres du genre humain ». — « Où les retrouver en effet? dit-il éloquemment; étaient-ils, il y a deux cents ans, écrits quelque part sur la terre? »

II

C'est surtout dans l'intervalle qui sépare Hobbes de Locke que le livre de M. de Rémusat abonde en témoignages curieux et nouveaux sur des personnages inconnus ou mal connus, dont un grand nombre n'ont pas encore eu leur place dans l'histoire de la philosophie. Pour établir un ordre parmi ces noms, on peut y distinguer plusieurs groupes, pourvu qu'on n'exagère pas l'importance de ces divisions. Nous signalerons, par exemple, le groupe des philosophes politiques, celui des platoniciens de Cambridge, les théologiens et enfin les savants; mais il est des noms qui appartiennent à la fois à plusieurs groupes, et quelques autres qu'on rangerait difficilement dans aucun d'entre eux.

Parmi les écrivains politiques de la révolution et de la restauration, les uns sont des utopistes, les autres des controversistes. Hobbes lui-même peut être rangé parmi les utopistes. Son *Léviathan*, dit M. de Rémusat, n'est après tout que « l'utopie de la tyrannie ». Dans le même ordre d'idées, mais plus honnête et plus noble est le *Patriarcha* de Filmer, ouvrage curieux, et qui a conservé longtemps une sorte de réputation, car Rousseau a cru pouvoir, sans le nommer, y faire une allusion ironique dans le *Contrat social*. L'utopie de Filmer consiste à assimiler rigoureusement le pouvoir royal au pouvoir paternel, et à faire dériver toute légitimité du premier roi du monde, c'est-à-dire d'Adam. Cependant comme la filiation, hélas ! a été souvent rompue, Filmer, cumulant la doctrine patriarcale avec celle du droit divin, reconnaît que le vrai signe du souverain légitime est la possession ; mais alors qu'est-il besoin de patriarcat ? En face des utopies de la monarchie et du despotisme devait se produire naturellement une utopie républicaine. Une république sociale fondée non sur la communauté des biens, comme l'*Utopie* de Thomas Morus, ni même sur l'égalité absolue, mais sur une loi agraire fixant un maximum des biens-fonds, — la souveraineté politique attachée à la propriété, — une religion nationale, n'excluant pas cependant la liberté de religion, — un enseignement d'État, n'excluant pas non plus l'enseignement libre, — tels sont les principaux traits de l'*Oceana* d'Harrington, à qui Montesquieu a reproché d'avoir cherché son idéal dans une fiction tandis qu'il n'avait qu'à consulter la vieille liberté anglaise et la constitution traditionnelle de son pays : « Il n'a cherché la liberté qu'après l'avoir méconnue, et il a bâti Chalcédoine ayant le rivage de Byzance devant les yeux. »

A côté des utopistes se placent les controversistes dont les plus célèbres sont Algernon Sydney et Milton, plus connus d'ailleurs, l'un par sa mort, l'autre par ses poésies, que par leurs pamphlets politiques, tous deux défenseurs de la liberté et du droit contre les doctrines absolutistes de Hobbes et de Filmer. La lecture de leurs écrits est intéressante à plus d'un titre. Les publicistes modernes de l'Angleterre en effet ne cessent d'opposer l'esprit anglais à l'esprit français et de caractériser le premier par un sens historique et pratique qui manquerait au second. On reproche à la France de se placer toujours au point de vue philosophique et abstrait, au point de vue du droit absolu, du droit de l'homme et du citoyen ; mais quiconque lira les publicistes de la révolution anglaise au xviie siècle y trouvera exactement les mêmes caractères. Locke n'invoque jamais le droit historique, il se borne au droit philosophique. Il en est de même de Hobbes en sens inverse. De même aussi pour Sydney et Milton. La vérité est qu'en temps de révolution et à la veille des révolutions, les esprits irrités contre ce qui leur pèse, se placent d'emblée dans le droit abstrait et absolu ; que dans les temps calmes au contraire, et lorsque les peuples ont rencontré enfin le gouvernement qui leur convient, ils comprennent les avantages de la tradition et du droit historique. La différence, que l'on croit fondamentale, entre nos écrivains politiques et ceux de l'Angleterre semble donc tenir surtout à une différence de date et de situation.

Ce n'est du reste qu'indirectement et en passant que M. de Rémusat nomme et mentionne les écrivains politiques, son objet principal étant la philosophie proprement dite. A ce point de vue, l'une des parties les plus intéressantes de son livre est celle qui concerne ce groupe de penseurs que l'on a nommé l'académie platonicienne de Cambridge.

Quelle destinée que celle de Platon ! quelle puissance, quelle perpétuité d'influence et d'action ! Combien plus grande et plus durable cette puissance toute spirituelle que celle des conquérants et des despotes que le monde admire le plus ! Après avoir fondé à Athènes une école qui, plus ou moins transformée ou dégénérée, dure encore trois siècles après lui, son génie éteint quelque temps va se rallumer à Alexandrie, et, mis en contact avec la pensée orientale, rend encore cinq ou six siècles de vie à la philosophie grecque épuisée. Trois grandes écoles se fondent à Alexandrie : l'école juive, l'école chrétienne, l'école païenne, toutes trois inspirées de Platon. L'une d'entre elles, retournant à son berceau, revient à Athènes jeter encore avec Proclus un dernier éclat, et c'est elle qui, chassée de la Grèce, va alimenter par ses savants commentateurs les écoles arabes et juives par lesquelles la philosophie doit revenir en Europe. Cependant au moyen âge le péripatétisme seul est le maître des écoles, et c'est lui qui domine dans la philosophie scolastique. Platon est oublié : ses ouvrages sont ignorés, sa langue est oubliée ; mais au XIVe et au XVe siècle

Platon renaît, et avec lui la liberté de l'esprit humain. Une nouvelle académie platonicienne se fonde à Florence, protégée par les Médicis, présidée par Marcile Ficin, le grand traducteur, l'illustre commentateur de Platon. Au xviie siècle, ce mouvement, comme nous l'allons voir, passe d'Italie en Angleterre, et l'école de Cambridge rappelle, avec moins d'imagination, mais non moins de conviction, l'école de Florence. Au xviiie siècle, c'est en Hollande, dans la vieille et brumeuse université de Leyde, que nous retrouvons une nouvelle académie platonicienne. Le savant Hemsterhuys, Runken, le condisciple et l'ami de Kant, Wittenbach, l'un des maîtres de la critique moderne, Van Heusde, le dernier représentant de cette savante école, sont tous animés de l'enthousiasme platonicien. L'érudition les avait conduits au platonisme. *Antiquitatis amor me ad Platonem detulit*, dit Runken. *Mirificus me cepit et quasi daimonios amor Platonis*, dit Wittenbach. C'est de cette école critique de Leyde qu'est né le grand mouvement de critique platonicienne qui a rempli l'Allemagne depuis le commencement de ce siècle, et dont l'initiateur et le chef est Schleiermacher, mouvement qui n'a pas été sans influence sur la philosophie allemande elle-même, et notamment sur celle de Schelling et de Hegel. C'est de Schleiermacher que le platonisme a passé en France sous les auspices de Victor Cousin, et l'Université française peut être considérée comme une des dernières incarnations de l'académie platonicienne. Enfin le pays même auquel l'Europe a dû le platonisme renaissant n'a pas voulu que la nouvelle Italie parût avoir moins de dévotion que celle du xv° et du xvi° siècle, et tout récemment les platoniciens italiens, Mamiani à leur tête, célébraient à Rome même dans un banquet platonique, comme au temps des Médicis et de Marcile Ficin, l'immortel auteur du *Banquet*[1].

Le platonisme de Cambridge a droit à une place d'honneur dans cette histoire. Ce fut le seul moment où la philosophie anglaise prit le caractère idéaliste et transcendant qui distingue toutes les écoles issues de Platon. Ce fut l'horreur excitée par les doctrines de Hobbes qui provoqua un mouvement contraire touchant presque au mysticisme chez quelques-uns, et qui dans tous s'inspire d'un généreux platonisme. Le célèbre Gilbert Burnet, dans l'*Histoire de son temps*, nous a laissé un tableau de ce petit cénacle de Cambridge et le portrait de quelques-uns de ses membres. « Les principaux, nous dit-il, étaient les docteurs Whitcot, Cudworth, Wilkins, More et Worthington. Whitcot était un homme d'une rare modération, doux et obligeant. Il était très zélé pour la liberté de conscience. Dégoûté de la théologie systématique et sèche de son temps, il s'efforçait d'imprimer à ceux qui s'entretenaient avec lui une direction de pensées plus noble

[1]. Le 5 décembre 1875 avait eu lieu à Rome, sous les auspices de MM. Mamiani, Ferri et Conti, un banquet platonicien, en l'honneur de l'inauguration d'un buste de Platon, considéré comme le plus authentique que l'on possède, et dont la reproduction devait être placée dans la salle de la nouvelle université de Rome.

et plus relevée; il leur faisait considérer la religion comme un acheminement vers une nature *déiforme* pour me servir d'une de ses expressions. Pour préparer les jeunes étudiants à ces sublimes spéculations il leur faisait lire beaucoup les anciens, et en particulier Platon, Cicéron et Plotin... Cudworth soutint les idées de Whitcot avec un génie admirable et une étendue immense de connaissances. C'était d'ailleurs un homme plein de sagesse et de circonspection. Wilkins joignit ses travaux à ceux de Whitcot et de Cudworth. Il était naturellement porté à l'observation, et ce fut un des grands zélateurs de la philosophie expérimentale. More était franc, ouvert, philosophe chrétien plein de conviction, dont le but constant fut d'établir les grands principes de la religion contre l'athéisme... Pour s'opposer aux progrès de ces dogmes horribles (ceux de Hobbes), les théologiens de Cambridge travaillaient à affirmer les principes de la religion en les développant avec une méthode toute philosophique. Ils étaient aussi ennemis de la superstition que de l'enthousiasme (c'est-à-dire du papisme que du puritanisme). »

Entre ces différents noms, il en est deux surtout dont l'histoire de la philosophie a gardé le souvenir, non qu'ils soient du premier rang, mais on peut les considérer comme les plus distingués au second : c'est Cudworth et Henri Morus. Le premier était un homme d'une érudition prodigieuse, appartenant encore au xvie siècle par la méthode, quoiqu'il fût bien du xviie par les lumières et par la largeur de l'esprit. Il admet entièrement les résultats de la philosophie de Descartes et de Gassendi, qui, séparés sur tant de points, s'entendaient cependant pour expliquer mécaniquement tous les phénomènes de l'univers sensible. C'est ce que Cudworth appelait la philosophie corpusculaire; mais en même temps, par une sorte d'anticipation des critiques de Leibniz, il reprochait à Descartes de n'admettre aucun intermédiaire entre l'étendue et la pensée, entre le mécanisme et l'esprit; et, insistant sur les phénomènes de l'instinct, sur ce qu'on appelle aujourd'hui « l'inconscient », il rétablissait entre les corps et les esprits, et même entre Dieu et l'univers, des entités actives qu'il appelait des *natures plastiques*, et dont Leibniz a reconnu la parenté et l'affinité avec ses propres monades. Enfin il couronnait cette cosmologie éclectique par une métaphysique platonicienne. Henri Morus, de son côté, célèbre comme correspondant et contradicteur de Descartes, admettait cependant sa physique et une partie de sa métaphysique, et fut un de ceux qui en introduisirent la doctrine en Angleterre; cependant il la subordonnait, comme Cudworth, à une tendance platonicienne, ou plutôt néoplatonicienne, et, moins réglé que ce dernier, il s'abandonnait parfois à toutes les rêveries de la secte cabalistique.

En théologie, les philosophes de Cambridge appartenaient au parti de la tolérance et d'une sage piété. Adversaires décidés de l'athéisme, ils s'accommodaient d'une théologie libre, éclairée, pas trop dogmatique. On les accusait de pencher vers les dogmes des *latitudinaires*. Le latitudinarisme était un nom que l'on donnait alors à une manière large de penser en matière de religion. Celui qui passe pour le chef de cette école était un théologien, fort oublié, mais que Tillotson et Locke célébrèrent comme l'un des premiers hommes de leur temps, et que l'on appelait alors l'illustre Chillingworth. Contemporain de Charles Ier, ami de lord Falkland, joignant les talents d'ingénieur à ceux de théologien, il prit part à la guerre civile, dans le parti du roi, fut fait prisonnier à la bataille de Newbury, et mourut quelque temps après à Chichester. Chillingworth poussa très loin la liberté d'esprit en théologie. Il osait écrire que le dogme d'Arius n'était pas une hérésie. Aussi ne lui ménage-t-on pas les soupçons et les imputations de socinianisme. Un de ses adversaires, croyant lui faire injure, l'appelait « un homme de raison, » *a man of reason*. C'était, en effet, un homme de raison qui écrivait ces mots : « Je suis assuré que Dieu nous a donné notre raison pour discerner la vérité du mensonge. Quant à celui qui n'en fait nul usage et croit aux choses sans savoir pourquoi, je dis que c'est par hasard que ce qu'il croit est vérité, non pas par son choix et j'ai grand'peur, je l'avoue, que Dieu n'accepte pas ce sacrifice des sots. » Autour du Chillingworth se groupèrent un certain nombre d'esprits élevés et distingués, entre autres John Hales d'Eton, que ses amis appelaient « le docteur mémorable », et c'est aussi à cette tendance que se rattache, sous

Charles II, ce groupe des philosophes et des théologiens de Cambridge, que nous avons mentionné.

A côté des théologiens, il faut nommer les savants, car c'est presque toujours entre ces deux groupes que se partagent les philosophes en Angleterre. A cette époque surtout, la philosophie n'avait pas encore rompu avec la science. Parmi les savants qui ont touché à la philosophie, deux noms se distinguent entre tous, celui de Robert Boyle et celui de Newton. Le premier, sans être l'égal de Newton, n'en était pas moins un savant de premier ordre, dont le nom est resté dans la science, et qui doit encore être mentionné comme le fondateur de la Société royale de Londres. En philosophie, R. Boyle mérite de ne pas être oublié pour sa discussion contre Descartes en faveur des causes finales, que celui-ci, aussi bien que Bacon, avait proscrites et discréditées. Il reconnaît que la science ne doit pas sacrifier la recherche des causes efficientes à celle des causes finales; mais il maintient que celles-ci ne peuvent êtres méconnues, notamment dans les êtres organisés. « Il y a incomparablement plus d'art, disait-il, dans la patte d'un chien que dans l'horloge de Strasbourg. » C'est encore lui qui nous raconte qu'ayant un jour demandé à Harvey comment il avait découvert la circulation du sang, celui-ci lui répondit que c'était en réfléchissant sur la disposition des valvules des veines, n'ayant pu penser que cette disposition eût été faite sans dessein.

Un autre ouvrage de Boyle, intitulé *le Virtuose chrétien* (*the Christian Virtuoso*), a précisément pour but de s'appuyer sur la science pour s'élever à la religion. Dans le même ordre d'idées, un autre savant, John Wray ou Ray, publiait un livre qui depuis a servi de type à d'innombrables ouvrages écrits dans le même dessein sous ce titre : *la Sagesse de Dieu manifestée par la création*. Ce genre de démonstration, comme l'a fait remarquer ailleurs M. de Rémusat, devait particulièrement toucher une nation qui aime à fonder toute connaissance certaine sur l'expérience et l'induction. Les philosophes anglais, en général, se montrent peu accessibles à ce que l'on appelle dans l'école les preuves *a priori* de l'existence de Dieu. Au contraire, la théologie expérimentale y a toujours été en honneur, et l'on formerait toute une bibliothèque des écrits publiés depuis Wray et Boyle jusqu'à nos jours pour démontrer l'existence de Dieu par les merveilles de la nature.

M. de Rémusat mentionne ces ouvrages avec estime, mais non peut-être sans quelque nuance de dédain. Il est permis d'être moins sévère que lui pour ce genre de littérature, sans méconnaître, toutefois, ce qui manque de critique à ces savants et utiles ouvrages. La *téléologie*[1], comme on l'appelle, ou théologie physique, n'est pas seulement, à ce qu'il nous semble, le développement d'une même preuve toujours ressassée, à laquelle on ne fait qu'ajouter indéfiniment de nouveaux détails ; c'est une science, la science de la finalité. Comme toute science n'a qu'un objet unique, toujours le même,

1. *La science des buts*, de τέλος, but, cause finale.

qu'elle étudie dans toutes ses manifestations, il n'y a rien de surprenant à ce que la science de la finalité multiplie indéfiniment les faits de finalité. Ces faits, dit M. de Rémusat, ne servent qu'à prouver une chose et toujours la même : « Il y a du dessein dans la nature. » Ne pourrait-on pas dire de même que la physique se contente d'accumuler des faits pour démontrer cette vérité banale, « il y a des lois dans la nature? » Outre que cette vérité ne saurait jamais être trop prouvée, n'y a-t-il pas un intérêt véritable à connaître de nouvelles lois, et de plus en plus particulières? Pourquoi, en vertu de la même raison, ne chercherais-je pas à savoir non seulement qu'il y a un dessein en général dans la nature, mais encore quels sont les signes, les espèces et les degrés par lesquels se manifeste ce dessein universel, ou, si l'on veut parler avec la rigueur absolue de la critique, quelles sont les formes de combinaisons, dans la nature, qui ressemblent le plus à des desseins? Il faut bien le dire, il y a telle de ces combinaisons qui excitera toujours plus d'étonnement et d'admiration que la loi physique la plus certaine et la mieux établie. Plus je compare la téléologie et la physique, plus je leur trouve d'analogie, car, si nous sommes autorisés à descendre la série des causes aux effets, pourquoi ne le serions-nous pas à remonter, dans la mesure du possible, des moyens aux buts? et si la succession des causes secondes nous conduit à la conception de la cause première, pourquoi la succession des fins secondes ne nous conduirait-elle pas à une fin dernière, identique, selon toute apparence, à la première cause ? La physique et la téléologie représenteraient ainsi ce double mouvement d'éloignement et de retour, du centre vers la circonférence et de la circonférence vers le centre, que la philosophie antique a enseigné dans plusieurs de ces grandes écoles comme la loi suprême de l'univers. Où donc est la différence entre la physique et la téléologie ? C'est que l'une est une science exacte et positive, et l'autre une science philosophique, c'est-à-dire que l'une est autorisée à employer l'expérimentation et le calcul, tandis que l'autre ne dispose que du raisonnement et de l'analogie. L'une arrive donc à la certitude, tandis que l'autre ne peut aspirer qu'à la probabilité. En effet, si les lois de la nature ne sont autre chose que les « constantes » des phénomènes, on peut s'assurer par l'expérience de l'existence de ces constantes ; mais un dessein n'existe que dans l'intention ou la pensée de celui qui agit ; et comment puis-je, par l'expérience, entrer dans cette pensée même, surtout s'il s'agit de la première cause, éternellement voilée derrière les phénomènes du monde ? Je ne puis donc, ici, avoir recours qu'à l'interprétation, au déchiffrement de certains signes, à la comparaison entre ce que je connais d'une œuvre faite avec art et les œuvres de la nature, et on comprend alors comment la multiplication des exemples est importante, car, un cas isolé peut être fortuit, mais une multitude innombrable de cas ne peut pas l'être, — et ici c'est le nombre même qui fait la force de l'induction.

Si la théorie des causes finales est obligée de se défendre contre l'imposante autorité de Descartes, elle peut, en revanche, se recommander d'une autorité non moins puissante, celle de Newton. « Le principal objet de la philosophie naturelle, dit ce grand homme, est de remonter des effets aux causes jusqu'à ce qu'on arrive à la première cause de toutes, laquelle, certainement, n'est pas mécanique et non seulement d'expliquer le mécanisme du monde, mais surtout de résoudre des questions telles que celles-ci : D'où vient que la nature ne fait rien en vain, et d'où naissent cet ordre et cette beauté que nous voyons dans l'univers? Comment se fait-il que les corps des animaux soient faits avec tant d'art, et pour quelles fins ont été disposées leurs diverses parties? L'œil a-t-il été formé sans la science de l'optique et l'oreille sans la connaissance de l'acoustique? » A ces questions profondes, Newton répondait qu'il existe « un être incorporel, vivant, intelligent, omniprésent, qui, dans l'espace infini, comme dans son *sensorium*, voit les choses en elles-mêmes, les perçoit dans leur intégrité, les comprend pleinement parce qu'elles lui sont immédiatement présentes, tandis que nos sens n'en aperçoivent que les images par la perception. Dieu, pour lui, n'était pas seulement l'âme du monde, mais le seigneur universel, παντοκράτωρ. La domination de l'être spirituel constitue Dieu, et Dieu à son tour, en tant qu'il dure et existe partout et toujours, constitue l'espace et la durée. L'unité de la personne humaine n'est qu'une image de l'unité de Dieu.

Dieu est tout entier semblable à lui-même, et en quelque sorte tout œil, tout cerveau, tout bras, dans un sens incorporel[1]; de même que l'aveugle n'a pas idée des couleurs, de même nous n'avons aucune idée de la manière dont le Seigneur souverainement sage sent et comprend tout. Nous ne le connaissons que par sa sagesse et par l'admirable structure des choses, *per optimas rerum structuras*. Telle est, dans ses traits généraux, la théologie de Newton, et nous pensons, avec M. de Rémusat, que jamais plus grande autorité n'aura été donnée à la preuve que Kant appelait physico-théologique, et dont, même en la critiquant, il ne parlait jamais qu'avec respect.

Le nom par lequel se termine la période qu'a embrassée M. de Rémusat, et qu'on pourrait aussi bien considérer comme le premier nom d'une période nouvelle, est celui de Locke. Locke, en effet, appartient beaucoup moins au XVIIe siècle qu'au XVIIIe. Il est le maître de Condillac et de Voltaire, de Rousseau et de Turgot: de lui dérivent tous les philosophes anglais et écossais du siècle, Berkeley, Hume, Adam Smith, Hutcheson, et même Reid et Stewart. Le sage Locke, comme on l'appelait, semblait alors avoir fondé définitivement la philosophie en lui donnant une méthode certaine et rigoureuse, perfectionnée par Condillac, à savoir l'analyse des sensations. Dans l'ordre politique, il

---

1. Un des vieux philosophes de la Grèce, Xénophane, disait dans le même sens, et d'une manière non moins sublime : Οὖλος ὁρᾷ, οὖλος δὲ νοεῖ, οὖλος δέ τ'ἀκούει, « tout entier il voit, tout entier il pense, tout entier il entend ».

établissait les conditions essentielles des gouvernements libres ; dans son traité *de l'Éducation des enfants*, il devançait l'*Émile* de Rousseau, et son *Christianisme raisonnable* a inspiré le *Vicaire savoyard*. Un tel nom a certainement le droit de compter parmi les plus glorieux. Même en métaphysique et en idéologie, la part de Locke reste grande et considérable, quelque réserve que l'on fasse sur ses doctrines. Il est le véritable fondateur de la psychologie expérimentale. On fait honneur à Descartes de l'invention de la méthode psychologique ; mais peut-on appeler psychologie l'affirmation de l'existence personnelle comme base de la métaphysique ? Dire : Je pense, donc je suis, est un principe profond comme principe de toute certitude ; mais comme fait psychologique, ce n'est pas une grande découverte de s'apercevoir qu'on existe. Le seul ouvrage de psychologie proprement dite dans Descartes est le *Traité des passions*; cependant, il est plus physiologique que psychologique, et il y est bien plus question des esprits animaux que des phénomènes de l'âme. Après Descartes, paraît un admirable ouvrage, mine précieuse pour la psychologie expérimentale, la *Recherche de la vérité*, de Malebranche ; on y rencontre les plus heureuses et les plus ingénieuses observations ; seulement, la psychologie y est encore constamment mêlée, d'une part, à une physiologie arbitraire, et, de l'autre, à des développements littéraires souvent ravissants, mais qui sont plus d'un moraliste à la La Bruyère que d'un analyste sévère de l'esprit humain. C'est donc par Locke que la psychologie moderne a été véritablement fondée comme science distincte, et, ce qui mérite d'être remarqué, c'est que c'est lui qui, le premier, l'a séparée de la physiologie[1]. Ainsi, cette séparation, que l'on a si souvent reprochée à l'école spiritualiste française, a précisément eu pour auteur celui qui passe pour le chef du sensualisme moderne, et la même séparation a persisté dans la philosophie de Condillac jusqu'à Cabanis.

Non seulement Locke a fondé la psychologie expérimentale, mais, dans cette psychologie, il est une partie dont il est entièrement créateur : c'est ce qu'on a appelé l'*idéologie*, à savoir : la classification, l'analyse et l'étiologie de nos idées. C'est depuis lui que cette question a dominé en philosophie, au point d'avoir donné son nom à une école : l'école des idéologues ; c'est aussi à lui que revient la recherche de la psychologie du langage, si étroitement liée à l'analyse des idées. Enfin, la pensée d'une critique de l'entendement humain, comme condition préalable de la métaphysique, appartient à Locke aussi bien qu'à Kant, et il l'a lui-même exprimée en propres termes dans la préface de son

1. Ce n'est pas par hasard et sans y penser que Locke a séparé la psychologie et la physiologie : c'est volontairement et intentionnellement, comme le prouve ce passage de la préface de l'*Essai* : « Je ne m'engagerai pas à considérer ici la nature de l'âme, à voir ce qui en constitue l'essence; quels mouvements doivent s'exciter dans nos esprits animaux ou quels changements doivent arriver dans notre corps pour produire certaines sensations ou certaines idées. Quelque curieuses que soient ces spéculations, je les éviterai comme n'ayant aucun rapport à mon but. Il suffira d'examiner les différentes facultés de connaître qui se rencontrent dans l'homme ».

ouvrage. Que s'il n'a pas exposé des vues aussi hardies et aussi profondes que celui-ci sur les lois et la valeur de nos facultés, c'est peut-être parce que, plus circonspect et plus fidèle à la méthode d'analyse et d'observation, il s'est borné à l'étude de nos facultés, au lieu que Kant, les supposant préalablement connues, ne s'est occupé que d'en deviner les fonctions, à peu près comme un savant qui ferait la physiologie du corps humain sans en avoir fait l'anatomie.

Quant au fond même des doctrines de Locke, c'est avec raison que ses modernes apologistes ont fait remarquer qu'on en avait exagéré le caractère sensualiste. On est toujours tenté, dans la controverse philosophique, de pousser à outrance les principes de ses adversaires afin de les rendre responsables de toutes les conséquences, logiques ou non, que ces principes ont pu porter plus tard entre les mains de disciples intempérants. C'est ainsi que M. Cousin, engagé dans une lutte décisive contre l'école sensualiste, a cru ne pouvoir mieux faire que de couper l'arbre à la racine en réfutant Locke, et avec lui toute l'école condillacienne ; mais la philosophie de Locke avait un tout autre caractère que celle de Condillac : en distinguant deux sources d'idées, la sensation et la réflexion, que Condillac réduisit à une seule, Locke réservait une part légitime à l'activité de l'esprit, et Leibniz a pu dire avec raison que cette doctrine, bien entendue, revenait précisément à la sienne, à savoir que rien ne préexiste aux sens, « si ce n'est l'entendement lui-même ». Il ne faut pas croire non plus que ce principe de la réflexion fût chez Locke un principe inerte, admis par acquit de conscience; il lui fait jouer un rôle vraiment actif : c'est ainsi, par exemple, que la grande théorie qui fait dériver l'idée de cause de la conscience de notre pouvoir personnel, théorie qui est l'honneur de Maine de Biran, appartient déjà à Locke. Et si l'on a fait honneur à Biran et à Laromiguière d'avoir revendiqué la part de l'activité dans les phénomènes de l'esprit, pourquoi le même honneur n'appartiendrait-il pas au philosophe qui avait réservé cette part, tout en faisant naître nos idées de l'expérience? Qu'il y ait d'ailleurs déjà dans Locke quelques tendances semblables à celles qui ont dominé au xviiiᵉ siècle, on ne peut guère le contester; mais, s'il ne s'y est pas abandonné, ce n'est pas qu'il ne les connût pas, puisqu'il avait eu Hobbes sous les yeux, c'est que la rectitude de son jugement et l'élévation de son âme l'ont retenu sur une pente où il pouvait être entraîné par quelques-uns de ses principes. Ses apologistes ont eu raison de dire qu'il est éminemment Anglais. Il est en tout un génie libéral ; et, métaphysique à part, il devra toujours être nommé avec respect comme un ami de l'humanité.

Le jugement que nous portons sur Locke, et qui ne diffère pas beaucoup de celui auquel s'arrête M. de Rémusat, est à peu près celui que l'on peut porter sur la philosophie anglaise en général, dont Locke est, ainsi que Bacon, une parfaite expression. Un empirisme tempéré, tel est, sauf quelques philosophes systématiques tels que Berkeley et Hume, et quelques modernes, le caractère uniforme de cette philosophie. Locke nous représente parfaitement la dose de génie spéculatif qui convient à l'esprit anglais. La philosophie, en ce pays, a presque toujours été une philosophie moyenne, où le goût de l'observation et des faits s'est uni à un sentiment sincère de respect et de foi pour les choses religieuses. La méthodologie, la théologie naturelle et la psychologie expérimentale, telles ont été les études favorites de nos voisins, et l'on peut dire qu'ils y ont excellé. Quoiqu'on puisse trouver, parfois, cette philosophie un peu terre à terre, cependant, l'abus des spéculations subtiles, semblables à celles dont l'Allemagne nous a si longtemps donné le spectacle, nous ramènerait volontiers à une philosophie plus terrestre et plus sobre. Lorsqu'on a entretenu un commerce de quelque temps avec les philosophes allemands, lorsqu'on s'est « baigné dans l'éther pur » du *moi* de Fichte et de l'*absolu* de Schelling, selon l'expression que Hegel appliquait à la substance de Spinoza, ou encore dans les sombres eaux de la philosophie de la volonté et de l'Inconscient, on éprouve un véritable rafraîchissement dans l'étude de ces philosophes plus humains, que n'abandonne jamais le sentiment de la réalité, que l'expérience guide et contient, et qui rappellent sans cesse aux penseurs ce conseil de Bacon : Ce qu'il faut attacher à l'entendement, c'est non pas des ailes, mais du plomb. Kant, sous une autre forme non moins ingénieuse, nous donne le même conseil lorsqu'il dit : « La colombe qui s'élance dans l'air, dont elle sent la résistance, pourrait croire qu'elle volerait encore mieux dans le vide. » Nous sommes loin, bien entendu, de vouloir abandonner les droits de la métaphysique, et de sacrifier aux autels de l'empirisme ; nous disons seulement que la philosophie anglaise a un rôle utile et bienfaisant : elle est un garde-fou. A la vérité, l'empirisme anglais, jusqu'à ces derniers temps, avait toujours été plus ou moins tempéré par le sens commun et par les croyances religieuses ; depuis quelques années, sous l'influence du positivisme et des sciences, il a pris un caractère tranchant et aigu, qui n'avait jamais été jusque-là son défaut, et il s'est laissé aller à des conséquences systématiques, non moins arbitraires que les hypothèses allemandes. C'est là une phase nouvelle de l'esprit anglais, dont on ne peut encore apprécier la portée ; mais, toutes réserves faites sur ces nouvelles formes de la spéculation anglaise, on peut dire que la philosophie de Bacon, de Newton et de Locke occupe dans la philosophie universelle une place aussi nécessaire, sinon aussi haute que celle de Platon et de Descartes.

LE
SCEPTICISME MODERNE

PASCAL ET KANT[1]

Il est remarquable que les deux puissances les plus affirmatives et les plus dogmatiques qu'il y ait sur la terre, je veux dire la théologie et la science, aient l'une et l'autre un secret penchant pour le scepticisme dans les matières qui sortent de leur domaine. L'une et l'autre, dont l'accord est si difficile sur tout le reste, s'entendent assez volontiers dans leur défiance commune envers la philosophie. Fières toutes deux du critérium d'absolue vérité qu'elles croient posséder, elles regardent avec dédain les tentatives incertaines et toujours renouvelées des métaphysiciens et des philosophes, et souvent elles se sont liguées contre la prétention de la raison

[1]. *Le Scepticisme.* — *Énésidème, Pascal, Kant*, par Émile Saisset, Paris 1866.

humaine à pénétrer par ses seules forces les mystères de l'invisible.

Le théologien, appuyé sur la base solide d'une autorité extérieure, ou même, à défaut de cette autorité, qui assez souvent peut chanceler, sur un critérium tout intime, supérieur à tout contrôle et à toute discussion, la foi, — le théologien, dis-je, si éclairé qu'il soit, ne peut se défendre d'un sentiment de pitié pour ceux qui, sans autre gouvernail que la raison, osent braver l'océan des opinions humaines, et croient pouvoir s'y diriger avec assurance. Je ne dis pas sans doute que la théologie enseigne dogmatiquement le scepticisme philosophique, car je sais au contraire qu'elle l'a souvent condamné ; mais, tout en le condamnant, il est bien rare qu'elle ne manifeste pas quelque sympathie pour lui : elle y retombe toujours plus ou moins à son insu. Tout en reconnaissant une certaine valeur spéculative à la raison, elle se défie d'elle dans la pratique ; elle ne lui accorde qu'une très faible action sur la vie humaine, et conteste son droit à gouverner et à améliorer les sociétés. Si telles sont les dispositions des théologiens en général, il n'est pas étonnant que de temps à autre on voie s'élever quelques esprits violents et passionnés qui, déchirant les voiles, mettant à nu les racines des choses, prenant plaisir à voir « la superbe raison froissée par ses propres armes, et la révolte sanglante de l'homme contre l'homme », sacrifient sans mesure la raison à la foi, et prétendent édifier la religion sur la base ruineuse d'un absolu pyrrhonisme. Tel a été Pascal au xviie siècle, tel encore, de nos jours, l'abbé de Lamennais.

La science, de son côté, a également un critérium qu'elle considère comme infaillible : c'est l'expérience, aidée du calcul ; je ne parle pas de cette expérience interne de la conscience, dont chacun peut toujours, s'il le veut, récuser l'autorité, mais de l'expérience des sens, qui, aidée de tous les moyens les plus ingénieux et les plus subtils de la méthode et de l'analyse, confirmée par les déductions du calcul, met sous les yeux de tous avec une rigueur irrécusable les faits de l'univers sensible, ainsi que les rapports constants et universels, c'est-à-dire les lois de ces faits. Une fois qu'une question a été tranchée par l'expérience il n'y a plus de débat : partout la même solution est acceptée et enseignée ; philosophes ou croyants, catholiques ou protestants, déistes ou athées, tous s'y soumettent. Il n'y a qu'une physique et qu'une géométrie, et c'est là qu'on peut dire en toute vérité : la science a parlé, la cause est entendue. Bien plus, le nombre de ces vérités universellement admises augmente sans cesse ; aucune ne se perd, et de nouvelles viennent toujours s'ajouter aux précédentes. Enfin la certitude incomparable de ces sortes de vérités se démontre encore par les innombrables applications qui en sont faites, qui vérifient la solidité du principe en même temps qu'elles améliorent et perfectionnent la condition de la société. Telles sont les raisons pour lesquelles les savants comme les théologiens contemplent avec quelque indifférence, et souvent même avec une hostilité prévenue, les systèmes philosophiques, toujours en lutte les uns contre les autres, toujours vaincus, toujours renaissants, et dont aucun ne paraît avoir jusqu'à présent réussi à établir définitivement une seule vérité à l'abri de toute controverse et de toute interprétation contradictoire. Ce genre de scepticisme est, en pratique, l'état d'esprit de la plupart des savants : il est philosophiquement représenté parmi nous par l'école de M. Littré, par l'ingénieux et subtil M. Cournot ; parmi les lettrés, il compte un adhérent de la plus rare intelligence, et merveilleusement apte à toutes les choses de la pensée, M. Sainte-Beuve ; il a été exposé par M. Renan avec toutes les grâces et toutes les souplesses de son talent. On peut dire néanmoins que c'est parmi les philosophes eux-mêmes que le scepticisme scientifique a trouvé, à la fin du siècle dernier, son plus sérieux, son plus profond interprète, Emmanuel Kant, le plus grand des philosophes allemands, l'un des plus grands philosophes modernes.

Pressé entre le théologien et le savant, il faut avouer que le philosophe est dans une situation assez pénible. A l'égard du premier, il est lui-même un savant : il est exigeant, interrogateur, difficile à contenter ; il relève les contradictions de ses adversaires, et se fait gloire de ne rien accepter qui ne lui paraisse évident ; mais à l'égard des savants le rôle du philosophe change, et il n'est pas loin de ressembler à un théologien. Il est alors sur la défensive : il demande à ne pas être serré de trop près, il accorde qu'il y a des difficultés, des obscurités ; il se retranche derrière la morale ; il s'indigne, il s'émeut, il en appelle à la foi du genre humain. Le philosophe est, en un mot, déchiré entre deux tendances contraires : d'une part, il craint d'être entraîné au mysticisme et au surnaturalisme, de l'autre au matérialisme et à l'athéisme. La philosophie de notre temps avait essayé d'échapper à ce double péril en se séparant énergiquement et de la théologie et des sciences, et en ne leur permettant pas de mettre le pied chez elle ; mais une telle situation n'a pu durer. La théologie d'une part, les sciences de l'autre ont protesté contre un isolement aussi arbitraire. Les philosophes eux-mêmes semblent avoir éprouvé le besoin d'en sortir. Ici toutefois se manifesteraient volontiers deux tendances différentes, qui, à un moment donné, pourront avoir d'importants résultats. Les uns, en effet, seraient assez tentés de s'allier aux théologiens, au moins à ceux d'entre eux qui ne sont pas aveuglément et systématiquement ennemis de la raison et de la liberté ; les autres, au contraire, auraient plutôt un secret penchant qui les entraînerait vers les savants, et ils donneraient volontiers la main à ceux d'entre eux qui ne seraient pas systématiquement ennemis de toute pensée spiritualiste. D'une part une philosophie un peu plus théologique que par le passé, de l'autre une philosophie un peu plus scientifique, telles sont les nuances qui s'accusent déjà parmi nous. C'est ainsi qu'on essaierait de désarmer les deux classes d'adversaires que nous avons signalées, et de conjurer ce double scepticisme si funeste à l'humanité et à la philosophie, le scepticisme scientifique et le scepticisme théologique.

Les faces nouvelles que tend à prendre parmi nous l'éternel problème de la certitude n'avaient sans doute point échappé au pénétrant et généreux esprit, l'une des gloires du spiritualisme français, qui s'était proposé de consacrer toutes les forces de sa maturité à une histoire du scepticisme, et qui a été si tristement interrompu par la mort dans cette œuvre à peine commencée : je veux parler de M. Émile Saisset. De cette histoire, qui eût été sans doute l'un des plus curieux livres de notre temps, grâce à la beauté du sujet et à l'éminent talent de l'auteur, il ne reste aujourd'hui que des fragments dont les uns déjà publiés, les autres inédits, viennent d'être réunis avec un soin religieux par son frère, M. Amédée Saisset, lui-même professeur de philosophie de l'Université[1]. Parmi les différents morceaux dont se compose ce volume, on remarquera l'étude sur Énésidème, le plus grand sceptique de l'antiquité. Ce travail, très étendu, l'une des thèses les plus remarquables de

---

[1]. Indépendamment des volumes sur *le Scepticisme* (chez Didier), M. Amédée Saisset a encore publié deux volumes de son frère dans la *Bibliothèque de Philosophie contemporaine*, chez Germer-Baillière, le premier intitulé *l'Âme et la Vie*, le second *Fragments et Discours*. Ces deux volumes achèvent et complètent de la manière la plus intéressante l'œuvre philosophique de M. Émile Saisset.

la Faculté des lettres de Paris, l'un des meilleurs morceaux philosophiques de l'auteur, était depuis longtemps fort estimé par les bons juges, et il résume à lui seul en quelque sorte toute l'histoire du scepticisme ancien; mais il était devenu fort rare, comme les travaux de ce genre : les amis les plus intimes de l'auteur ne l'avaient même pas. C'est donc rendre un vrai service à la science que de le publier de nouveau. On remarquera encore quelques écrits de philosophie théorique, tous relatifs à la question du scepticisme, et où se rencontrent beaucoup de vues personnelles et ingénieuses; mais ce qui donne à ce nouveau volume son plus grand prix, ce qui nous a paru de nature à provoquer le plus de réflexions intéressantes, c'est un travail entièrement inédit sur le scepticisme de Pascal, où l'auteur a touché, avec autant de fine réserve que de hardiesse, aux points les plus délicats des rapports de la religion et de la philosophie. Une étude sur Kant, publiée autrefois dans la *Revue*, complète ces travaux sur le scepticisme des temps modernes. Par ces deux morceaux, M. Saisset atteignait dans ses racines les plus profondes le scepticisme contemporain.

Lui-même indiquait ce but et cette occasion à ses recherches dans la leçon éloquente et spirituelle par laquelle il ouvrit, au mois de décembre 1861, son cours sur l'histoire du scepticisme. Voici en quels termes il décrivait, dans ce discours, le scepticisme théologique : « Les théologiens, disait-il, quoique adversaires déclarés du matérialisme, s'accordent avec lui pour nier ou tenir à l'écart la philosophie. Il y a les violents qui disent : la philosophie est une chimère, la philosophie est un bavardage. Il y a les doux, les mielleux, les moelleux qui disent : la philosophie n'est pas impuissante ; mais qu'elle est insuffisante ! qu'elle est stérile ! qu'elle est faible ! Combien sa place est petite ! il appartient à la théologie d'habiter et de remplir le temple de la vérité. Quant à la philosophie, on ne la chasse pas, mais on la conduit tout doucement dans le vestibule ; on la charge d'ouvrir la porte et de chasser les gens sans aveu qui rôdent autour. » Il caractérisait en même temps le scepticisme scientifique en termes non moins vifs et non moins vrais. « Je sais qu'il y a des faits sensibles, je sais que ces faits ont des rapports de concomitance qu'on appelle des lois ; je ne sais rien de plus. Y a-t-il des forces ? y a-t-il des fins ? Je l'ignore. L'homme est-il esprit ou matière ? Je n'en sais rien. Existe-t-il un principe vital, une âme ? Je l'ignore. Enfin y a-t-il un Dieu ? C'est ce que j'ignore le plus. Je ne suis pas athée. L'athéisme s'oppose au théisme, et je ne suis ni pour ni contre Dieu. Je ne m'en occupe pas. »

A ces deux classes d'adversaires, M. Émile Saisset répondait que « si un peu de philosophie mène au scepticisme, beaucoup de philosophie en éloigne, et asseoit l'esprit dans un dogmatisme limité, mais inébranlable ». Telle est pour nous aussi la vérité. Un dogmatisme absolu tombe dans la chimère; un scepticisme absolu se dévore lui-même et se condamne au silence. Il faut un dogmatisme, mais un dogmatisme limité. L'exemple des excès où sont tombés de part et d'autre, dans un sens opposé, Pascal et Kant, attestera la solidité de cette conclusion.

I

Un fait bien remarquable, c'est la prédilection particulière de notre siècle pour Pascal, et surtout pour le livre des *Pensées*. Ce n'est pas sans doute que *les Provinciales* nous laissent indifférents ; c'est un beau, un charmant livre, mais qui ne passionne plus, tant il a eu raison ; tout au plus, quand recommencent quelques-unes de ces émeutes périodiques de l'opinion dont les jésuites sont de temps en temps l'objet et dont ils ont aujourd'hui l'habitude, tout au plus alors, s'échauffe-t-on encore un peu pour ou contre *les Provinciales* ; mais ce n'est que la surface de notre esprit qui est agitée. Les *Pensées* au contraire remuent le cœur, et le plus profond de notre cœur. C'est là pour nous qu'est le véritable Pascal. C'était le contraire aux siècles passés : au xviie siècle, on disait bien de M. Pascal qu'il était un beau génie, mais on entendait surtout parler de l'auteur des *petites lettres*. Quant aux *Pensées*, elles ne semblent pas avoir été vivement goûtées par les contemporains : quelques paroles de Nicole, citées par M. Cousin, nous apprennent que les amis mêmes de l'auteur en étaient médiocrement satisfaits. Madame de Lafayette avait dit : « C'est méchant signe pour ceux qui ne goûteront pas ce livre. » Nicole répondit : « Pour vous dire la vérité, j'ai eu jusqu'ici quelque chose de ce méchant signe. J'y ai bien trouvé un grand nombre de pierres assez bien taillées et capables d'orner un grand bâtiment, mais le reste ne m'a paru que des matériaux confus, sans que je visse assez l'usage qu'il en voulait faire. » M. Cousin a fait également remarquer le silence universel des contemporains ; pas un mot dans Fénelon, dans Malebranche, dans Bossuet. On croyait trop alors, et trop paisiblement, pour être sensible à une apologie aussi ardente et aussi troublante que celle de Pascal. Représentons-nous Bossuet lisant les *Pensées* : il nous semble qu'il devait en être singulièrement scandalisé, lui qui ne supportait même pas la foi si pure et si entière de Fénelon, parce qu'elle était trop subtile. Cette logique à outrance, ce défi perpétuel jeté à la raison, ces mots terribles sur l'ordre factice des sociétés, ce mépris de la raison commune et des vérités moyennes, ce besoin de démonstration rare, ce renversement de toutes choses, ce style heurté et violent, tout ce qui confondait et révoltait le solide bon sens de Nicole, devait profondement déplaire à la majestueuse et impassible raison du grand évêque du grand siècle. Cet étrange personnage, géomètre et théologien, écrivain sans le savoir, plaisant et tragique, jugeant la vie comme Shakspeare et mourant comme un moine du moyen âge, n'était certainement pas de la famille de Bossuet, ce grand représentant de la discipline théologique.

Si Pascal a été peu goûté au xviie siècle, parce qu'il ne croyait pas assez, ou du moins pas assez sagement, il ne l'a pas été non plus au xviiie parce qu'il croyait trop : les uns le trouvaient téméraire, les autres fanatique ; les uns étaient inquiets de son scepticisme, les autres peu sympathiques à sa foi. L'esprit critique du xviiie siècle n'aimait pas l'enthousiasme religieux. Voltaire ne pardonnait à Polyeucte qu'à cause des amours de Sévère et de Pauline ; il pardonnait de même à Pascal pour quelques-unes de ses maximes philosophiques ; mais en général il ne voyait en lui qu'un fanatique éloquent. Condorcet en jugeait de même, et, dans son édition de Pascal, il répandait un froid géométrique sur les pensées les plus pathétiques et les plus touchantes. Il est facile de comprendre maintenant pourquoi notre siècle a plus aimé Pascal qu'aucun des deux autres qui nous ont précédés : son scepticisme, qui scandalisait le xviie siècle, est précisément ce qui nous plaît en lui. Nous l'aimons pour avoir douté, pour avoir souffert, pour avoir appelé la lumière en gémissant ; mais en même temps que nous aimons et que nous comprenons son doute, nous aimons aussi et nous comprenons sa foi. Il y a aujourd'hui bien peu de croyants qui n'aient quelque sympathie pour le doute, bien peu de sceptiques qui n'aient quelque sympathie pour la foi. Dans la poésie, l'enthousiasme religieux nous plaît et nous émeut autant qu'il choquait au siècle dernier, et nous préférons Polyeucte à Sévère ; la poésie de notre temps a dû à la foi religieuse quelques-uns de ses plus beaux accents. Autant nous sommes émus par les invectives hardies de Pascal contre la raison humaine, contre les lois de la société, je dirais presque contre les preuves traditionnelles et banales de la religion, autant nous le sommes de sa pieuse humilité et des effusions religieuses qui s'échappent de son cœur. La *Prière sur les maladies*, le *Mystère de Jésus*, *l'Amulette* elle-même nous émeuvent profondément, et nous ne sommes pas persuadés qu'un enthousiaste soit nécessairement un fou. Enfin Pascal est un de nous, car ce qui domine en lui est aussi ce qui domine en ce siècle, une foi qui doute et un doute qui veut croire. Si de ces deux choses, la foi et le doute, l'une triomphait définitivement, Pascal perdrait peut-être une partie de son prix ; mais il est à craindre que ce partage ne dure encore longtemps, et que Pascal ne reste par là le plus fidèle et le plus profond interprète de nos déchirements et de nos douleurs.

Aussi voyons-nous que la plupart des grands

écrivains, des critiques considérables de notre temps se sont exercés au portrait de Pascal, et ce qui est digne de remarque, c'est qu'ils y ont presque tous réussi. Chateaubriand, M. Villemain, M. Sainte-Beuve, M. Nisard, lui ont dû quelques-unes de leurs plus belles pages. Mais parmi tous ces écrivains, tous ces critiques, celui qui s'est emparé de Pascal de la manière la plus triomphante a été M. Cousin. Il a rendu à Pascal son texte authentique et original ; il en a retrouvé un fragment sans prix, et par le sujet, et par la manière, le *Discours sur les passions de l'amour* ; il a jugé l'écrivain en quelques lignes souveraines où le souffle du grand critique a passé. Enfin, dans un morceau des plus approfondis, il a établi avec un surcroît de preuves et une dialectique irrésistible ce que l'on savait sans doute, mais sans le bien comprendre et sans y trop penser, le scepticisme philosophique de Pascal[1]. Après que tant et de si grands maîtres avaient touché à cet inépuisable sujet, quel honneur pour M. Havet d'avoir su encore trouver de quoi nous intéresser et nous émouvoir ! Cette plume si fine et si rare, qui s'est trop économisée, nous donnait en tête d'une édition fidèle des *Pensées* de Pascal une

---

1. Voyez la *Revue* du 15 décembre 1844 et du 15 janvier 1845.
Nous ne sommes plus aussi convaincu qu'à l'époque où nous écrivions ce travail de ce que l'on appelle le scepticisme de Pascal; il y aurait quelques réserves à faire. Nous l'avons essayé dans notre discours prononcé à l'inauguration de la statue de Pascal à Clermont, en 1880.

introduction lumineuse et animée, qui mettait en relief quelques-uns des traits éminents du grand maître, oubliés par d'illustres prédécesseurs.

Parmi les écrivains qui auront parlé de Pascal, de son scepticisme et de sa foi avec le plus de force et d'émotion, il faudra maintenant compter M. Émile Saisset, qui a laissé sur ce sujet, avons-nous dit, un certain nombre de leçons à peine rédigées, mais pleines de souffle, et qui seront lues encore après ce que M. Cousin a écrit. Peut-être est-ce dans ces leçons que M. Saisset s'est le plus livré lui-même. Esprit circonspect et réservé la plume à la main, il s'abandonnait beaucoup plus devant ses auditeurs : sans être entraîné par sa parole, ou plutôt précisément parce qu'il s'en sentait maître, il ne craignait pas certaines expansions ; il semblait que la présence même du public vivant lui inspirât plus de confiance que ce public abstrait et invisible auquel on parle en écrivant. De là une liberté pleine de mouvement, qui compense dans ces leçons ce qui peut leur manquer pour la perfection du style et le développement de la pensée. Du reste, les *Pensées* de Pascal, ces débris sublimes d'un monument interrompu, pourraient-elles avoir un plus sincère, un plus touchant écho que ces leçons mutilées, fragments aussi d'un monument philosophique dont une même jalousie du destin n'a pas permis l'achèvement ?

M. Émile Saisset distingue au xviie siècle trois sortes de scepticisme : le scepticisme janséniste, le scepticisme jésuitique, le scepticisme érudit; le premier représenté par Pascal, le second par Huet, le troisième par Bayle. Celui-ci, selon les mots de Voltaire, est « l'avocat-général du scepticisme; mais il ne donne pas ses conclusions ». Quant à Huet, M. Saisset a laissé de lui un portrait charmant. « Huet, dit-il, est un homme du monde; ce n'est pas l'Alceste, c'est le Philinte du scepticisme théologique. Il insinue le scepticisme plutôt qu'il ne le professe. Il le verse à petites doses, d'abord dans la *Démonstration évangélique*, puis dans les *Questions d'Aulnay sur l'accord de la foi et de la raison*. Il ne se montre à visage découvert que dans son *Traité de la faiblesse de l'esprit humain*. Je dis à visage découvert, et j'ai tort : ce genre d'esprit a toujours un masque. Huet admet qu'il y a des vraisemblances à défaut de vérités. Il admet même des clartés et des certitudes, mais des clartés qui ne sont pas tout à fait claires, et des certitudes qui ne sont pas tout à fait certaines, un peu à la manière de ces grâces suffisantes qui ne suffisent pas. A cette marche oblique, doucereuse, gracieuse, accommodante, ne reconnaît-on pas l'habile et insinuante Compagnie de Jésus? On me dira : Huet n'était pas jésuite; c'est vrai mais il logeait chez eux; il était leur ami, leur hôte. Il passa chez les jésuites de la rue Saint-Antoine les vingt dernières années de sa vie et leur légua sa bibliothèque. Il avait pris l'air de la maison. »

Tel n'était pas l'ardent et mélancolique auteur des *Pensées*, de cet adversaire implacable de la molle casuistique de son temps, de celui qui dans les derniers jours de sa vie, bien loin de se repentir des *Provinciales*, disait encore: « Si j'avais à les refaire, je les referais plus fortes. » Pascal n'a jamais reculé devant aucune conclusion. Il est même plus enclin à exagérer sa pensée qu'à la voiler. Son scepticisme sera donc aussi hardi dans la forme que dans le fond. Cependant ce scepticisme a donné lieu à des interprétations différentes. Lorsque M. Cousin, en 1844, souleva cette question, deux opinions se produisirent. Selon les uns, Pascal avait voulu seulement montrer l'insuffisance de la philosophie et de la raison, sans cependant condamner l'une et l'autre en termes absolus. Suivant les autres, ce n'est pas seulement l'insuffisance, c'est l'impuissance radicale de la raison et de la philosophie, c'est le scepticisme sans mesure et sans frein que nous trouvons dans les *Pensées* de Pascal. M. Saisset pense que les deux opinions sont également vraies. Tantôt Pascal fait la part à la raison tout en la déclarant insuffisante, tantôt il lui refuse tout, et se range parmi les pyrrhoniens absolus.

Lorsque Pascal nous dit en effet : « Il faut savoir douter où il faut, *assurer où il faut*, se soumettre où il faut, » lorsqu'il dit : « Il faut commencer par montrer que la religion n'est point contraire à la raison, ensuite qu'elle est vénérable, en donner le respect, la rendre ensuite aimable, faire souhaiter aux bons qu'elle fût vraie, enfin montrer qu'elle est vraie, » n'est-ce pas là la méthode d'un sage apologiste qui veut fonder la religion sur une solide philosophie, et non l'établir sur les ruines de la philosophie même ? « La foi, ajoute-t-il encore, dit bien ce que les sens ne disent pas, mais non pas le contraire de ce qu'ils voient. — Elle est au-dessus et non pas contre. » Ainsi il ne condamne pas absolument la nature et la raison. Ce qu'il affirme, c'est que la philosophie est insuffisante à satisfaire, à consoler, à fortifier l'âme de l'homme. La science ne suffit pas, il faut l'amour, il faut la grâce, il faut la foi. « Qu'il y a loin, dit-il, de la connaissance de Dieu à l'aimer ! » Bossuet avait exprimé la même pensée en ces termes éloquents : « Malheureuse la connaissance qui ne se tourne pas à aimer ! » Pascal dit encore : « Le cœur a ses raisons, que la raison ne connaît point. » Ce n'est donc pas précisément la raison en elle-même que Pascal conteste, c'est sa valeur pratique, efficace pour la vie et pour le salut. Là, au contraire, est le triomphe du christianisme. « Nous ne connaissons Dieu, dit-il, que par Jésus-Christ; sans ce médiateur est ôtée toute communication avec Dieu. » C'est de la même manière que jadis saint Augustin était arrivé au christianisme. Les platoniciens, disait celui-ci, lui avaient révélé Dieu, mais sans lui donner le moyen qui y conduit. Ce moyen, ce chemin, c'est Jésus-Christ, selon la parole : « Je suis la voie, je suis la vie. » La voie et la vie, voilà, selon les chrétiens, ce que la philosophie ne donne pas ; voilà pourquoi elle est, non impuissante, mais insuffisante. Si Pascal était resté dans ces termes, il serait d'accord avec tous les théologiens et avec la doctrine universelle de l'Église, car il est de toute évidence que, si la philosophie n'était pas insuffisante, la foi serait inutile.

Après avoir ainsi posé le problème, M. Émile Saisset aurait pu, dans ses leçons de la Sorbonne, en éluder, en ajourner la solution. De graves et délicates convenances semblaient l'y autoriser. Il ne le fit pas, et on remarquera avec quelles netteté et franchise de parole il défendit en cette circonstance les droits et le rôle de la philosophie. Jusqu'à quel point la philosophie est-elle insuffisante ? Voilà ce qu'il fallait chercher. M. Saisset n'hésite pas à reconnaître qu'elle l'est pour la grande masse du genre humain, pour cette multitude d'hommes qui n'ont pas de loisirs, qui ont à peine le temps d'étudier, de lire, de penser. Elle ne suffit guère davantage aux âmes poétiques, qui ont besoin de symboles non seulement pour charmer leur imagination mais pour captiver leur raison. Elle ne suffit pas aux âmes mystiques, qui veulent avec Dieu un commerce affectueux et familier : témoin cet admirable dialogue de Pascal et de Jésus-Christ dans *le Mystère de Jésus*, fragment découvert par M. Prosper Faugère. A toutes ces âmes la philosophie ne suffit pas; elle ne donne pas un commerce direct, immédiat entre l'homme et Dieu. Elle donne de Dieu une connaissance spéculative; elle n'en donne pas une vue précise, un goût sensible et pratique. De là vient qu'elle n'a jamais pu organiser un culte ni au temps de l'école d'Alexandrie, qui voulut régénérer le paganisme, ni au xviiiᵉ siècle, où l'on inventa la théophilanthropie, la déesse Raison, le culte de l'Être suprême, ni de nos jours où les saint-simoniens ont essayé de parodier le culte catholique, tout en organisant la dictature de l'industrie et en donnant le bien-être comme fin suprême à la destinée humaine.

Mais, si la philosophie est insuffisante pour un grand nombre d'hommes, elle ne l'est pas cependant pour tous. La philosophie convient et suffit, selon M. Émile Saisset, à trois classes d'hommes : d'abord à ceux qui veulent voir clair en toutes choses et qui s'arrêtent dans leurs affirmations là où commence l'obscurité, ce sont les esprits *cartésiens*; en second lieu aux esprits défiants qui ont un vif sentiment du réel, un grand mépris des choses chimériques, et qui surtout ne veulent pas être dupes : ce sont les esprits *voltairiens*. Enfin, il est une dernière classe d'esprits, la plus rare de toutes : ce sont ceux chez lesquels une volonté fortement trempée est capable de se déterminer par les seuls conseils de la raison, ce sont les esprits *socratiques* ou *stoïciens*. « Pourquoi la philosophie ne suffirait-elle pas à de telles âmes ? La philosophie leur donne une religion puisqu'elle leur donne la foi en Dieu, elle leur donne une morale, puisqu'elle leur enseigne le devoir. Elle leur donne même une certaine piété, puisqu'elle leur inspire la foi en la Providence, par suite la résignation, non pas une résignation passive et forcée, mais une résignation volontaire et douce, celle qui dit dans la douleur même: *Fiat voluntas tua.* Enfin elle leur donne l'espérance. Socrate n'est pas sûr de l'autre vie; mais il ne regrette pas d'avoir agi comme s'il y en avait une, et il l'espère de la bonté des dieux. Ainsi le philosophe ne manque ni de religion ni de piété. Il croit en Dieu. Il l'adore et le contemple dans la beauté de ses œuvres. Il prie, il espère. »

Cette leçon hardie, où M. Émile Saisset divisait d'une main si ferme l'humanité en deux classes, les âmes religieuses et les âmes philosophiques, dut soulever de vives objections, non malveillantes, mais inquiètes, mais émues, et qui amenèrent notre ami à s'expliquer encore avec plus de fermeté et de précision. On lui reprocha d'avoir fait de la philosophie un privilège aristocratique, d'avoir parlé comme ceux qui disent qu'il faut une religion au peuple. M. Saisset répondit avec énergie à ces pressantes instances; il blâmait ceux qui disent que la religion n'est nécessaire qu'au peuple. Il y a des âmes très éminentes, très cultivées, qui ont besoin d'une religion positive. « J'ai cité Pascal et saint Augustin, disait-il : est-ce là le peuple ? La religion est bonne pour ceux qui ont le besoin et le pouvoir d'y croire. » On insiste et on dit: « Vous admettez donc que certaines âmes n'ont ni le besoin, ni le pouvoir de croire au surnaturel et peuvent s'en passer ? — Oui, Socrate, Platon, Caton, Marc-Aurèle, Épictète, ont vécu heureux et honnêtes sans avoir de religion positive. Il est des sages modernes qui, sans avoir le prestige qui couronne ces grands noms, témoignent que la vertu, la droiture et même la piété n'ont pas besoin de religion positive. » Un autre adversaire, serrant la question de plus près, voulut attirer M. Saisset sur le terrain brûlant du surnaturel et des miracles. Celui-ci ne recula pas devant cet appel, et il répondit: « En fait de surnaturel, j'admets Dieu et la Providence; en fait de miracle, le miracle éternel et perpétuel de la création; en fait de révélation, j'admets que Dieu se révèle par les lois de la nature et fait éclater sans cesse sa puissance, son intelligence, sa sagesse, sa justice et sa bonté. J'admets cela, rien de moins, rien de plus. Je ne sais si cette déclaration plaira à tous mes auditeurs mais on m'accordera que j'ai été fidèle à ma maxime: netteté dans les idées, sincérité dans les déclarations. » Cette ferme et noble déclaration de principes fut accueillie par tous les auditeurs avec une sympathie respectueuse, et le succès croissant de ses leçons vint prouver à M. Émile Saisset que la franchise unie à la modération désarme et subjugue toutes les opinions.

Ces leçons d'un caractère si accentué, ont été presque les dernières qu'ait prononcées à la Sorbonne Émile Saisset. Elles seront importantes pour l'histoire du spiritualisme contemporain. Jamais, depuis Jouffroy, l'école spiritualiste n'avait accusé ses doctrines rationalistes avec autant de fermeté et de décision. Ceux qui croiraient qu'en cette circonstance elle a manqué à la sagesse en se découvrant avec trop de sincérité ne se rendraient pas un compte exact de la situation actuelle de la philosophie. Les questions sont aujourd'hui serrées de trop près pour que l'on puisse rester dans le vague des formules indécises et d'un incertain christianisme qui n'est ni orthodoxe, ni hétérodoxe. Un historien illustre, qui vient de toucher à toutes ces questions avec la hauteur qui lui est habituelle, met en demeure les spiritualistes de s'expliquer sur la question du surnaturel. Ce grand et éloquent défenseur de la liberté de discussion est le premier à désirer que les causes s'accusent et se découvrent avec franchise, et que chacun porte son propre drapeau. Ce n'est pas lui qui reprocherait à M. Saisset (s'il vivait encore) d'avoir répondu d'avance à son appel et d'avoir dit: « Voilà ce que je crois; rien de moins, rien de plus. »

S'il m'était permis d'ajouter un mot à la discussion si vive et si franche de M. Émile Saisset, je dirais volontiers : Lorsqu'on accuse la philosophie d'insuffisance, qu'entend-on conclure de là ? J'avoue volontiers que la philosophie est insuffisante, qu'elle ne donne ni toute lumière, ni toute consolation, ni tout espoir; mais pourquoi la philosophie serait-elle suffisante, et pourquoi supposerait-on que l'homme doit avoir nécessairement à sa disposition quelque chose qui le satisfasse entièrement ? Tout étant incomplet et défectueux ici-bas, pourquoi s'étonner que nos lumières soient incomplètes, et que les secours qui nous ont été accordés soient proportionnés à la faiblesse et à la médiocrité de notre nature ? Si l'on dit qu'un Dieu bon ne peut avoir laissé ses enfants sans secours suffisants, on oublie que c'est pourtant là l'état où ont été pendant des siècles les nations les plus illustres et les plus éclairées de l'antiquité. Il n'y a donc pas de contradiction à supposer que la Providence n'a donné aux hommes que des moyens très faibles pour percer les mystères de leur destinée. On n'a rien dit contre la philosophie en montrant qu'elle ne donne ni toute la force, ni toute la joie désirable, car il est possible qu'il soit dans la destinée humaine de se contenter de faibles lumières et de faibles joies. Si l'on réfléchit d'ailleurs que les formes les plus variées des croyances humaines donnent toutes des consolations et ont inspiré des prodiges de courage et de sacrifice, on verra que le fait de donner des consolations et des forces n'est pas une garantie suffisante de vérité.

Quoi qu'il en soit d'ailleurs, si Pascal s'en était tenu à la doctrine que nous venons d'exposer, il ne se distinguerait de la plupart des théologiens que par l'énergie de sa conviction et l'ardeur entraînante de son éloquence. Ce ne serait pas là le scepticisme; car le scepticisme ne consiste pas à limiter la raison, mais à la nier. Malheureusement c'est là une extrémité devant laquelle Pascal n'a pas reculé. De l'insuffisance de la philosophie et de la raison, il est passé, par un entraînement facile à comprendre, à la doctrine d'une impuissance radicale, absolue, irrémédiable, au moins hors de la révélation et de la grâce. Il parle de la philosophie de la manière la plus insultante dans ce passage si connu : « Se moquer de la philosophie, c'est vraiment philosopher. Nous n'estimons pas que la philosophie vaille une heure de peine. » Il prononce cette parole hardie et décisive : « Le pyrrhonisme est le vrai. » Enfin il serait difficile aujourd'hui, après la démonstration victorieuse de M. Cousin, de nier que dans Pascal se rencontrent à chaque page des traits qui trahissent un absolu scepticisme [1]. Il attaque la philosophie dans ses sources psychologiques en niant la légitimité de tous nos moyens de connaître ; il ébranle la morale et la religion naturelle en niant la justice et en n'admettant que la force ; il ébranle la théologie elle-même en justifiant l'athéisme comme une marque de force d'esprit, en substituant aux démonstrations philosophiques de l'existence de Dieu la fameuse preuve tirée du calcul des probabilités, qu'il venait d'inventer, jouant Dieu à croix ou pile. Il n'est pas moins sceptique sur les affections que sur les idées, et il a écrit cette phrase odieuse, que Hobbes ne désavouerait pas : « Les hommes se haïssent naturellement les uns les autres. » La force et le hasard lui sont les maîtres

---

1. Tout cela reste vrai dans l'ensemble. Cependant si nous voulions préciser davantage, nous dirions que dans Pascal le scepticisme ne prouve pas la foi, et n'est pas un moyen de convaincre et d'attirer à la foi (comme dans l'abbé de Lamennais) ; c'est une conséquence de la foi même. Lorsque vous voyez les choses directement par la voie surnaturelle, qu'avez-vous besoin de la raison naturelle ? Et combien elle doit vous paraître basse et misérable !

de la vie humaine, et son imagination épouvantée ne voit sur cette terre qu'un cachot, et dans les hommes que des condamnés à mort attendant leur exécution.

De cette philosophie subversive ne pouvait sortir qu'une religion servile et tyrannique, que M. Cousin définissait éloquemment en l'appelant « cette dévotion malheureuse que je ne souhaite à personne »; ce qui se comprend du reste aisément par l'alliance naturelle (aussi naturelle en philosophie qu'en politique) de l'anarchie et du despotisme. Après avoir dit qu'il faut présenter la religion comme raisonnable et aimable, il la présente au contraire comme terrible et incompréhensible, et il se jette dans toutes les extrémités du *credo quia absurdum*. Il dit que, s'il y a quelque chose de scandaleux et d'*énorme*[1], ce n'est pas « la justice envers les réprouvés, c'est la miséricorde envers les élus». Aveuglé par un mysticisme insensé, il dit que « la maladie est l'état naturel du chrétien, et qu'il faut vivre dans l'attente continuelle de la mort ». Il combat toutes les affections humaines, il ne veut pas qu'on s'attache à lui et prétend « que l'on est coupable de se faire aimer ». Enfin il condamne le mariage comme un homicide, ou plutôt comme un déicide. Tel a été le christianisme janséniste de Pascal, exagération repoussante du principe de la foi, et qui inspire à M. Saisset ces excellentes paroles : « Je ne reconnais pas à ces traits la morale chrétienne, la charité chrétienne, l'esprit chrétien. Le

[1]. Dans le sens latin, *enormis*, hors de règle.

Christ mourant au Golgotha n'est pas un symbole d'ascétisme, mais un symbole de bonté, de charité et d'amour. »

On voit par l'exemple de Pascal (je prends le plus grand) ce que devient une théologie quand elle est privée du soutien d'une saine et forte philosophie, et lorsqu'elle s'allie au scepticisme pour obtenir l'entier abattement de la raison. On ne peut sans doute demander aux théologiens de consentir à l'indépendance absolue et souveraine de la philosophie, car ce serait sacrifier leurs propres principes; mais ils peuvent voir qu'une trop grande défiance à l'égard de la raison conduit à des extrémités aussi périlleuses pour l'orthodoxie que pour le bon sens. Que cela soit un avertissement pour les théologiens excessifs qui ne voient que des ennemis dans les libres penseurs. Le rationalisme a du bon, ne fût-ce que comme correctif aux entraînements fanatiques d'un mysticisme déréglé.

Au reste, il est juste de le reconnaître, à part la défiance bien naturelle qu'inspire toute philosophie indépendante à la théologie révélée, il est certain que le scepticisme théologique a reculé plutôt qu'il n'a fait de progrès dans ces dernières années. Un exemple solennel, celui de l'abbé de Lamennais, a prouvé qu'une telle tactique n'est pas une garantie bien solide pour la foi. Nos théologiens les plus éclairés, le père Gratry, l'abbé Hugonin, Mgr Maret, sont tous très opposés à cette fausse doctrine. Saint-Sulpice, qui est le centre des bonnes études théologiques en France, l'a toujours combattue, et récemment encore nous entendions à Notre-Dame un prédicateur éclairé, le père Hyacinthe, défendre fortement et noblement la cause de la raison et de la philosophie, j'ajouterai même de la société moderne, contre l'école traditionnaliste. Rome, elle-même, dans quatre propositions célèbres promulguées il y a une dizaine d'années, a expressément condamné l'opinion qui conteste à la raison le pouvoir d'établir l'existence de Dieu et de l'âme, les grandes vérités de la morale, enfin les principaux articles de la théologie naturelle. Comme la philosophie n'a pas toujours le bonheur d'être d'accord avec Rome, c'est un devoir pour elle de reconnaître qu'en cette circonstance Rome a montré autant de sagesse que de lumières, et il serait fort à désirer, dans l'intérêt de la paix et de la fraternité, qu'il en fût toujours ainsi.

Lorsque la théologie combat la philosophie et veut la détruire parmi les hommes, elle entreprend l'impossible, car il faudrait pour cela qu'elle supprimât un instinct irrésistible de la nature humaine, le besoin d'examiner et de comprendre. Le théologien comprend médiocrement la force d'un tel besoin, parce qu'en général il ne l'éprouve pas (autrement il serait un philosophe) et ne cherche guère à le satisfaire. La théologie répond pour sa part à un tout autre besoin de l'âme, le besoin de croire et de systématiser ses croyances. C'est par l'ordre et l'enchaînement des doctrines que la théologie, j'entends la théologie catholique, a un côté scientifique; mais elle ne fait qu'ordonner et enchaîner, elle ne cherche pas, si ce n'est peut-être dans la controverse, où le besoin de se défendre la force à découvrir des armes nouvelles : par là elle commence à ressembler à la philosophie, sans jamais se confondre avec elle tant qu'elle persiste à s'appuyer sur une doctrine consacrée. La philosophie au contraire est fille de l'examen, elle ne veut rien affirmer qu'elle n'ait trouvé par l'analyse et la réflexion. Ses dogmes sont ses conquêtes et non pas ses chaînes. Elle va donc à la découverte, et c'est pourquoi elle va souvent à l'aventure, c'est pourquoi aussi chaque philosophe va de son côté, persuadé qu'il a trouvé le vrai chemin et que tous les autres se trompent. Cette recherche libre et personnelle est et sera toujours la tentation et l'appât du philosophe. Le théologien, habitué à la sécurité que donne une foi bien établie, comprend difficilement qu'on puisse prendre plaisir à vivre au sein des mouvements et des oscillations du sol philosophique. Il s'en faut, en effet, que ce soit là un plaisir sans mélange, et je ne le conseillerais pas volontiers à ceux qui n'aiment que la paix ; mais penser par soi-même et n'obéir qu'à la lumière de la raison, c'est une des plus fortes et des plus hautes passions de l'homme. Celui qui l'éprouve assez pour lui consacrer sa vie est un philosophe, celui qui ne l'éprouve pas peut très bien se dispenser de se livrer à la philosophie ; mais qu'il ne cherche pas à en détourner les autres.

II

Comment passer de Pascal à Kant? Quelle transition liera l'un à l'autre deux personnages si dissemblables, et qui paraissent appartenir à deux mondes? Chez l'un, toutes les pensées ont traversé le cœur et se sont échauffées de toutes les ardeurs de la passion. Troublé par le problème de la destinée humaine jusqu'au point d'en perdre presque la raison, sceptique et croyant à la fois, portant une sorte de fanatisme dans le doute comme dans la dévotion, maudissant la vie avec tant d'exagération qu'on pourrait croire qu'il l'avait trop aimée et qu'il lui en voulait de ne pas lui avoir donné ce qu'il en espérait, ayant jeté des éclairs dans la science comme dans la philosophie, mais par-dessus tout grand écrivain, apologiste original et paradoxal de la religion, mais, malgré tous ses efforts, ayant contribué pour sa part à la dissolution des antiques croyances, tel a été Pascal, qu'on peut définir d'un mot : un homme, une âme, une flamme.

Transportons-nous maintenant sur les confins du nord, à l'extrémité orientale de la Prusse, dans cette ville froide et lointaine de Kœnigsberg où bien peu de voyageurs ont la curiosité d'aller chercher les vestiges et les souvenirs de la *Critique de la raison pure*. C'est là qu'est né, c'est là qu'est mort, c'est là qu'a enseigné pendant trente ans l'immortel Kant, le maître et le roi des philosophes allemands. Là l'enseignement de la philosophie n'est pas, comme ailleurs, plus ou moins lié par la tradition, par les convenances, par les habitudes, à un système d'idées consacré. La pensée est souverainement libre ; elle n'a jamais connu depuis une telle liberté. Comme Pascal, Kant associe à un specticisme illimité une foi austère, et il rend à la pratique ce qu'il refuse à la raison spéculative ; mais il n'obéit jamais qu'à la science pure, et la passion n'a aucune part à ses raisonnements : ce n'est pas une personne, c'est une idée. Quelquefois du sein de ces froides abstractions s'élève tout à coup un cri noble et fier qui part de l'âme et parle à l'âme ; mais rien n'est plus rare, et d'ordinaire c'est à peine si l'algèbre est plus abstraite, plus impersonnelle que cette philosophie hérissée et enveloppée, qui recouvre les plus rares finesses de la pensée des formes les plus repoussantes du pédantisme scolastique. Néanmoins, sous cette forme surannée, que de hardiesse, que de liberté, quelle jeunesse de pensée, quelle absence de préjugés, quelle profondeur ! Et dans la morale que de grandeur et de sérénité ! Quant à l'homme lui-même, il paraît avoir assez peu connu les troubles et les tumultes de la vie. Il n'a jamais quitté sa ville natale, tout entier à sa chaire et à la construction de sa doctrine, vivant seul et dans la retraite avec une régularité toute monastique. N'ayant pas eu de ménage et, selon toute apparence, n'ayant guère connu la passion, il n'a aimé que la science et la vérité. Sur la fin de sa vie seulement, un éclair d'enthousiasme a traversé cette âme austère et virile : ce fut la révolution française qui l'alluma. Ce grand espoir d'une émancipation universelle fit sortir de sa tranquillité habituelle ce penseur abstrait et glacé, et l'on vit le noble vieillard courir chaque jour sur la grande route pour avoir plus tôt les nouvelles attendues par tous avec anxiété. Il meurt après quatre-vingts ans, ayant eu le temps d'édifier tout son système, d'en publier lui-même toutes les parties, n'ayant laissé aucune région de la science étrangère à ses études, et entouré d'une puissante école appelée au plus florissant avenir. Sereine et froide, pleine de jours et d'œuvres, telle a été la vie de Kant ; ardente, désolée, tranchée prématurément, telle a été la vie de Pascal. Leur philosophie reflète leur existence. L'un et l'autre sont sceptiques ; mais l'un avec amertume et insolence semble défier la raison et prendre plaisir à l'insulter, l'autre froidement et méthodiquement analyse, discute, critique, demande à cette même raison ses titres et ses comptes avec l'impitoyable tranquillité d'un juge. Tous deux unissent à un scepticisme illimité une foi profonde, et essaient de reconstruire d'un côté ce qu'ils détruisent de l'autre; mais la foi du premier est une foi religieuse et mystique, jaillissant de l'âme comme un coup de grâce dans une extase mystérieuse ; la foi du second est une foi stoïque et morale, ayant son point d'appui dans une conscience aussi ferme que pure. Pour l'un, la foi a pour objet la croix et Jésus, pour l'autre le devoir et la vertu. Tels ont été, aux points les plus opposés et les plus extrêmes, les deux grands maîtres du scepticisme moderne.

Un système aussi compliqué et aussi fortement lié que celui de Kant est bien difficile à résumer. M. Émile Saisset a rempli cette tâche autrefois dans la *Revue* [1] avec un rare bonheur, et c'est cette large et rapide analyse qui est devenue le chapitre consacré à ce grand nom dans le livre qui vient d'être publié. Nous n'avons plus aujourd'hui qu'à en recueillir les principaux traits dans ce qui touche à notre sujet, c'est-à-dire au scepticisme de Kant.

Kant avait cinquante-sept ans, lorsqu'il publia, en 1781, l'ouvrage immortel qui devait opérer une révolution si extraordinaire dans l'histoire de la philosophie.

Jusque-là, il n'avait été lui-même qu'un de ces nombreux penseurs et écrivains qui s'efforçaient à l'envi de modifier, de transformer, de renouve-

[1]. Voyez la livraison du 15 février 1846.

ler la philosophie de Wolff; il avait écrit de nombreux ouvrages où se manifestait son esprit d'indépendance, mais non pas encore le génie créateur qui éclate dans la *Critique de la raison pure*. Il n'était guère qu'un bon wolfien, inclinant de jour en jour davantage au scepticisme. Mais un jour, une idée de génie le saisit : pour la mûrir et la développer, il garde dix ans le silence, et il reparaît en maître et en conquérant sur le terrain philosophique, où il n'avait été jusque-là qu'un travailleur distingué, rival, mais non vainqueur, des sages et ingénieux penseurs, ses contemporains.

Résumons en quelques lignes les progrès de la pensée de Kant de 1746 à 1781, de son premier ouvrage écrit à vingt-trois ans, jusqu'à son chef-d'œuvre, publié à près de soixante ans. On le voit, dans son premier écrit *(De l'évaluation des forces vives)*, se précipiter avec l'impatience téméraire du jeune homme dans une question du jour, question obscure et confuse par elle-même, débattue entre les cartésiens et les leibniziens, résolue plus tard par d'Alemberg qui les renvoie dos à dos. Dans ce débat, Kant n'apportait que peu de lumière, mais il témoignait d'une science étendue et variée, et d'une rare sagacité. On le voit ensuite, dans une œuvre bien plus mûre, dans l'*Histoire naturelle du ciel*, se faire, même comme astronome, une place distinguée: pressentir l'importance que va prendre dans la science la théorie des nébuleuses; deviner que notre soleil fait lui-même partie d'une vaste nébuleuse, qui est la voie lactée; enfin devancer Laplace, en essayant d'expliquer mécaniquement l'origine de notre système planétaire. Après ces premières excursions sur le domaine de la mécanique et de l'astronomie, le voilà qui passe à la métaphysique pour ne plus la quitter, sans cependant jamais abandonner tout à fait les sciences, surtout les sciences naturelles, pour lesquelles il avait le plus grand goût, et la géographie dont il était professeur. Son premier écrit philosophique (*Explication des premiers principes de la métaphysique*) est presque entièrement wolfien ; il y défend contre Crusius le principe leibnizien de *la raison suffisante*, et surtout il nous donne déjà la mesure de l'originalité de sa pensée, en avançant ce principe, nouveau alors, et qu'il n'abandonnera jamais depuis, à savoir: « qu'il y a toujours dans le monde une même quantité de réalité, une même quantité d'être », devançant par la métaphysique la doctrine de Lavoisier, que, dans tout changement de matière, la quantité est toujours la même, et la doctrine plus récente encore et toute contemporaine des physiciens, que non seulement la quantité de matière, mais que la quantité de force reste immuable dans toutes les actions et réactions des corps. En 1763, il publie sur les différences des mathématiques et de la philosophie, un écrit qui obtient une mention à l'Académie de Berlin, dans un concours où le philosophe Mendelsohn, l'ami de Lessing, obtint le prix. De ces deux mémoires date l'intelligence plus exacte des différences profondes qui séparent la philosophie et la mathématique, deux sciences trop confondues par les philosophes du xvii⁰ siècle. Un ouvrage plus important et plus profond, et même, on peut le dire, capital dans le développement philosophique de Kant, est celui qu'il publia la même année en 1763, *Sur l'introduction des quantités négatives en philosophie*. Dans cet ouvrage, difficile à lire, Kant, distinguant l'opposition logique de l'opposition réelle, montre comment deux opositions logiques ne peuvent pas coexister dans le même sujet, mais comment la coexistence de deux opposés réels n'implique pas contradiction, devançant ainsi la doctrine de Hegel sur l'identité des contraires. Il montre comment la somme de toutes les oppositions de l'univers est égale à zéro, devançant ainsi la doctrine de Schelling sur l'*indifférence* des opposés. Il montre comment on peut appliquer les idées de mécanique à la psychologie, devançant encore sur ce point l'un des esprits les plus originaux de l'Allemagne, Herbart. Mais ce qui ressort surtout de ce remarquable et profond écrit, c'est que le principe de causalité n'est pas un principe logique où l'attribut soit contenu dans le sujet, mais une sorte de postulat, où l'on ajoute l'attribut au sujet, en quelque sorte gratuitement et sans y être autorisé. On ne sait pas si Kant, à ce moment, possédait déjà sa théorie des jugements *synthétiques à priori*, mais ce qui est certain, c'est qu'il avait été profondément frappé de la critique de David Hume, lequel, comme il nous l'a dit lui-même, « l'a réveillé du sommeil dogmatique ». C'est à ce moment de la carrière philosophique de Kant qu'il faut placer le plus fort accès de son scepticisme, dont la plus hardie expression se trouve dans les *Rêves d'un visionnaire* de 1766. Déjà en 1763, il s'était vivement préoccupé de quelques faits qui avaient couru l'Europe et l'avaient plongée dans l'étonnement ; deux ou trois anecdotes mystérieuses dans lesquelles le prophète du Nord, Svedenborg[1], jouait un rôle presque surnaturel, avaient mis en émoi toutes les imaginations, surtout celles des femmes, et le professeur Kant avait été sollicité par une demoiselle distinguée, mademoiselle de Kortholt, à donner son avis sur ces faits miraculeux. Kant, avec la bonne foi et l'esprit de critique qu'il possédait au plus haut degré, n'avait pas nié absolument ces faits, et les avait soumis à une sorte d'enquête qui n'était pas entièrement défavorable. Mais, en 1766, il n'avait plus de ces complaisances ; et il n'hésitait pas à affirmer absolument le charlatanisme de Svedenborg ; seulement, voulant faire d'une pierre deux coups et donner carrière à l'amer scepticisme dont il était alors envahi, il s'était plu dans cet écrit négligé et bizarre, mais spirituel et profond, à mettre sur la même ligne les rêves des métaphysiciens et les rêves des illuminés, et à envelopper dans une même apologie ironique le spiritualisme et le spiritisme ; et, comme s'il eût voulu indiquer qu'il disait adieu à la métaphysique et à la recherche des vérités transcendantes, il terminait par ces paroles empruntées

1. Voir plus loin Kant et Svedenborg.

à Candide: « Occupons-nous de nos affaires et cultivons notre jardin. » Cet écrit semble l'œuvre d'un esprit épuisé et fatigué, qui renonce pour sa part à toute investigation nouvelle et qui, dégoûté pour son propre compte de la pensée, semble vouloir en dégoûter les autres. Il avait alors quarante-deux ans. Mais chez les esprits de la trempe de Kant, le découragement n'est pas de longue durée; et le moment était proche où une pensée maîtresse étant tombée dans son esprit, devait peu à peu, fécondée par la méditation, changer la face de la philosophie moderne. Cette pensée, comme toutes les grandes choses, eut des commencements modestes. On la voit apparaître en germe et à peine conçue dans un petit écrit de quelques pages de 1768, *Du premier fondement de la distinction des régions dans l'espace*. Dans cet écrit, Kant essayait de prouver que la distinction des régions dans l'espace, la gauche et la droite, le haut et le bas, l'avant et l'arrière, ne pouvait se concilier avec la doctrine de Leibniz, à savoir que l'espace est un rapport entre les choses. Kant découvre au contraire que la situation des choses dans l'espace suppose l'espace et n'en est pas supposée, que l'espace est une condition au lieu d'être un résultat: mais il ne se prononce pas encore sur la nature de cette condition. C'est en 1770, dans sa *Dissertation sur la forme et les principes du monde sensible et du monde intelligible*, qu'il expose sciemment et dans toute sa netteté sa doctrine propre et originale, que nous retrouverons prochainement dans son

Esthétique transcendentale, à savoir que l'espace et le temps sont les formes de la sensibilité et non pas des choses en soi. Toute cette partie de sa doctrine est achevée et complétée en 1770; mais le reste est encore enveloppé dans les nuages. C'est de 1770 à 1781 que cette doctrine se développe, s'organise et se constitue. C'est l'objet de la *Critique de la raison pure*, c'est-à-dire de l'œuvre capitale que nous avons maintenant à analyser.

Pour bien comprendre le système du philosophe de Kœnigsberg dans ses principes généraux et dans ses grandes lignes, il faut observer que, dans toutes les pensées de notre esprit, on peut distinguer deux choses: d'abord ce qui nous vient du dehors, ce qui est l'objet de la sensation, et ce qu'on appelle le phénomène, par exemple la chaleur, la couleur, le mouvement; — en second lieu, ce qui vient de l'esprit, c'est-à-dire un certain nombre d'idées qui, s'appliquant à ces phénomènes, nous permettent de les coordonner, de les enchaîner, de les généraliser. Ces idées sont les vrais principes de la pensée. On se représentera assez bien la séparation de ces deux choses, si l'on réfléchit à l'état de ces pauvres d'esprit, les idiots, qui sont privés de toute réflexion et de toute intelligence et ne sont doués que de la faculté de sentir. Les phénomènes les affectent tout comme nous, mais ils ne les redoublent pas dans leur conscience par la puissance de la réflexion; ils ne savent pas les convertir en pensées, ce qui est, à proprement parler, ce que nous appelons comprendre. Sans doute, même chez les idiots, Kant trouverait encore quelques principes purement intérieurs, qui viennent s'appliquer aux phénomènes pour rendre possible la perception des choses extérieures; mais, les idiots étant privés des idées supérieures de l'entendement et de la raison, cet exemple rend assez bien compte de la distinction établie par Kant entre la matière et la forme de connaissance, — la matière qui est fournie par le dehors, et la forme par le dedans.

Maintenant la connaissance des choses, suivant Kant, se compose de trois degrés. Au premier degré, le plus simple de tous, qui est commun à l'animal et à l'homme, à l'idiot comme à l'homme raisonnable, nous percevons les choses extérieures. Cette perception suppose, comme on vient de le voir, une matière extérieure, à savoir les phénomènes. Or ces phénomènes, pour être perçus, sont soumis à une condition: il faut qu'ils soient placés dans l'espace. L'espace n'est pas l'objet direct d'une perception ni d'une sensation; mais il est la condition qui rend possibles l'une et l'autre: c'est un cadre, un moule en quelque sorte, où viennent se placer les phénomènes à mesure qu'ils sont sentis; c'est, pour employer le langage de Kant, une *forme* de la sensibilité. On peut dire la même chose du temps à l'égard des phénomènes internes, des phénomènes de conscience.

Les phénomènes placés et coordonnés dans le temps et dans l'espace deviennent des objets d'intuition et de perception, mais ils ne sont pas encore des objets de pensée. Se représenter un arbre placé à un certain point de l'espace, à une certaine distance d'un autre, ce n'est pas *penser* un arbre. Le penser au contraire, c'est réfléchir à l'unité et à l'individualité qui le constituent, à l'ensemble des effets et des causes dont il est la résultante ; c'est en affirmer l'existence actuelle, remarquer que cette existence est contingente et non nécessaire ; c'est enfin grouper et enchaîner les différents phénomènes que cet arbre peut présenter sous un certain nombre d'idées générales, et, comme dit Kant après Platon, ramener la multitude à l'unité. Les idées de cette seconde classe sont donc les conditions de la pensée, comme les premières étaient les conditions de la sensibilité : ce sont les *catégories*, expression empruntée par Kant à Aristote, et qui signifie les attributs généraux des choses.

La pensée, une fois qu'elle a pris possession des objets de la nature, les lie, les généralise, les subordonne, en forme une chaîne dont tous les anneaux se rattachent les uns aux autres. Cette chaîne est ce qu'on appelle la nature, et l'opération de l'esprit qui la forme est la science ; mais si l'esprit était obligé de poursuivre à l'infini cet enchaînement de phénomènes, cette course éternelle sans commencement ni fin accablerait la raison d'une lassitude infinie, et elle se perdrait dans cet abîme sans fond. Il lui faut s'arrêter. Ce point d'arrêt, dans quelque ordre et dans quelque série que ce soit, est ce que Kant appelle l'inconditionnel ou l'absolu. Il y en a de trois sortes : pour les phénomènes de conscience, nous concevons nécessairement un sujet qui ne soit plus phénomène, et que nous appelons *âme*; pour les phénomènes extérieurs, nous concevons également un sujet en soi, un *substratum* qui n'est pas phénomène, et c'est ce qu'on appelle le monde. Enfin, au-dessus et au delà de ces deux substances, qui ne sont, si j'ose dire, que relativement absolues, nous concevons un dernier absolu, l'Être infini ou parfait, Dieu. Ces trois notions, l'âme, le monde et Dieu, sont les *idées* de la raison pure, qui, de même que les *catégories* de l'entendement et les *formes* de la sensibilité, sont les lois nécessaires suivant lesquelles l'esprit conçoit les choses, d'où il ne faut pas conclure cependant qu'elles sont les lois des choses en elles-mêmes.

Ainsi, il y a dans l'esprit trois étages de notions subordonnées les unes aux autres : au premier degré, l'espace et le temps, formes de l'intuition sensible; au second degré, les catégories (substance, cause, unité, existence, relation, etc.), conditions de la pensée; au troisième, les idées absolues, l'âme, le monde et Dieu. Ces dernières idées ne sont que des limites, des points d'arrêt; les formes de la sensibilité (espace et temps) ne sont que des réceptacles, des moules vides, de simples contenants. Le vrai nœud, le cœur de l'action intellectuelle est dans les catégories. C'est là, c'est dans cette fusion intime des idées et des phénomènes, du général et du particulier, c'est dans cette opération essentielle que consiste la pensée. L'erreur des sensualistes, des empiristes de tous les temps est de croire que la pensée naît de la sensation, et n'est qu'une sensation transformée, comme si l'idiot n'avait pas de sens aussi bien que les autres hommes. Ce qui manque précisément à l'idiot, c'est la faculté de convertir les sensations en idées, ce qui ne se peut que par le moyen de ces idées élémentaires et constitutives que l'entendement porte en lui-même et qu'il applique aux choses du dehors.

Mais de quelques notions qu'il s'agisse, *formes*, *catégories* ou *idées*, à quelque étage de l'esprit humain que nous nous placions, *sensibilité*, *entendement* ou *raison*, tout ce que l'esprit porte en lui-même n'a de valeur que par rapport à lui. Toutes ses idées sont *subjectives*; elles ne représentent pas les choses telles qu'elles sont en soi, mais telles qu'elles nous apparaissent, non pas comme des *noumènes*, mais comme des *phénomènes*. Si l'on demandait à Kant sur quoi il fonde une hypothèse en apparence aussi arbitraire, il répondrait sans doute que, ces idées naissant avec l'entendement humain et étant précisément la part qu'il apporte dans la connaissance, il ne peut en rien s'assurer que cette part corresponde à quelque chose de réel en dehors de nous. L'entendement ne connaît que lui-même, et il ne connaît rien autre chose que par lui. Pourvu de notions *à priori*, qui sont en lui avant tout commerce avec l'expérience, comment pourrait-il savoir que le dehors est conforme aux représentations anticipées du dedans?

Outre cette suspicion générale, qui porte sur l'esprit humain tout entier, Kant trouve des sujets de doute tout particuliers dans les idées de la raison pure, dans ces trois idées absolues, qui sont précisément l'objet de la métaphysique, et il institue contre la valeur objective de ces idées une polémique dont la philosophie ressent encore les blessures. C'est à l'occasion de cette polémique, et surtout de la célèbre controverse où Kant soumet à une critique impitoyable tous les arguments les plus respectés de la théodicée, que le sceptique Henri Heine disait avec sa diabolique ironie : « L'on vit alors, après cette grande bataille, les arguments de l'école mis en déroute, les gardes-du-corps ontologiques jonchant la terre, et Dieu privé de démonstration ! » Hâtons-nous d'ajouter que Kant a fait tous ses efforts pour rétablir dans sa morale tous les grands principes qu'il avait si gravement ébranlés dans sa métaphysique. Si Dieu, l'âme, la liberté, ne lui paraissent pas susceptibles d'être démontrés par la raison spéculative, il les considère comme les postulats nécessaires de la raison pratique, comme les conditions et les garanties de la loi morale.

Sans vouloir suivre le système de Kant dans toutes ses parties (ce qui nous éloignerait du plan de cette étude), nous nous contenterons de quelques observations sur son idée fondamentale. On reconnaîtra ainsi que ceux qui disent que Kant en a pour jamais fini avec la métaphysique se font une entière illusion. La *Critique de la raison pure* a été au contraire le point de départ d'une nouvelle métaphysique, et cela par une logique nécessaire et inévitable. Que l'on réfléchisse un instant sur ce qu'il y a d'étrange dans l'hypothèse de Kant. Selon cette hypothèse, c'est l'esprit humain qui prête à la nature par son concours avec elle tout ce qu'elle nous offre de rationnel, d'intelligible, d'harmonieux et de régulier. La nature, dépouillée de ce que l'esprit humain lui attribue, n'est qu'une multitude de phénomènes indéterminés et désordonnés, une matière sans forme, quelque chose de semblable à ce que les anciens poètes appellent le chaos. La raison, d'après Kant, joue à l'égard de la nature à peu près le même rôle que l'artiste divin remplit à l'égard du monde dans le système de Platon. La raison est le véritable *démiurge*, la suprême organisatrice de l'univers. Il faut bien se garder de confondre le scepticisme de Kant avec l'ancien pyrrhonisme, qui ne laissait rien debout, ni au-dedans, ni au dehors de nous-mêmes, que la conscience de nos sensations. Kant, instruit par le grand exemple des sciences, reconnaît que la pensée, soit sous une forme purement subjective (comme dans la logique et les mathématiques), soit appliquée à la nature, (comme dans les sciences physiques et naturelles) forme un tout systématique et lié. C'est de la réunion de la pensée avec les phénomènes que résulte le *cosmos* avec ses merveilleuses harmonies. Si l'on songe en effet que l'espace, dans lequel les phénomènes sont contenus, le temps, dans lequel ils se succèdent, rapports de cause et d'effet, d'action et de réaction, par lesquels nous les enchaînons, les idées d'unité et de pluralité, qui nous servent à les classer et à les distribuer, enfin que tout ce qui sert à lier les phénomènes vient de notre esprit, et non des choses elles-mêmes, on conviendra que, selon Kant, c'est l'esprit qui est le vrai créateur de la nature. Je demande alors quel est l'avantage d'une telle hypothèse. Pourquoi supposerais-je que c'est l'entendement qui apporte à la nature ce qui la rend intelligible et capable d'être connue scientifiquement au lieu de dire tout simplement que la nature est intelligible en elle-même, qu'en elle-même elle forme un tout rationnel et intelligible ? La constance, le développement gradué des phénomènes suivant des lois, l'enchaînement, la liaison, la hiérarchie de ces lois, la combinaison des causes et des effets (je ne parle même pas des rapports de finalité, de convenance et d'harmonie), toutes ces conditions, qui seules rendent possible une science de la nature, nous apparaissent en même temps comme les conditions de l'ordre des choses. Quelle facilité et quel avantage trouve-t-on à concevoir que l'entendement porte en soi et produit spontanément ce système et qu'il l'applique à la nature au lieu de l'y découvrir ? Plus j'étudie la nature, plus se confirme en moi la pensée qu'elle forme un tout raisonnable. Jamais les idées qui me servent à la comprendre ne se sont trouvées démenties : autrement il n'y aurait point de science. Le champ des découvertes a beau s'étendre : tous les phénomènes viennent les uns après les autres se coordonner dans le système général, et l'avenir même se plie à nos prévisions. Pourquoi donc supposerions-nous que tout cela est notre œuvre, et que nous sert-il, suivant la comparaison de Kant, de faire tourner la terre autour du soleil, au lieu de faire tourner, comme Ptolémée, le soleil autour de la terre ? On remarquera d'ailleurs que cette hypothèse, qui se présente en apparence comme modeste, puisqu'elle prétend ne pas vouloir se prononcer sur les choses telles qu'elles sont en soi, est au contraire passablement orgueilleuse, puisqu'elle consiste précisément à attribuer à l'esprit humain tout ce qu'il y a pour nous de plus grand et de plus merveilleux dans la nature elle-même.

Supposons cependant qu'on admette cette hypothèse, afin d'éviter les embarras qui pourraient naître de l'hypothèse opposée ; croit-on avoir par là coupé court à toute difficulté, réfréné à tout jamais la curiosité humaine, assuré à l'esprit humain cette tranquillité, cette *ataraxie*, suivant l'expression des pyrrhoniens, à laquelle ont toujours prétendu les sceptiques de tous les temps ? C'est ici que Kant nous paraît avoir été sous le prestige de cette illusion, commune à tous les inventeurs de systèmes, qui consiste à croire que tous les esprits pourront s'arrêter là où l'on s'est arrêté soi-même, et se satisfaire de ce qui nous a satisfaits. Embarrassé du monde objectif, Kant a pensé que la résolution de toutes difficultés était de *subjectiver* toutes choses. Quand il avait fait passer un problème de l'objectif au subjectif, il croyait avoir tout fait, et il ne paraissait pas soupçonner que le subjectif à son tour ne pouvait se suffire à lui-même, qu'il y avait là un monde nouveau d'obscurités et de difficultés. On explique le dehors par le dedans, la nature par l'esprit, l'objet par le sujet. Fort bien; mais le sujet lui-même, comment l'explique-t-on? Dans ce sujet, il y a des formes *à priori* de la sensibilité, des catégories de l'entendement, des idées pures de la raison, et tout cela forme un système si bien lié que c'est grâce à lui que l'esprit pense la nature, et au-delà de la nature un monde intelligible, dont on ne peut pas nier au moins la possibilité. Je le demande, d'où viennent ces formes *à priori*, ces catégories, ces idées ? D'où vient cet entendement qui juge tout et qui crée tout ? N'est-il pas lui-même le plus étonnant des miracles ? Cette conception d'un monde supra-sensible, d'une nature soumise à un ordre rationnel, a beau être subjective : encore faut-il nous l'expliquer. A propos de quoi, en vertu de quoi, par quel pouvoir, par quel privilège l'esprit pense-t-il, et qu'est-ce que la pensée? On dira que cette question implique un cercle vicieux, que c'est en vertu des lois de la pensée que nous demandons la cause et le pourquoi de quelque chose ; que, recueillis une fois dans l'enceinte de la pensée, il n'y a plus à demander pourquoi, et par conséquent qu'il n'y a pas à se demander pourquoi l'homme pense, car ce serait supposer quelque chose d'antérieur à la pensée, quelque chose qui expliquerait la pensée tandis que la pensée explique tout. Cependant qui ne voit que répondre ainsi, c'est précisément poser la pensée comme quelque chose d'absolu, comme quelque chose en soi? C'est en faire le principe des choses; c'est, en un mot, passer, comme l'ont fait Fichte et Schelling, de l'idéalisme subjectif à l'idéalisme absolu.

Veut-on au contraire rester dans les limites mêmes de l'idéalisme de Kant, voici encore des abîmes de difficultés. Pour concevoir quelque chose de subjectif, ne faut-il pas qu'il y ait un sujet? Or, dans la doctrine de Kant, il n'y a pas plus de sujet que d'objet. Ces formes pures et ces idées *à priori* planent dans le vide, sans qu'on puisse savoir à qui les attacher. Je comprends très bien, dans une doctrine où l'on admettrait, comme Descartes, une substance pensante, que cette substance se contruise à elle-même l'univers d'après certains concepts innés ; mais, dans le système de Kant, il n'y a pas de chose pensante : à qui appartiennent donc ces concepts ? en qui résident-ils ? Ils sont *à priori* ; mais qui donc les possède *à priori* ? qui en fait l'application à la nature ? Ne dites pas que c'est l'esprit humain, car c'est là un mot vague et peu philosophique. Qu'est-ce que l'esprit humain ? Ce n'est pas une substance, car la notion de substance est elle-même une notion formelle et subjective dont nous nous servons pour constituer l'unité apparente des choses, sans que rien lui réponde dans la réalité. Est-ce le *moi*? Non, car l'idée du *moi*, comme celle de substance, n'est encore, selon

Kant, qu'une forme subjective. Enfin l'esprit humain n'est pas même, comme le définissait Condillac, une succession de phénomènes, puisque l'idée de succession est l'application de l'idée de temps aux phénomènes intérieurs, et l'idée de temps, comme toutes les autres, n'est qu'une forme qui ne représente aucune chose en soi. Il est donc impossible de se faire aucune idée claire de ce qu'est le sujet pensant dans la doctrine de Kant, et lorsque nous disons que c'est le sujet qui produit des concepts *a priori*, nous ne savons en réalité ce que nous disons. Si l'on réfléchit ensuite à la ténuité de ce sujet phénoménal, qui n'est qu'une ombre, ne trouve-t-on pas aisément que ce vaste système de concepts et d'idées qui s'appelle la raison pure, qui contient en soi en puissance la nature tout entière, est d'un ordre bien plus élevé et d'une bien autre importance que le sujet lui-même? Cette raison pure, qui donne au sujet l'unité, la liaison dans le temps, la conscience même, est vraiment la cause et le principe du sujet, au lieu d'en être l'effet et l'attribut. Possédant comme caractère essentiel la nécessité et l'universalité, portant partout avec elle dans la nature et dans le *moi* l'ordre, la liaison systématique, la vérité, que lui manque-t-il pour être la raison absolue, principe commun de l'objectif et du subjectif, de la nature et de l'esprit?

D'ailleurs, lorsque l'on parle de la subjectivité de la raison, de quelle raison s'agit-il? Est-ce d'une raison individuelle, celle de Pierre ou de Paul? Est-ce au contraire de la raison humaine en général ? Kant ne paraît pas s'être jamais expliqué sur ce point. S'il s'agit de la raison individuelle, comment expliquera-t-on les autres raisons individuelles qui me sont données dans l'expérience, car l'expérience m'apprend qu'il y a d'autres hommes que moi ? Est-ce donc moi qui pense leurs pensées, qui éprouve leurs affections, qui me redouble ainsi moi-même en dehors de moi dans ces milliers d'individus dont les passions me sont antipathiques, dont les idées me sont nouvelles, ou hostiles, ou même entièrement inconnues ? Qui supportera de pareils rêves ? La philosophie de Kant est une philosophie trop sérieuse pour qu'on puisse lui imputer ces amusements du pyrrhonisme antique, qui du reste lui-même n'a jamais examiné cette difficulté. Lorsque Kant parle de la raison, il est manifeste qu'il entend parler de la raison humaine en général, de celle des autres hommes aussi bien que de la mienne ; mais alors il y a donc quelque chose en dehors de moi, il y a des pensées, des êtres pensants. Ces êtres pensants ont un entendement constitué comme le mien, des lois intellectuelles semblables aux miennes. Dans tous les hommes, il y a des formes *a priori*, des catégories, des idées pures, et ce sont les mêmes. De là on peut conclure que tout n'est pas subjectif : il y a, outre ma raison individuelle, une raison humaine en général, raison qui m'a précédé, qui me survivra, et qui s'étend bien au delà de ma propre personne. Ainsi le domaine du subjectif s'étend considérablement, et dépasse de beaucoup les limites de la conscience individuelle. Bien plus, la raison une fois sortie de ces limites et devenant la raison humaine en général, qui m'empêche de concevoir cette raison comme plus générale encore, et embrassant non seulement tous les hommes, mais encore tous les autres pensants ? Sans doute cette raison serait toujours subjective, ce serait toujours à son propre point de vue qu'elle considérerait l'univers ; mais qui ne voit qu'à mesure que cette raison grandit, s'étend, se généralise, il devient de moins en moins nécessaire de supposer un monde en soi par derrière les phénomènes, car alors la raison absolue est le monde en soi lui-même ! Elle est l'archétype du monde ; elle le crée en le pensant ; et voilà encore une fois l'idéalisme absolu qui sort de l'idéalisme subjectif.

On voit par là que ceux qui voudraient se maintenir au point de vue de Kant n'ont pas suffisamment creusé ce point de vue. On voit que cette grande critique de la métaphysique contient en réalité une métaphysique, que l'apparent scepticisme de Kant est au fond très dogmatique, car s'il était conséquent, il érigerait la raison en arbitre absolu. Le vrai sceptique nierait tout, même la raison, même la pensée ; mais ramener tout à la pensée, c'est retourner le problème, ce n'est pas le résoudre, ce n'est pas la supprimer.

III[1]

Il y a deux éléments dans la philosophie de Kant : un esprit de critique et de scepticisme qui lui vient du xviii° siècle, et un principe de reconstruction qui lui vient du xix°. On ne cesse de répéter que Kant en a fini avec la métaphysique et que c'est là son œuvre principale. S'il en était ainsi, il n'aurait pas eu, il faut l'avouer, grand mérite dans son entreprise ; il eût, en quelque sorte, comme on dit, enfoncé une porte ouverte : car cette œuvre n'était plus à faire ; elle était faite. Les illusions du dogmatisme, comme on les appelle, en supposant qu'elles fussent

[1]. Dans le travail précédent, nous avions un peu exagéré le scepticisme de Kant comme celui de Pascal. Ce paragraphe, emprunté à une de nos leçons de la Sorbonne, a pour but de corriger ce qu'il y avait d'excessif dans notre premier point de vue.

telles, avaient été suffisamment dévoilées par la critique de l'école empirique du xviiie siècle. Locke avec sa sagesse, Condillac avec son étroite, mais sévère analyse, Voltaire avec son bon sens ironique, Hume avec sa savante dialectique, avaient mis en garde les esprits contre les chimères décevantes de la philosophie des Descartes, des Malebranche, des Leibniz et des Spinoza. Il est vrai qu'à cette métaphysique il en était succédé une autre; à la métaphysique des écoles, celle des salons; au spiritualisme, le matérialisme : à la philosophie de Descartes, de Malebranche, de Bossuet, celle de Diderot, d'Holbach, de Lalande et Naigeon. Mais en dehors de ces deux métaphysiques contraires, les esprits sages, nourris dans les sciences exactes, comme d'Alembert, se tenaient dans un équilibre impartial ; et, bornant la science, comme le font aujourd'hui nos positivistes, à tout ce qui peut être objet d'expérience et de calcul, ils retranchaient systématiquement de l'esprit humain tout ce qui est au delà. Un tel scepticisme, à la vérité, manquait de justification philosophique. Il reposait plutôt sur des préjugés que sur des preuves, sur l'habitude que sur la démonstration. Mais un des plus grands et des plus pénétrants esprits du xviiie siècle, David Hume, remontant par l'analyse jusqu'aux principes mêmes, avait essayé de montrer que tous les principes de l'entendement humain ne sont rien autres que des phénomènes et des liaisons de phénomènes, des rapports, tantôt de concomitance et tantôt de succession ; s'appliquant en particulier au principe de causalité, il avait cru prouver que ce principe se dissout et s'évapore devant la critique, que nous n'avons aucune idée effective de la cause; et, en ruinant le principe de causalité, il semblait avoir ruiné à tout jamais la métaphysique. Que reste-t-il, en effet, des problèmes métaphysiques, si la cause est une chimère, Dieu ne nous étant donné que comme la cause du monde, la liberté comme la cause de nos actions, les corps comme la cause de nos sensations? Toute réalité substantielle, objective, subjective et transcendante, s'évanouissait avec la cause elle-même; deux choses subsistaient seules, la sensation et son image : la science n'avait plus pour objet que de constater nos sensations et leurs rapports; tout ce qui est au delà peut exister pour le sentiment et pour l'imagination; mais pour la raison, qui ne peut pas plus en nier qu'en prouver l'existence, cet au delà est comme s'il n'existait pas.

Lorsque la critique philosophique a atteint ce terme, et c'est ce qu'elle avait fait avec David Hume, on se demande comment elle aurait pu aller plus loin; on se demande ce qu'elle aurait pu avoir encore à faire pour en finir avec la métaphysique! Avant Hume, la métaphysique elle-même avait commencé à répandre des doutes sur la réalité des objets métaphysiques. Descartes doutait de la réalité des objets extérieurs. Locke se demandait si la matière ne pouvait pas penser. Malebranche niait la causalité des créatures et plaçait en Dieu seul toute activité; Spinoza niait les substances secondes et n'admettait que la substance infinie. Berkley niait absolument l'existence des corps. David Hume, rassemblant et concentrant toutes ces négations et tous ces doutes, avait tout mis en question, n'exceptant que les vérités mathématiques : car c'est une loi du scepticisme que, si loin que s'étendent ses ruines, il reste toujours cependant quelque terrain inviolable, d'où l'esprit humain, dans sa tendance inextinguible à l'affirmation, reprend son élan pour reconstruire l'édifice détruit.

Il résulte de ce qui précède que borner la gloire de Kant à en avoir fini, comme on dit, avec la métaphysique, c'est la nier, car c'est dire qu'il n'a rien fait, tout ayant été fait par son illustre prédécesseur; on pourrait dire même, à ce point de vue, que Kant n'aurait fait que recommencer d'une manière lourde, compliquée, obscure et équivoque, ce que le spirituel Écossais avait achevé avec la légèreté, l'aisance, la netteté et la clarté d'un véritable maître. Au lieu de ces circonvallations concentriques, dans lesquelles Kant resserre lentement et laborieusement le dogmatisme métaphysique, faisant siège sur siège, en même temps qu'il semble toujours laisser une porte ouverte à l'ennemi, David Hume ne fait qu'une seule brèche, mais au bon endroit, et d'un seul assaut pénètre au cœur de la place. Je le répète, si l'œuvre de Kant ne diffère pas de l'œuvre de Hume, il faut rayer le nom de Kant de l'histoire de la philosophie; car il n'aurait fait que recommencer très mal ce que David Hume avait fait très bien. Mais il faut reconnaître que Kant a voulu faire et a fait en réalité autre chose que Hume. Donc l'œuvre de Kant ne doit pas avoir été uniquement une œuvre destructive; pour dire toute la vérité, il n'a pas détruit la métaphysique, il l'a recommencée.

Si nous considérons la question par un autre côté, nous arriverons aux mêmes conclusions. Si Kant a voulu détruire à jamais la métaphysique, il faut qu'il ait bien mal réussi dans son œuvre, car c'est de lui et de son école qu'est sorti précisément l'un des plus grands et des plus profonds mouvements métaphysiques que l'on rencontre dans l'histoire de la philosophie. Il enseignait que l'absolu des choses nous est entièrement inconnu, et il a engendré une philosophie pour laquelle la pensée humaine est précisément la pensée absolue, et est l'absolu lui-même. Il a critiqué la raison et a cru lui fixer à jamais des limites; et cette raison, dépassant non seulement les bornes fixées par Kant, mais celles qu'elle avait respectées dans tous les temps, est allée jusqu'à s'identifier avec la raison divine et à se faire la mesure de toutes choses. Dira-t-on que ce sont là des aberrations étrangères et infidèles à la méthode de Kant, et qu'il eût été le premier à condamner s'il en eût eu connaissance? Rien de plus vraisemblable. Mais qu'on nous explique cependant que de pareilles aberrations aient été possibles, bien plus, qu'elles se soient produites comme un développement légitime et régulier de la pensée de Kant. Que l'on n'oublie pas que de Kant à Hegel, la pensée allemande a eu la prétention de se développer logiquement et systématiquement par un progrès continu. Les quatre grands philosophes allemands, pour tous les historiens de la philosophie allemande, sont comme un seul et même philosophe, qui aurait suivi rigoureusement la même pensée. Fichte part du point où en est resté Kant; Schelling du point où en est resté Fichte; Hegel reproduit méthodiquement la philosophie de Schelling. Ainsi une même pensée suivie avec patience et profondeur nous conduit de la *Critique* de Kant à la *Logique* de Hegel. L'un croit que la pensée ne peut connaître les choses en soi; et l'autre enseigne que la pensée est précisément la chose en soi. L'un part d'une séparation radicale entre la pensée et l'être; l'autre aboutit à une identité absolue de la pensée et de l'être; l'un part de la pensée subjective, l'autre aboutit à la pensée absolue; et entre ces deux termes extrêmes de la pensée allemande se rencontrent deux étapes intermédiaires: Fichte et Schelling, Fichte, qui supprime l'objet et fait tout créer par le sujet, Schelling qui identifie le sujet et l'objet et les confond dans l'absolu. C'est un exemple unique en philosophie que cet enchaînement systématique poursuivi à travers quatre philosophies distinctes, chacune se donnant comme la suite et le complément de la précédente. Si l'on a pu croire un moment que la philosophie, comme les autres sciences, pouvait fournir une carrière régulière et marchant de progrès en progrès, ajoutant vérités sur vérités, absorber les systèmes antérieurs (au lieu de les supprimer pour tout recommencer de nouveau, ce qui avait été jusque-là la méthode de la philosophie), c'est alors qu'on a pu le croire ; c'est depuis 1781 jusqu'en 1830 que la philosophie allemande a donné au monde ce spectacle nouveau et curieux. Que cette philosophie ait réussi ou non dans son entreprise, c'est ce que nous ne voulons pas décider ; mais qu'elle ait eu cette pensée et qu'elle ait fait les plus puissants efforts pour la réaliser, c'est ce qui n'est pas contestable ; et le problème persiste tout entier : comment, du scepticisme métaphysique de Kant, a pu sortir logiquement l'ambitieuse métaphysique de Schelling et de Hegel ?

Ainsi, deux faits importants nous mettent en garde contre le préjugé que nous discutons ; le premier, c'est que l'œuvre qu'on impute à Kant avait été déjà accomplie, autant qu'il est possible de le faire, par son prédécesseur David Hume : la seconde, c'est qu'au lieu de mettre fin à la métaphysique, il lui a donné au contraire un nouvel essor.

Un troisième fait qui vient à l'appui de la même opinion, c'est que Kant n'a jamais exprimé la pensée qu'on lui prête, à savoir la négation et l'exclusion de la métaphysique ; il n'a jamais parlé que de *réformer* et de renouveler la métaphysique, nullement de la proscrire. Quelques passages de la *Critique de la raison pure* sont décisifs sur ce point. Nous citerons seulement la page suivante :
« La métaphysique n'a pas encore eu jusqu'ici le bonheur de se tracer une marche scientifique certaine, quoiqu'elle soit ce qu'il y a de plus ancien en fait de science, et qu'elle dût survivre si toutes les autres venaient à être englouties dans le gouffre

de la barbarie... Nul doute que la méthode suivie par les métaphysiciens n'ait été jusqu'ici qu'un pur tâtonnement; pourquoi cette science n'a-t-elle encore pu s'ouvrir un chemin sûr ! Serait-il impossible à trouver ? Pourquoi la nature a-t-elle affligé notre raison du soin infatigable de rechercher la certitude métaphysique comme son intérêt le plus grand? Il y a plus ; pourquoi nous fait-elle accorder une si grande confiance à notre raison quand nous en avons si peu de motifs?... Je devais penser que l'exemple des mathématiques et de la physique, sciences qui sont devenues ce qu'elles sont par une révolution opérée tout d'un coup, est assez remarquable pour que je pusse rechercher la partie essentielle de ce changement de méthode, qui a été si avantageuse à ces deux sciences, et pour en imiter la réforme dans ma recherche, autant du moins que le permet l'analogie de ces sciences avec la métaphysique [1]. » Ainsi, trois points sont affirmés ici par Kant : le premier, c'est que la métaphysique jusqu'ici n'a pas été une science ; le second, c'est que la métaphysique est un besoin irrésistible, quoique non encore satisfait de l'esprit humain ; le troisième, c'est qu'il faut changer la méthode de la métaphysique et opérer dans cette science une révolution analogue à celle qui a changé d'une manière si heureuse les sciences physiques et mathématiques. C'est là le langage d'un réformateur de la métaphysique ; mais non d'un esprit qui en voudrait la ruine et l'extinction. Supposez un astronome s'expliquant

1. *Critique de la raison pure*, deuxième préface.

sur l'astrologie judiciaire : dirait-il que cette science « n'a pas encore eu le bonheur de se tracer une marche scientifique certaine, que sa méthode n'a été jusqu'ici qu'un pur tâtonnement, que la nature nous a affligés du soin infatigable de chercher la certitude dans cette science comme notre intérêt le plus grand, que l'on doit essayer d'appliquer à cette science le même changement de méthode qu'en mathématiques et en physique? » Non, sans doute; il se contenterait de dire que l'astrologie judiciaire est une science fausse et absolument inutile, qu'il n'y a lieu ni à la réformer, ni même à la critiquer, mais qu'il faut absolument l'oublier. Tel aurait dû être aussi le langage de Kant s'il avait pensé de la métaphysique ce que nos astronomes pensent de l'astrologie judiciaire, et ce que nos positivistes d'aujourd'hui pensent de la métaphysique elle-même.

Tout le monde sait que Kant reconnaît deux espèces de raisons : la raison spéculative et la raison pratique; la première, qui sert à connaître les objets; la seconde, qui commande à la volonté; la première, qui est l'instrument de la science, la seconde, qui est le fondement de la morale et du droit. Tout le monde sait encore que si la raison spéculative est absolument impuissante, selon Kant, à sortir du champ des phénomènes et à atteindre les êtres eux-mêmes, la raison pratique au contraire nous contraint, par la nécessité morale, à affirmer les réalités intelligibles. C'est ainsi que la morale nous fait retrouver avec certitude ces grands objets que la critique semblait avoir à jamais fait disparaître, à savoir la liberté, Dieu, l'immortalité : la liberté, cause de mouvement; Dieu, législateur et juge; l'immortalité, ou harmonie de la vertu et du bonheur. Ces grands objets des croyances populaires ne sont pas mis en péril par la critique de Kant : au contraire, il prétend les affermir en les établissant sur les fondements les plus clairs et les plus solides, il n'en veut, dit-il, « qu'au monopole des écoles et non à l'intérêt du genre humain ». On serait tenté de croire par ces paroles que Kant, ainsi que Reid et les Écossais, se serait borné à restituer au sens commun le droit de prononcer sur les objets de nos croyances instinctives, après avoir démontré l'impossibilité de les démontrer philosophiquement; ou bien encore, que Kant, comme Jacobi, aurait enlevé ces objets à la science pour les restituer à la foi. Mais ce serait là se méprendre sur la portée de l'entreprise de Kant. Lorsqu'il se fonde sur la raison pratique pour établir dans le cœur de l'homme l'espérance que tout le xviiie siècle paraissait disposé à lui ravir, Kant n'entendait pas par là livrer la science à la foi et donner à un vague instinct ce qu'il avait refusé à la raison scientifique; encore bien moins voulait-il donner à l'intérêt pratique le droit de prononcer sur la vérité. Le même railleur méphistophélique que nous avons cité déjà, Henri Heine, lui fait dire, après la *Critique de la raison pure*, qui, on le sait, met en pièces toutes les preuves de l'existence de Dieu : « Il faut pourtant un Dieu pour *Lampe* ». C'était son domestique;

et c'est pour que Lampe eût son Dieu que Kant aurait écrit *la raison pratique !* Cette interprétation ironique d'une des philosophies les plus nobles et des plus sincères qu'il y ait jamais eu est inadmissible. Ce n'est pas seulement pour Lampe, c'était pour lui-même que Kant avait besoin de Dieu; et il croyait y être arrivé d'une manière rigoureuse et vraiment scientifique en partant de la morale, comme d'autres en partant des idées pures ou du spectacle de la nature.

Fonder la métaphysique sur la morale, c'était ouvrir un chemin nouveau à la métaphysique, un chemin qui n'avait pas encore été tenté. Pour retrouver les vérités religieuses par la morale, il fallait prouver que si la raison pure est incapable de les démontrer, elle est incapable aussi de démontrer le contraire; que si le spiritualisme, quand il essaye de se démontrer dogmatiquement, se fonde sur des paralogismes, le matérialisme, de son côté, repose également sur des paralogismes non moins évidents ; que ces deux systèmes se valent spéculativement, et que le premier est aussi plausible que le second. D'où il suit que si la morale démontre comme nécessaire ce que la critique a établi comme possible, la métaphysique a trouvé sa véritable base; la critique ouvre la voie à la doctrine, et la science s'accorde avec le sens commun.

Nous avons exposé le point de vue dogmatique de Kant par le côté le plus connu, le plus facile à saisir ; mais, à prendre sa doctrine dans ses profondeurs, on arrive à une même conclusion; c'est que cette philosophie revient, par un autre chemin sans doute, mais revient cependant au courant commun d'idées qui depuis Platon alimente toutes les écoles idéalistes et spiritualistes en philosophie. Le rapprochement de Kant et de Platon, qui paraît un rapprochement artificiel et paradoxal (car ces deux esprits paraissent au contraire l'antithèse et l'antipode l'un de l'autre), ce rapprochement a été fait par un auteur allemand célèbre, doué d'une grande perspicacité et d'un sens critique profond : je veux parler de Schopenhauer, auquel j'emprunterai les passages suivants :

« Ce que Kant appelle la *chose en soi*, le *noumène*, et ce que Platon appelle l'*idée*, ne sont point sans doute deux concepts identiques, mais voisins, et séparés l'un de l'autre par une simple différence de forme.

» Selon Kant, l'espace, le temps, la causalité ne sont pas les qualités des choses en soi, mais n'appartiennent qu'au phénomène, à l'apparence, et ne sont rien que les formes de notre connaissance. Mais toute pluralité, toute génération et toute corruption n'étant possible que par le temps, l'espace, la causalité, il suit de là que la pluralité et le devenir n'appartiennent également qu'au phénomène et à l'apparence, et non aux choses en soi. Maintenant toute notre connaissance étant conditionnée par ces trois formes (l'espace, le temps, la causalité), il suit de là encore que toute notre expérience n'est que la connaissance du phénomène et de l'apparence, et non des choses elles-mêmes ; par conséquent les lois de la connaissance ne peuvent s'appliquer aux choses en soi ; même cela s'applique encore à notre propre moi, et nous ne nous connaissons nous-mêmes que comme phénomènes, et non comme nous sommes en nous-mêmes. Voilà, résumé dans ce qu'elle a d'essentiel, le sens et le contenu de la doctrine de Kant. Voici maintenant ce que dit Platon : Les choses de ce monde que perçoivent nos sens n'ont pas d'être véritable ; elles deviennent toujours, elles ne sont jamais ; elles n'ont qu'un être relatif ; toutes ensemble elles n'existent que dans et par leurs relations réciproques ; on peut, par conséquent, tout aussi bien appeler leur être un non-être. Elles ne sont point, par conséquent, objets d'une connaissance proprement dite ; car il n'y a de vraie connaissance que de ce qui est en soi et pour soi toujours de la même manière, elles ne sont que l'objet d'une opinion occasionnée par la sensation (δόξα μετ' αἰσθήσεως ἄλογος) ; aussi longtemps que nous nous renfermons dans la perception de ces choses, nous ressemblons à des hommes enfermés dans une caverne, enchaînés, ne pouvant remuer la tête, et qui ne voient autre chose à la lumière d'un feu brûlant derrière eux, sur le mur qui leur fait face, que les ombres des choses réelles, qui marchent par derrière entre ce feu et eux, qui bien plus, ne voient que leurs ombres respectives, ou même leur ombre propre. Ce qui, au contraire, peut être appelé vraiment être (ὄντως ὄν), parce qu'il est toujours, et jamais ne devient, jamais ne passe, ce sont les modèles réels de ces ombres ; ce sont les idées éternelles,

les types primitifs de toutes choses. Ces idées ne contiennent aucune pluralité; chacune d'elles est une dans son essence, en ce qu'elle est le type même dont toutes les choses semblables, individuelles et passagères de la même espèce, sont les images ou les ombres. Les idées ne subissent ni la naissance ni la mort, car elles sont vraiment existantes; elles ne deviennent ni ne passent comme leurs images qui s'évanouissent. D'elles seules il y a une vraie connaissance, car l'objet d'une connaissance vraie ne peut être que ce qui est toujours le même, et non pas ce qui est et ce qui n'est pas en même temps, au moment où on le considère. Voilà la doctrine de Platon.

» Maintenant il est évident, sans qu'il soit besoin d'y insister que le sens intérieur de ces deux doctrines, est le même; que toutes deux ne voient dans le monde visible qu'une apparence, une illusion, une *maia*, comme disent les Indiens, qui en soi est comme un rien, et n'a de signification et de réalité que par ce qui se manifeste dans cette apparence à savoir : *la chose en soi* de Kant ou *l'idée* de Platon, en un mot, le noumène, auquel les formes universelles et essentielles du phénomène, à savoir : temps, espace, causalité, restent absolument étrangères. Kant nie immédiatement ces formes de la chose en soi ; Platon les nie médiatement des idées, en ce qu'il en exclut ce qui n'est possible que par ces formes, à savoir la pluralité, la naissance et la mort. Au reste, je vais rendre plus sensible encore par un exemple ce remarquable accord. Soit un

animal devant nous, en pleine activité vivante. Platon nous dira : « Cet animal n'a pas de vraie existence ; c'est seulement un devenir, un être relatif, qui, à proprement parler, peut s'appeler tout aussi bien un non-être qu'un être. Le seul être véritable, c'est l'idée qui se manifeste dans cet animal; c'est l'animal en soi (αὐτὸ τὸ θήριον), qui ne dépend de rien, mais qui existe en soi et pour soi (καθ' ἑαυτὸ, ἀεὶ ὡς αὔτως), qui n'a pas commencé, qui ne finira pas, qui existe toujours de la même manière (ἀεὶ ὂν μηδέποτε οὔτε γιγνόμενον οὔτε ἀπολλύμενον). En tant que dans cet animal nous reconnaissons son idée, peu importe que nous ayons devant nous cet animal actuel ou ses ancêtres d'il y a mille ans ; peu importe qu'il soit ici ou là, dans telle situation ou telle action, que ce soit tel ou tel individu ; tout cela est indifférent, et n'appartient qu'au monde de l'apparence ; l'*idée* de l'animal a seule un être véritable, seule elle peut être l'objet d'une vraie connaissance. » Ainsi parlerait Platon. Écoutons Kant :
« Cet animal ici présent est un phénomène soumis aux lois du temps, de l'espace, de la causalité, lois qui résident dans nos puissances de connaître, lois qui ne sont que les conditions *à priori* de la possibilité de l'expérience, mais qui ne sont pas les déterminations des choses en elles-mêmes. Par conséquent, cet animal, en tant que nous le percevons dans tel temps, dans tel lieu, comme un individu lié à un certain enchaînement dans l'expérience, c'est-à-dire à une certaine chaîne de causes et d'effets, ayant par conséquent commencé et devant finir,

n'est pas une chose en soi, mais un phénomène n'ayant de valeur que par rapport à notre connaissance. Pour le connaître tel qu'il est en lui-même, c'est-à-dire indépendant des conditions de l'espace, du temps et de la causalité, il faudrait un autre mode de connaître que celui qui nous est seul possible, la connaissance par les sens et l'entendement. »

» Si l'on eût véritablement compris et pénétré la doctrine de Kant, et depuis Kant celle de Platon, si l'on eût fidèlement et sérieusement médité sur le sens intérieur et le contenu de la doctrine de ces deux grands maîtres, on n'eût pu manquer de découvrir à la longue que ces deux sages s'accordent, et que le sens, en même temps que le but final de leurs doctrines, est absolument le même [1]. »

En supposant que l'auteur qui a écrit ces pages ait exagéré les analogies de Kant avec celles de Platon, et ait négligé les différences, on ne peut cependant s'empêcher d'être frappé du hardi et ingénieux parallèle que nous venons de résumer, et qui a un caractère saisissant de vérité; et si nous l'avons cité, c'est que l'auteur qui appartient à ce que l'on peut appeler la philosophie la plus avancée, n'est pas certainement suspect de complaisance pour le « dogmatisme vermoulu » des écoles. Ce n'est pas nous, c'est Schopenhauer, le hardi penseur, qui retrouve dans Kant la pensée favorite de Platon, la pensée de tous les grands mystiques, idéalistes, spiritualistes, à savoir : que le monde qui nous enveloppe et nous tient par tant d'attaches

---

1. Schopenhauer, *Die Welt als Vorstellung*, livre III, § 34.

n'est pas le monde réel, le vrai monde, que le vrai monde c'est le monde des idées, le monde des choses en soi, que l'univers sensible n'a de réalité que comme expression et symbole du monde intelligible. Ce monde intelligible, qui est le vrai objet de la philosophie comme la religion, Kant, à la vérité, ne pense pas comme Platon que nous en ayons une intuition directe, ni même un souvenir, mais il enseigne que nous y pénétrons par la loi du devoir. C'est la loi du devoir qui nous apprend que nous appartenons à un autre monde que l'univers sensible, corporel et mécanique, à un monde de liberté, de justice et de sainteté, à un *royaume des fins*, dont le souverain ou Dieu est le représentant vivant et la source éternelle de la loi de justice et d'amour, monde où la nature sacrée de l'humanité (*homo res sacra homini*) se manifeste par l'égalité de droits et par l'inviolable dignité de la personne humaine, monde vrai vers lequel gravitent sans le savoir toutes les créatures sensibles ou insensibles, et que cherchent à réaliser par la vertu les hommes altérés de justice et de vérité, monde dont la possibilité ne peut se comprendre que si, au delà des phénomènes qui paraissent et qui passent, se cache une vraie et solide existence, une vivante et immuable essence, dont les arts sont l'expression abstraite et sévère, que la philosophie atteint plus profondément que les arts et les sciences, mais, hélas! dans une langue inadéquate et impuissante, enfin qui trouve une révélation inépuisable et intarissable dans les cœurs religieux. C'est là que tout nous ramène, aussi bien la docte ignorance d'un Kant que le mystique élan d'un Malebranche ou d'un Platon.

IV

Nous sommes étonné de voir les sciences dites positives montrer tant de préventions contre la philosophie, car il nous semble que ces sciences, profondément méditées et considérées dans leurs parties les plus hautes, touchent aux confins de la métaphysique, et n'en sont même pour ainsi dire que le premier degré. Quelle est en effet la prétention de la métaphysique ? C'est de nous conduire des choses sensibles aux choses intelligibles, du subjectif à l'objectif, c'est-à-dire de ce qui nous paraît à ce qui est, des phénomènes aux substances et aux causes, et enfin du relatif à l'absolu. Or nous allons voir que ce passage a lieu dans les sciences, et qu'il est même précisément ce qu'on appelle la science.

On pourrait croire, en effet, à première vue que, dans les sciences de la nature, ce sont les choses sensibles qui sont l'objet de la science, et que les sens en sont l'instrument : mais un peu de réflexion nous fait voir qu'il n'en est rien. Les sens ne sont que des agents secondaires obéissant à un maître supérieur qui est l'entendement. Le sensible n'est que l'occasion de la pensée et le signe de l'intelligible. Par exemple, lorsque le physicien traite de la chaleur, croit-on qu'il entende parler de la sensation de chaud ou de froid qu'il peut personnellement éprouver ? Cette sensation est-elle autre chose pour lui qu'un avertissement de la présence d'un certain agent, dont il étudie les lois sans se préoccuper de ses propres impressions ? De même l'électricité se confond-elle avec la sensation de commotion douloureuse qu'elle provoque, les propriétés chimiques des corps avec les sensations de salé, d'acide ou d'amer qui les accompagnent ? Ces sensations sont des signes que le savant ne fait que traverser pour atteindre ce que les sens ne peuvent connaître, ce qui ne se découvre qu'à l'esprit, à savoir les rapports généraux des phénomènes, les lois, les genres, les types, en un mot le pur intelligible. Plus la science s'élève dans ses généralisations, plus elle élimine le sensible et s'en dégage. Ainsi, dire avec les physiciens d'aujourd'hui que la chaleur est, selon toute apparence, identique à la lumière, et que l'une et l'autre ne sont que des mouvements, n'est-ce pas écarter, je dirai même fouler aux pieds toute représentation sensible ? Car, pour les sens, quoi de moins semblable que la chaleur et la lumière, la lumière et le mouvement ? On peut conclure de ces faits que, si la métaphysique prétend s'élever au-dessus des choses sensibles pour atteindre jusqu'aux derniers intelligibles, elle ne fait en cela que continuer, en traversant peut-être un peu trop vite beaucoup d'intermédiaires, elle ne fait, dis-je, que continuer et imiter la méthode des savants.

De ce qui vient d'être exposé, on peut conclure aisément que les sciences passent sans cesse du subjectif à l'objectif, de ce qui paraît aux sens à ce qui est en réalité, car elles passent de ce qui n'est vrai que pour celui qui l'éprouve à ce qui est vrai pour tous les observateurs en général, et par conséquent indépendamment de chacun d'eux en particulier. On connaît cette pensée de Pascal : « L'un dit : Il y a deux heures ; l'autre dit : il n'y a que trois quarts d'heure. Je regarde à ma montre, et je dis à l'un : Vous vous ennuyez ; et à l'autre : Le temps ne vous dure guère, car il y a une heure et demie. » C'est l'image du vulgaire et de la science. Trois personnes sont réunies dans une chambre. L'une dit : Il fait chaud ici ; la seconde : Il fait froid. Le savant consulte le thermomètre, et fixe le degré de température indépendamment des impressions de chacun. Voilà la température objective de la chambre. En généralisant cette observation, on peut dire que les sciences nous donnent une véritable démonstration du monde extérieur, si souvent mis en doute par les sceptiques. Tant qu'on n'a vu dans le monde extérieur, comme le pyrrhonisme de l'antiquité, que des phénomènes variables et changeants, sans autre lien que celui qu'établissent l'imagination et l'habitude, on comprend jusqu'à un certain point le scepticisme à l'égard du monde extérieur : mais lorsque, par l'analyse, l'expérimentation et le calcul, on vient à déterminer *a priori* l'ordre dans lequel les phénomènes devront se produire, lorsque l'induction, dépassant les limites de toute expérience, pénétrant dans le passé, reconstruit l'histoire du monde avec une admirable précision, qui pourrait ne voir là que le rêve de l'imagination, le fantôme d'une raison subjective ? A propos de quoi irais-je supposer que ces phénomènes si complexes, soumis à tant d'influences entrecroisées, et cependant dérivant tous de quelques lois très simples, à quel propos irais-je supposer que ces phénomènes viennent de moi et ne résident qu'en moi ? Passe encore pour Képler et pour Newton, qui ont découvert les lois du système du monde. On peut dire que c'est leur propre raison qu'ils ont objectivée ; mais, pour moi, ou pour tout autre, qui ne savons pas même formuler ces lois, qui les comprenons à peine, qui n'en connaissons ni la démonstration ni les conséquences, de quel droit pourrions-nous supposer qu'elles sont l'œuvre de notre esprit ? Voici la *Mécanique céleste* de Laplace, à laquelle il est impossible de rien comprendre sans être versé dans les plus hautes et les plus profondes mathématiques. Ce livre explique avec la plus merveilleuse précision des mouvements que je n'ai jamais observés, des phénomènes dont je ne sais pas même le nom. Et tout cela, ces phénomènes, ces mouvements, ces lois, ces nombres, ces calculs, ce grand système de mécanique, serait l'œuvre de mon esprit ? On voit que d'absurdités pour l'idéaliste ou sceptique qui voudrait aller jusque-là. Quant à celui qui, moins excessif, ne bornerait pas tout à la raison individuelle et se contenterait de soutenir la subjectivité de la raison humaine en général, la science lui donne encore une sorte de démenti, car il n'y a pas toujours eu de raison humaine, il n'y a pas toujours eu d'hommes sur la terre. Si haut que la géologie fasse remonter l'origine de l'homme, on n'ira pas jusqu'à dire que l'homme est éternel, car la vie même n'est pas éternelle. Cependant, avant l'homme, le monde existait. Supposez donc, comme le disait autrefois Protagoras, que l'homme soit la mesure de toutes choses : que signifie cette histoire du monde antérieur à l'homme ? A quel propos et comment l'homme aurait-il pu tirer de la série de ses phénomènes subjectifs une induction qui lui représenterait un monde antérieur à lui, dans lequel il serait apparu un jour et qui cependant n'aurait jamais existé ? Si tout est subjectif, comment l'homme peut-il concevoir quelque temps où il n'aurait pas été ? Supposer avec Fichte que c'est l'esprit qui crée le monde actuel est déjà une singulière fiction : mais imaginer que l'esprit trouve dans ce monde actuel, déjà fictif, les traces d'un monde antérieur qui n'a pas existé, c'est le comble de la fantaisie et du paradoxe.

Il n'est pas aussi facile d'établir, je le reconnais, que les sciences nous font passer des phénomènes aux substances et aux causes, et pour le démontrer il faudrait des analyses trop délicates et trop difficiles pour être utilement abordées ici. Contentons-nous de dire que les sciences nous font passer du relatif à l'absolu : elles le font par exemple lorsqu'elles établissent entre les phénomènes des rapports fixes, indépendants de mon propre point de vue, de mes affections et même de mon existence. Ces rapports sont en soi toujours les mêmes, et on peut toujours les retrouver dans quelque circonstance que ce soit. Sans doute ces rapports paraissent changer avec les circonstances elles-mêmes ; mais si l'on décompose les phénomènes complexes qui résultent de la rencontre des circonstances, on voit que la loi qui les régit n'est que la résultante de toutes les lois élémentaires qui régissent chaque classe de phénomènes en particulier, de telle sorte que la complexité même de ces rapports est une vérification merveilleuse de la parfaite exactitude des lois simples qui se sont combinées pour les produire. Ces lois sont donc quelque chose d'absolu : sans doute elles sont loin d'être le dernier absolu ; mais elles le supposent, elles y conduisent, soit qu'on les considère comme la manifestation d'un être infini, dont elles seraient l'essence même, ce qui est l'hypothèse du panthéisme, soit qu'on les suppose décrétées et portées par une intelligence et une volonté absolues, ce qui est la doctrine théiste. Vous dites qu'il suffit de constater que de telles lois existent, sans qu'il soit nécessaire de rechercher si elles sont absolues ou relatives ; mais n'est-ce pas là trop présumer de l'incuriosité humaine, et comment voulez-vous nous apprendre qu'il existe dans la nature des rapports permanents, généraux, absolus au moins en apparence, sans que nous soyons tentés de demander s'ils ne seraient pas l'expression ou l'œuvre de quelque être absolu ?

En un mot, bien loin de voir entre les sciences et la métaphysique, comme on est tenté de le croire, une opposition et une rivalité naturelles, il nous semble au contraire qu'elles sont intimement liées, que les sciences doivent nécessairement éveiller la curiosité métaphysique, non pas peut-être chez les savants, qui ont autre chose à faire, mais chez les hommes que leur esprit prédispose à ces sortes de recherches. Les sciences, quoi qu'elles en aient, plongent de toutes parts dans l'intelligible et dans l'absolu. A la vérité, elles peuvent toujours en revenir quand elles le veulent, reprendre pied dans le monde phénoménal et vérifier leurs conjectures par l'expérience. De telles vérifications échappent à la métaphysique ; mais, si elle n'a pas l'expérimentation et le calcul, elle a l'induction, l'analyse et le raisonnement, et ce ne sont pas là des moyens absolument impuissants. Sans doute il faut toujours un point d'appui : si haut que l'on s'élève dans l'atmosphère, c'est encore l'air qui nous pousse, et il ne faut pas, suivant la charmante image de Kant, imiter la colombe qui, fière de la facilité de son vol, s'imagine qu'elle volerait plus rapidement encore, si elle planait dans le vide. La métaphysique ne peut donc se passer d'un point d'appui : ce point d'appui, on l'a vu, elle peut le trouver dans les sciences elles-mêmes et dans les hautes généralités scientifiques, qui ne sont d'ailleurs que les applications des idées fondamentales de l'esprit humain, telles que la psychologie les découvre dans la conscience.

Pour finir par où nous avons commencé, nous voudrions que tous les savants et tous les théologiens, bien loin de chercher toujours à décourager la philosophie par leurs envieuses critiques, lui applaudissent au contraire et la suivissent de leurs vœux. La métaphysique n'offrira jamais sans doute cette absolue certitude que l'on trouve soit dans un dogme religieux, soit dans une science rigoureusement démonstrative, et, si elle est sage, elle se contentera de ce qu'Émile Saisset appelait si justement « un dogmatisme limité. » La métaphysique a néanmoins deux grandeurs par où elle est immortelle : d'un côté, elle est le plus haut effort de la liberté de la pensée; de l'autre, elle nous ouvre des perspectives profondes sur les régions de l'éternel et de l'invisible. Par la liberté, elle est la sœur de toutes les sciences; par l'infini, elle est la sœur de la religion. L'esprit humain n'a nul intérêt à se mutiler lui-même, il est impossible de fixer des limites infranchissables au cercle de la vérité. Si l'on voulait limiter l'espace, on verrait qu'au-delà de ces dernières limites il y a encore de l'espace ; ainsi en est-il du champ de la vérité. L'esprit humain franchira toujours ces limites arbitraires, et ne s'arrêtera qu'à la conception du dernier intelligible, de la dernière substance et de la dernière cause. Ainsi monte de degrés en degrés la métaphysique dans la région des idées pures : c'est de là qu'elle a jusqu'ici défié les attaques du scepticisme, qui, bien loin de la couper par la racine, n'a jamais réussi au contraire qu'à lui imprimer un élan nouveau. Du haut de ce monde intelligible, elle défiera encore le scepticisme dans l'avenir comme par le passé, à la condition toutefois, je l'avoue, de redescendre de temps en temps prendre pied parmi les hommes, et de ne point trop dédaigner la caverne de Platon.

LA CRITIQUE ET LE SPIRITISME

KANT ET SWEDENBORG [1]

Dans la seconde moitié du xviiie siècle, vers 1760, vivaient à la fois dans le Nord, l'un à Stockholm, l'autre à Kœnigsberg, deux hommes dont l'un étonnait alors le monde par ses prestiges, dont l'autre devait l'étonner plus tard par sa pensée ; l'un déjà vieillard et presque illustre, l'autre dans la force de la jeunesse et déjà célèbre ; l'un communiquant familièrement avec les esprits, l'autre interrogeant curieusement son propre esprit ; l'un vivant à la fois dans le monde visible et dans le monde invisible, l'autre, au contraire, creusant un fossé infranchissable entre ces deux mondes ; tous deux, d'ailleurs, unis par quelques traits communs,

[1]. *Immanuel Kant* von Kuno Fischer, (Mannheim 1880). — *Supplement Zu Kant's Biographie*, von Imm. Tafel (Stuttgard, 1845). — *Swedenborg, sa vie et ses écrits*, par M. Matter (Paris, 1863).

un même mépris de la philosophie des écoles, un même amour pour les sciences naturelles, une même liberté théologique, une même préoccupation de la destinée humaine. Ces deux hommes, si semblables et si différents, se sont un instant rencontrés, et peu s'en fallut qu'il ne s'établit entre eux un commerce de lettres philosophiques comme c'était souvent l'usage parmi les savants. On eût pu voir alors le spectacle le plus curieux : le mysticisme aux prises avec la critique, et le combat corps à corps de la science contre l'illusion. Malheureusement le mysticisme se déroba devant les sollicitations importunes de la critique. Kant fit les première ouvertures. Il écrivit à Swedenborg, il lui adressa même un de ses amis pour lui demander des éclaircissements. Le superbe théosophe reçut la lettre, accueillit l'ami avec politesse, mais il n'éclaircit rien et ne répondit pas.

Nous n'avons pas la lettre adressée par Kant à Swedenborg, mais nous avons de lui une longue lettre adressée à une personne très distinguée, très curieuse de philosophie, curieuse aussi, comme toutes les femmes, de merveilleux, mademoiselle de Knobloch. Cette lettre témoigne de l'intérêt singulier que le voyant suédois inspira à notre philosophe, de l'enquête qu'il essaya de faire sur les faits étranges rapportés par la voix publique. En outre, Kant se procura les œuvres philosophiques de Swedenborg, les lut, les médita, et en tira l'occasion d'un de ses écrits les plus originaux et les plus profonds, qui correspond à toute une phase de sa carrière philosophique. Telles sont donc les deux sources auxquelles on peut puiser pour connaître à fond les rapports de Kant et de Swedenborg : 1° la *Lettre à Mlle de Knobloch*, lettre dont la date est contestée ; 2° les *Rêves d'un visionnaire*, ouvrage publié sans nom d'auteur en 1766, mais dont l'auteur était bien Kant, puisqu'il le distribua lui-même à ses amis.

En outre, trois ouvrages diversement intéressants contiennent l'analyse et la discussion critique du point que nous examinons, et nous fourniront les éléments de notre examen. C'est d'abord M. Tafel, qui dans son *Supplément à la biographie de Kant*, a prétendu présenter notre philosophe comme beaucoup plus swedenborgien qu'il ne l'a jamais été ; M. Kuno Fischer, qui dans son livre, devenu classique, sur Emmanuel Kant, a traité ce point particulier entre mille autres avec beaucoup de précision ; enfin M. Matter, qui, dans son livre sur Swedenborg, a recueilli tous les documents relatifs à ce personnage célèbre, et en particulier des renseignements curieux, ignorés de Kant lui-même, sur les prodiges de son héros. Tels sont les écrits que nous avons consultés et dont nous analyserons les résultats en les contrôlant, dans notre propre récit.

Avant de mettre nos deux personnages en présence, recherchons d'abord ce qu'ils étaient l'un et l'autre ; résumons brièvement la biographie de Swedenborg et celle de Kant jusqu'au moment où ils se sont rencontrés.

Emmanuel de Swedenborg n'a pas toujours été le mystique et l'illuminé que la postérité connaît. Pendant la première partie de sa carrière, il a été un personnage public considéré, un savant estimé, un des hommes les plus compétents dans l'administration et l'exploitation de l'une des plus grandes industries de son pays, l'industrie minière et métallurgique. Né à Stockolm, en 1688, d'un ecclésiastique distingué, alors prédicateur de la cour, depuis évêque de Skara, le jeune Emmanuel fut élevé par son père dans des idées de piété éclairée, mais peu rigoriste et médiocrement orthodoxe : « Je ne connaissais alors, dit-il, » d'autre doctrine que celle-ci : Dieu est le créateur » et le conservateur de l'univers. » Il aimait, nous dit-il encore, s'entretenir des choses de la foi avec des ecclésiastiques, et il leur disait « que la foi » n'est autre chose que la charité et que la charité » n'est que l'amour du prochain ». On voit que son christianisme n'allait pas beaucoup plus loin que le pur déisme. Envoyé à l'université d'Upsal, il négligea la théologie pour les lettres, et l'on a de lui une thèse sur les *Sentences* de Sénèque et celles de Publius Syrus, qu'il donna avec les notes d'Érasme et la traduction grecque de Casaubon. Mais ce n'est pas du côté des lettres que devait se fixer sa vocation ; les sciences attiraient davantage son génie, et les circonstances favorisaient naturellement cette inclination. Sa mère en effet, était la fille d'un membre du Collège royal des mines, et Swedenborg était appelé à suivre la même carrière

Ses premiers essais scientifiques ayant attiré l'attention sur lui, il fut nommé assesseur du Conseil par Charles XII, en présence duquel il avait donné des témoignages singuliers de son aptitude aux mathémathiques. Son talent comme ingénieur se manifesta d'une manière remarquable au siège de Frédérichshall, où devait succomber Charles XII. Ce fut lui qui trouva le moyen de transporter la grosse artillerie au pied de cette ville, protégée à la fois par la mer et par les montagnes ; en récompense de ce service, la reine Ulrique-Éléonore, sœur de Charles XII, lui conféra, à lui et à sa famille, la noblesse héréditaire.

Les travaux scientifiques de Swedenborg sont très nombreux et échappent à notre compétence ; ils portent, en général, sur la minéralogie, sur les métaux et sur les monnaies. Signalons seulement quelques-uns des faits qui attestent son mérite comme savant.

En 1723, on lui offre la chaire de mathématiques, qu'il refuse, à l'université d'Upsal ; en 1729, il est nommé membre de l'Académie royale de cette ville ; en 1734, l'Académie des sciences de Saint-Pétersbourg l'appelle dans son sein ; en 1763, l'Académie des sciences de Paris fit traduire en français son traité du fer et le fit insérer dans sa *Description des arts et métiers*, « ce travail, disait-« elle, ayant été reconnu le meilleur en cette « matière. » Rappelons enfin que M. Dumas, dans sa *Philosophie chimique*, cite Swedenborg comme ayant eu quelques idées originales en chimie.

Indépendamment de ses travaux scientifiques, Swedenborg, avant l'époque de ses visions, composa de nombreux écrits philosophiques. En 1733, il publie à Leipzig ses *Principes des choses naturelles*, ouvrage qui est toute une philosophie de la nature. En 1737, il donne ses *Prodromes de philosophie rationnelle*, comprenant trois grandes questions : l'infini, la cause finale de la nature, et le lien de l'âme et du corps. Son *Économie du règne animal* (1740-1741), ouvrage de physiologie consacré presque exclusivement à l'homme, contient une introduction philosophique à la psychologie rationnelle. Dans tous ces écrits, on n'aperçoit guère la trace de cet illuminisme qui remplira la seconde partie de sa carrière ; c'est un philosophe spiritualiste et religieux, mais c'est encore et ce n'est encore qu'un philosophe.

Après ses livres, les événements les plus importants de la vie de Swedenborg sont ses voyages. Il a parcouru toute l'Europe, et l'on peut le comparer à Descartes pour ce goût de perpétuel déplacement. Ces voyages avaient d'ailleurs pour but tantôt l'intérêt même de ses fonctions, tantôt la publication de ses ouvrages ; il visita la plupart des grandes exploitations métallurgiques de l'Europe, et on le voyait sans cesse à Londres, à Amsterdam, à Leipzig, occupé de l'impression et de la publication de quelque œuvre nouvelle.

De tous les faits qui précèdent, nous pouvons conclure que Swedenborg n'a pas été un rêveur vulgaire entraîné seulement par une imagination exaltée et une fausse science dans les illusions du mysticisme. Il a donné les preuves d'une science réelle et positive non seulement dans la théorie, mais dans la pratique. Ce n'est pas non plus une vie trop intérieure, trop solitaire, trop contemplative, qui a conduit Swedenborg à la mysticité, car il a connu le monde et les hommes autant que qui que ce soit ; ce n'est pas davantage, nous l'avons vu, une éducation trop théologique, car sa religion avait très peu de dogmes ; enfin la métaphysique, à son tour, ne doit pas être considérée comme suspecte et complice des aberrations du jeune illuminé, car elle n'avait occupé, jusqu'ici, qu'une part assez peu importante de ses spéculations et n'avait jamais été séparée par lui de l'étude des choses naturelles. Non, ce fut chez Swedenborg une disposition toute spontanée, qui éclata par une crise à la suite de laquelle il fut entièrement transformé ; le vieil homme, à partir de ce jour, céda la place à l'homme nouveau ; la chair s'humilia devant l'esprit.

Ce fut à Londres, en 1745, qu'eut lieu la première vision, ou, si l'on veut, la première hallucination de Swedenborg, et il faut avouer que cette première initiation aux choses surnaturelles prit d'abord une forme assez prosaïque. Un jour, en effet, que Swedenborg était à table, dînant très tard avec un grand appétit, vers la fin de son repas, une sorte de brouillard se répandit sur ses yeux ; il vit la chambre se couvrir de hideux reptiles ; l'obscurité s'épaissit, puis, se déchirant tout à coup,

laissa paraître dans un coin de la chambre un homme enveloppé d'une lumière radieuse, qui lui dit d'un ton de voix effrayant : *Ne mange pas tant.* On s'étonne qu'un envoyé de l'autre monde ait pris la peine de se déranger pour un avertissement aussi vulgaire. Mais Swedenborg le prit très au sérieux, et, n'ayant, à ce qu'il paraît, aucune notion du phénomène appelé aujourd'hui hallucination, il pensa que ce qu'il avait éprouvé ne pouvait avoir aucune cause naturelle, et il commença à croire, sans en rien dire d'abord à personne, qu'il avait des révélations d'en haut. « A partir de ce jour, dit-il, je renonçai à toute
» occupation profane pour ne plus travailler
» qu'aux choses spirituelles. » La première vision, comme on le pense, ne fut pas la dernière ; elle se renouvela à plusieurs reprises, et Swedenborg commença à communiquer avec les morts et à jouer son rôle de médium à peu près de la même manière que nous avons vu, de nos jours, jouer le même rôle par ses successeurs. Dix-huit mois seulement après la vision de Londres, on voit qu'il était déjà en possession de donner des nouvelles du monde des esprits à ceux qui le consultaient. Voici ce que raconte, à ce sujet, le général Danois Tuxen : « M. Kryger, consul de Suède, donna un
» jour à dîner à Swedenborg avec plusieurs per-
» sonnes distinguées de la ville, qui désiraient
» voir et entretenir le célèbre voyageur. Quand
» tout le monde fut placé à table, personne
» d'entre les invités n'osant prendre la liberté

» d'adresser la parole à Swedenborg, le consul crut
» devoir rompre le silence et prit occasion de la
» mort de Christian VI, roi de Danemark, mort
» l'année précédente, pour lui demander s'il avait
» vu ce prince depuis sa mort. Swedenborg répondit
» que oui et qu'à la première entrevue le prince
» était avec tel évêque, qui lui demandait pardon
» des fautes où il l'avait fait tomber pendant sa
» vie. Or le fils de cet évêque se trouvait précisé-
» ment là ; le consul, craignant que Swedenborg
» n'ajoutât sur le compte du père des choses
» encore plus pénibles, lui dit : « Monsieur, voilà son
» fils. — Cela peut être, répondit Swedenborg, mais
» ce que je dis est vrai. » Ainsi la seconde vue,
qui permettait à notre prophète de tout voir dans
l'autre monde, ne le préservait pas de maladresse
dans celui-ci.

Jusqu'ici rien de bien extraordinaire. Un homme
a des visions, il communique ou croit communiquer avec les morts; tout cela peut être et n'est,
sans doute, qu'une illusion subjective, et n'est susceptible d'aucune vérification. Si les prodiges de
Swedenborg s'étaient bornés là, il est probable que
Kant ne s'en serait pas occupé, et se serait contenté
de le considérer comme un malade ; mais un événement surprenant, et dont le récit paraissait offrir
toutes les apparences de l'authenticité, vint révéler
dans Swedenborg de nouvelles facultés bien plus
extraordinaires; et presque dans le même temps,
deux autres circonstances non moins prodi-
gieuses, et, en apparence, non moins attestées,

vinrent mettre le comble à la renommée du voyant. En un instant, on peut le dire sans exagération, toute l'Europe eut les yeux tournés sur la Suède et sur Swedenborg ; et nous le comprendrons aisément, nous qui avons vu une émotion tout à fait pareille se produire, il y a une quinzaine d'années. C'était le temps où le xviiie siècle, déjà las du débordement du scepticisme et ne voulant plus de la foi révélée, ne demandait qu'à se jeter dans la superstition ; les trois grands charlatans, Saint-Germain, Mesmer et Cagliostro, qui allaient exploiter cette veine, n'avaient pas encore paru. Swedenborg, bien supérieur à ces charlatans vulgaires, jouit le premier de cette étrange gloire ; elle arriva jusqu'à Kœnigsberg, et là elle rencontra un homme de génie, qui n'était dupe de rien, mais qui n'était systématiquement fermé à rien, et qui voulut, avec sa méthode critique, savoir le fort et le faible des miracles que l'on vantait. Il n'y réussit qu'imparfaitement ; car, en ces matières, rien de plus difficile que de savoir la vraie vérité ; mais l'opinion de Kant, ne fût-elle qu'une opinion, est déjà par elle-même une lumière. Voyons donc ce qu'il a pensé et dit à ce sujet. Mais, auparavant, voyons ce qu'il était lui-même et quelles avaient été jusque-là sa carrière et ses pensées.

Emmanuel Kant est né à Kœnigsberg en 1724 ; il était donc de trente-six ans plus jeune que Swedenborg ; celui-ci était un vieillard lorsque Kant brillait de toute la force de la jeunesse ; l'un avait soixante-douze ans, l'autre trente-six.

La vie de Kant est encore moins riche en événements que celle de Swedenborg. Il était d'une assez humble famille, d'origine écossaise; son père exerçait le métier de sellier; sa mère était très pieuse et d'une piété rigide; elle appartenait à la secte des piétistes, et elle confia son éducation au docteur Schultz, homme distingué et bienveillant, qui était alors le chef de cette secte à Kœnigsberg. On peut attribuer à cette éducation le caractère rigoriste de la morale de Kant, caractère qui se retrouve dans sa vie comme dans ses écrits; mais il ne s'asservit pas aux dogmes de la secte, et n'en garda que la morale : trait de ressemblance remarquable avec le visionnaire suédois. Kant fit ses études au collège de Frédéric (*Collegium Fridericianum*), dirigé par le docteur Schultz, et il eut pour maître d'humanités le célèbre Heydenreich, et pour camarade un autre humaniste non moins célèbre, Runken, depuis professeur à l'Université de Leyde, et l'un des premiers savants de son temps. Quelque temps, Kant eut également l'idée de se livrer à la philologie, mais une fois à l'Université, ses goûts changèrent, et comme Swedenborg, il quitta les lettres pour les sciences. Son professeur, Martin Knutzen, lui fit lire les œuvres de Newton, il lui inspira le plus vif enthousiasme pour sa philosophie. Ce fut avec le même professeur, comme c'était alors l'usage, qu'il apprit la logique et la métaphysique. Au sortir de l'Université, Kant pensa à entrer dans la carrière théologique, mais, ayant échoué; il y renonça et fut obligé de se livrer au préceptorat. Il fut précepteur pendant neuf années, dans trois maisons différentes, et il nous apprend lui-même qu'en fait de pédagogie sa théorie était très supérieure à sa pratique. A la différence de Swedenborg, qui était toujours en voyage et qui a vu toute l'Europe, Kant, comme Socrate, n'est jamais sorti de sa province : ce qui prouve en passant qu'il n'est pas nécessaire d'avoir tant voyagé pour avoir l'esprit libre de préjugés. Kant, sans être pour ainsi dire sorti de chez lui, connaissait merveilleusement toutes les contrées du globe, et il enseignait de la manière la plus brillante et la plus fidèle la géographie, l'anthropologie, l'ethnologie. Ses premiers écrits furent des écrits scientifiques ; le principal est une *Histoire naturelle du ciel*, dans laquelle les Allemands prétendent retrouver la célèbre hypothèse de Laplace sur l'origine de notre système planétaire. Il écrivit également sur la géologie et la physique. Ce n'est qu'en 1755 qu'il revint, à titre de maître, à l'Université ; et, comme si, dans sa carrière, tout dût être lent et laborieux ainsi que dans sa philosophie, il resta quinze ans privat-docent. Ce n'est qu'en 1770, à l'âge de quarante-six ans, qu'il fut nommé professeur ordinaire ou titulaire, en même temps que, par sa thèse inaugurale, il posait les premières bases de la philosophie critique.

A l'époque où eurent lieu les événements que nous allons raconter, c'est-à-dire de 1760 à 1766, Kant était donc un simple privat-docent à Kœnigsberg, connu déjà par quelques écrits importants, soit dans les sciences, soit en philosophie, professeur très goûté, et très brillant, homme du monde en même temps, quoique l'on soit disposé, à tort, à ne voir en lui qu'un homme d'école. On l'appelait le beau professeur ; il aimait à dîner en ville et recherchait particulièrement la conversation des dames, avec qui il savait causer de toutes sortes de sujets, sans excepter les plus frivoles. Il était reçu dans le meilleur monde et y apportait une politesse exquise et même méticuleuse. Ce fut dans ce monde distingué qu'il connut mademoiselle de Knobloch, dont la curiosité provoqua la lettre intéressante sur Swedenborg dont nous avons à parler.

Quelles étaient, à cette époque, les idées philosophiques de Kant? Rappelons en quelques mots les diverses phases qu'il avait traversées jusque-là. L'entrée de Kant à l'Université (1746) coïncide avec une date importante dans l'histoire de la philosophie allemande au xviiie siècle, le retour d'exil du célèbre Wolf, l'organisateur, le vulgarisateur de la philosophie de Leibniz, qui, banni pour cause d'hétérodoxie philosophique par Frédéric-Guillaume Ier, venait d'être rappelé dans sa patrie, à Halle, par le nouveau roi Frédéric II, son ancien élève. Ce triomphe de Wolf fut le commencement de sa décadence; il acheva dans le silence et dans l'abandon une carrière qui avait été, lorsqu'il était suspect, des plus brillantes. Néanmoins sa philosophie était encore la seule qui régnât dans les écoles, et ce fut celle que Kant reçut, adopta et professa. Longtemps encore après être arrivé lui-même à une philosophie originale, il expliquait à ses élèves la métaphysique dans le *Manuel* de Baumgarten et la logique dans celui de Meier, tous deux wolfiens distingués. Déjà, cependant, il avait fait des infidélités à Leibniz pour Newton; puis il avait lu et fort goûté les moralistes anglais, et il inclinait de plus en plus à la philosophie de l'expérience. Enfin il rencontra les écrits de David Hume, le célèbre sceptique écossais, et ce fut pour lui le trait de lumière : « Ce fut Hume, nous dit-il lui-même, qui me » réveilla du sommeil dogmatique. » Il en était là lorsqu'il commença à s'occuper de Swedenborg, et l'on doit présumer que, dans les dispositions sceptiques où il était alors, le médium suédois allait trouver en lui un juge sévère. Cependant ce scepticisme même, qui portait sur le dernier fond des choses, devait le rendre précisément plus réservé, et aussi éloigné de nier sans examen, comme les vulgaires esprits forts, que de croire aveuglément comme les ignorants et les enfants.

Nous voici donc arrivé au cœur de notre récit. Quels sont ces faits étranges qui firent croire un instant au pouvoir surnaturel de Swedenborg, et qui imposèrent, sinon l'adhésion, au moins l'examen et le doute, à un esprit tel que Kant dans sa pleine maturité?

Il y en a trois distincts, arrivés à des époques différentes, quoique à peu de distance l'un de l'autre; ce sont, pour les distinguer par le nom, l'affaire de l'incendie de Stockholm; l'affaire de la quittance perdue et retrouvée, et enfin l'affaire de la reine.

Voici d'abord l'affaire de l'incendie, telle qu'elle est rapportée par Kant dans sa *Lettre sur Swedenborg*[1] :
« C'était en 1756[2] que M. de Swedenborg, vers
» la fin du mois de septembre, un samedi, vers
» quatre heures du soir, revenant d'Angleterre,
» prit terre à Gothenbourg. M. W. Castel l'invita
» en sa maison avec une société de quinze
» personnes. Le soir, à six heures, M. de Sweden-
» borg, qui était sorti, rentre au salon pâle et
» consterné, et dit qu'à l'instant même il venait
» d'éclater un incendie à Stockholm au Südermahn,
» et que le feu s'étendait avec violence vers
» sa maison. Il était fort inquiet et sortit plu-
» sieurs fois ; il dit que la maison d'un de ses
» amis, qu'il nommait, était réduite en cendres,
» et que la sienne propre était en danger. A huit
» heures, après une nouvelle sortie, il dit avec
» joie : Grâce à Dieu, l'incendie s'est éteint à la
» troisième porte qui précède la mienne. Cette nou-
» velle émut fort la société, ainsi que toute la
» ville. Dans la soirée même, on informa le gou-
» verneur. Le dimanche matin, Swedenborg fut
» appelé auprès de ce fonctionnaire, qui l'interrogea
» à ce sujet. Swedenborg décrivit avec détail l'in-
» cendie, son commencement, sa fin et sa durée.

1. Traduite en français par Tissot, dans son volume intitulé *Anthropologie de Kant* (Paris 1863), p. 345.
2. La vraie date est 1759. Kant la rétablit plus tard dans ses *Rêves d'un visionnaire*, preuve manifeste que ce second ouvrage est postérieur à sa lettre.

» Or, le lundi au soir, il arriva à Gothenbourg
» une estafette que le commerce de Stockholm avait
» dépêchée pendant l'incendie. Dans ces lettres, l'in-
» cendie, était décrit exactement de la manière qui
» vient d'être dite. Le mardi au matin arriva égale-
» ment auprès du gouverneur un courrier royal avec
» le rapport sur l'incendie, sur la perte qu'il avait
» causée et sur les maisons qu'il avait atteintes,
» sans qu'il y eût la moindre différence entre ces
» indications et celles que Swedenborg avait don-
» nées. En effet, l'incendie avait été éteint à huit
» heures. »

Le second prodige attribué à Swedenborg est celui d'une quittance perdue et retrouvée miraculeusement. C'est encore le récit de Kant. « Madame Har-
» teville, veuve du ministre hollandais à Stockholm,
» peu de temps après la mort de son mari, reçut
» de l'orfèvre Croon la réclamation du paiement
» d'un service d'argent que feu M. Harteville lui
» avait fait faire. La veuve était persuadée que son
» mari avait payé cette dette; mais elle ne pouvait
» produire aucune quittance. Dans cet embarras,
» elle s'adressa à M. de Swedenborg. Après quel-
» ques excuses, elle lui dit que, s'il avait, comme il
» le disait, le pouvoir extraordinaire de s'entretenir
» avec les morts, il voulût bien s'informer auprès
» de son mari si la réclamation de l'orfèvre était
» fondée. Swedenborg y consentit. Trois jours
» après, cette dame avait chez elle une société qui
» prenait le café; M. de Swedenborg y vint, et
» lui dit avec sang-froid qu'il avait parlé à son

» mari; que la dette en question avait été payée
» sept mois avant sa mort, et qu'elle en trouverait
» la quittance dans une armoire qui était à la
» chambre haute. La dame répondit que ce buffet
» avait été fouillé de fond en comble, et qu'on
» n'avait pas trouvé la quittance parmi les papiers.
» Swedenborg répliqua que le mari défunt lui
» avait écrit que, si on ouvrait le tiroir de gauche,
» on verrait une planche qui devait être déplacée,
» et qu'on trouverait ensuite une cachette où était
» serrée sa correspondance secrète avec la Hollande,
» et qui contenait aussi la quittance en question.
» Sur cette indication, la dame se rendit à la
» chambre haute avec toute sa compagnie. On
» ouvrit le buffet, suivant l'indication donnée, on
» trouva la cachette ignorée jusque-là, et les papiers
» signalés, au nombre desquels celui qu'on cher-
» chait. On se figure sans peine l'étonnement de
» toute l'assistance. »

Ces deux récits nous sont rapportés par Kant; le troisième, qui concerne ce qu'on appelle l'affaire de la reine, nous vient de deux sources différentes; du côté de Swedenborg, le récit nous est rapporté par le général danois Tuxen, qui le tenait de lui-même; du côté de la reine, le même récit est raconté par Thiébault, membre de l'Académie de Berlin, dans ses *Souvenirs*, et il le tient également de la bouche même de la reine. Or les deux récits s'accordent sur les faits essentiels. Voici le récit du général Tuxen.

« La reine ayant entendu dire qu'il y avait un

» homme qui s'entretenait avec les morts, désira
» le voir. Il lui fut amené par le comte Schefter.
» Elle lui demanda s'il était vrai qu'il eût com-
» merce avec les morts, ce qu'il affirma... Là-
» dessus, elle lui demanda s'il voulait se charger
» d'une commission pour son frère mort récem-
» ment. — De tout mon cœur. — Alors la reine,
» accompagnée du roi et du comte, se retira avec
» lui dans une embrasure de la fenêtre et lui
» donna sa commission... Quelque temps après,
» Swedenborg retourna à la cour avec Schefter.
» La reine lui dit: «Avez-vous fait ma commission.
» — Elle est faite, répondit-il. Quand il lui eut
» communiqué le résultat, elle fut très surprise et
» se trouva mal. Revenue à elle, elle ne prononça
» que ces mots : « Voilà ce qu'aucun mortel n'aurait
» pu me dire[1]. »

Tels sont les faits. Quel jugement Kant en a-t-il porté ? On a remarqué, sur ce point, une contradiction entre ses deux écrits. Dans la lettre à mademoiselle de Knobloch, Kant semble considérer les faits précédents comme à peu près aussi attestés qu'on peut le désirer; il rend compte de l'enquête qu'il a fait faire à Stockholm et à Gothenbourg par un de ses amis, et cette enquête est très favorable à Swedenborg. L'histoire de la reine est attestée par l'ambassadeur danois à Stockholm, et l'on a vu que nous avons nous-mêmes deux témoignages encore

---

1. La version de Thiébault, c'est-à-dire de la reine elle-même, confirme, sur tous les points essentiels, celle de Swedenborg, rapportée par le général Tuxen. (Voy. les *Souvenirs de vingt ans de séjour à Berlin*, par Thiébault, Paris, 1804.)

plus authentiques, celui de Swedenborg, et celui de la reine elle-même. Pour les autres faits, « son » ami, dit-il, a pu les recueillir immédiatement sur » les lieux ». En particulier, pour ce qui est de l'incendie de Stockolm, le même ami s'est informé de tout, « non seulement à Stockolm, mais à Gothen- » bourg, où il connaissait fort bien les principales » maisons, où il a pu se renseigner de toute une ville » dans laquelle vivent encore la plupart des témoins » d'un fait arrivé depuis peu ». Évidemment, jusqu'ici, Kant est plutôt favorable qu'hostile, et en particulier pour ce qui est de l'incendie, il va jusqu'à la croyance la plus formelle. « Que dire contre » la crédibilité de ce fait ?... Il coupe court à tous » les doutes imaginables. »

En 1766, au contraire, dans les *Rêves d'un visionnaire*[1], il ne parle plus des visions de Swedenborg qu'avec dédain, et il ne paraît plus faire aucun cas de sa propre enquête : « L'auteur confesse avec » humilité, dit-il, qu'il a été assez bon pour » rechercher la vérité de quelques récits de cette » espèce. Il a trouvé, comme il arrive d'ordinaire, » qu'il n'a rien trouvé. »

Et, après avoir rapporté plus brièvement les mêmes anecdotes que plus haut, il ajoute : « On » me demandera sans doute ce qui a pu me porter » à me charger du rôle indigne de répandre un » peu plus des *fables* qu'un esprit raisonnable » hésite à écouter avec patience. » Enfin, rapportant ces faits, qui, dans le premier récit, viennent

1. Même volume p. 370.

des témoins eux-mêmes, il ne les donne plus que « comme des bruits publics dont la valeur est » très peu certaine ».

Ces deux opinions si différentes ont donné lieu à un swedenborgien allemand, M. Tafel, de supposer que la lettre écrite à mademoiselle de Knobloch était postérieure aux *Rêves d'un visionnaire*, qu'au lieu de passer de la confiance au doute, Kant, au contraire, serait passé de l'indifférence sceptique à une demi-croyance, et cela après un examen et une enquête sérieuse des faits. Le fondement sur lequel il s'appuie est d'abord que la date assignée par le premier éditeur Jachmann est manifestement fausse, car cette lettre est datée de 1758, et les faits relatés vont au moins jusqu'en 1761 ; la lettre ne peut donc pas être antérieure à cette époque. Reste à prouver qu'elle est postérieure à 1766. M. Tafel s'appuie surtout sur la contradiction déjà signalée; dans les *Rêves*, les faits sont donnés comme attestés seulement par la renommée; or, dans la lettre, Kant semble dire que son agent tient sa version des témoins oculaires eux-mêmes : preuve que cette enquête est postérieure. En outre, dans la *Lettre*, Swedenborg dit à l'ami de Kant qu'il répondra à la lettre de celui-ci dans un prochain ouvrage qu'il va publier à Londres au mois de mai suivant. Or, suivant M. Tafel, Swedenborg n'aurait rien publié à Londres entre 1761 et 1769. Il s'agirait donc de cette dernière année; et la lettre devrait être placée en 1768. Par conséquent, le scepticisme méprisant des *Rêves d'un visionnaire* n'est pas le dernier mot de Kant sur le swedenborgisme ; il serait revenu, après un examen plus attentif, à une opinion plus bienveillante, et presque à une adhésion formelle.

M. Kuno Fischer, dans son livre sur Kant, a soumis l'opinion précédente à une discussion critique qui ne laisse absolument rien à désirer. Il donne surtout une preuve péremptoire qui rend toutes les autres inutiles : « J'avais écrit, nous dit-il, » tout ce qui précède, lorsqu'un heureux hasard » m'a fait faire connaissance d'une vénérable dame, » arrière-petite nièce de l'amie de Kant, à l'obli- » geance de laquelle je dus la communication sui- » vante : Amélie-Charlotte de Knobloch, née le » 10 août 1740, épousa en 1763 le chevalier de » Klingspor. La lettre de Kant adressée à *mademoi-* » *selle de* Knobloch ne peut donc pas être posté- » rieure à 1763. » Elle est donc antérieure aux *Rêves*, qui sont de 1766. Ainsi les faits viennent prouver péremptoirement ce que la vraisemblance philosophique permettait déjà d'affirmer avec une entière certitude.

En 1766, en effet, nous l'avons dit, Kant était sceptique à la manière de Hume ; en 1770, il fondait la philosophie critique. Entre la période du scepticisme et celle du criticisme, est-il vraisemblable de supposer que Kant ait pu être un instant swedenborgien? En outre, dans la *Lettre*, Kant paraît évidemment ne pas connaître les écrits de Swedenborg ; dans les *Rêves*, au contraire, il nous apprend qu'il se les est procurés et fort cher (175 francs), et il en donne l'analyse. Quant à la contradiction des deux écrits, elle est plus apparente que réelle; et ils diffèrent peut-être plus par le ton que par le fond des choses. Écrivant à une dame, naturellement plus disposée à croire à ces sortes de choses, il en parle avec plus d'égards. Écrivant pour le public, il a moins de scrupules; ou plutôt, comme il le dit lui-même dans une lettre à Mendelsohn, pour ne pas se faire moquer de lui, il se moque lui-même de son sujet. Dans la *Lettre*, on voit déjà des marques de défiance, et au fond il incline au doute. Dans les *Rêves*, il ne nie pas d'une manière absolue, et il dit que l'impossibilité de la chose ne peut pas être plus prouvée que sa possibilité. Ajoutons une dernière raison, qui explique la différence : au moment de la *Lettre*, il était dans le fort de son enquête, il a écrit à Swedenborg, il en espère une réponse, il attend les éclaircissements, il doit donc encore suspendre son jugement. Dans les *Rêves*, il n'attend plus de réponse. Swedenborg n'a rien éclairci dans ses écrits, il s'est contenté d'affirmer ses visions sans en donner aucune preuve, sans faire appel à un témoignage précis et authentique. Enfin il est permis de supposer que, dans le premier moment, Kant lui-même, malgré son robuste scepticisme, a subi le charme, puisqu'à la longue son imagination s'est refroidie, et a tourné non-seulement à l'indifférence, mais à l'impatience et même à l'irritation. C'est ce que Kant nous apprend lui-même dans sa lettre à Mendelsohn[1] : « Comme,

---

1. 8 avril 1766. Œuvres de Kant (éd. Rosenkranz), t. XI, p. 7.

» par une curieuse enquête sur les visions de Swe-
» denborg auprès de personnes qui avaient eu occa-
» sion de le connaître, par les moyens d'une cor-
» respondance ou en me procurant ses ouvrages,
» j'avais donné beaucoup à parler, je vis bien que
» je ne pouvais me débarrasser des incessantes
» questions qui me fatiguaient qu'en me déchar-
» geant de la connaissance supposée de ces anec-
» dotes. »

Il est à regretter que Kant n'ait pas été à même de pousser plus loin l'enquête critique qu'il avait commencée, et qu'il eût certainement conduite à bien, avec ses habitudes de sévère méthode, s'il se fût trouvé lui-même sur les lieux; mais cette enquête, qu'il n'a pas achevée, a été continuée après sa mort; et, au moins pour l'une des trois histoires merveilleuses que nous avons rapportées, nous pouvons mesurer la distance qui existe toujours entre la légende et la réalité. En effet, l'histoire de la quittance, dont nous avons raconté et dont Kant ne connaissait que le récit légendaire, nous est connue aujourd'hui par le témoignage du principal témoin, madame de Marteville (et non madame Harteville). Cette dame s'était remariée, et c'est son second mari, le général E., qui raconte d'après sa femme le récit véritable, qui reste encore assez singulier, mais non miraculeux. C'est là, pour le dire en passant, un exemple assez remarquable de la manière dont se forme la croyance aux miracles. Voici ce récit :

« Ma femme, dit le général E., eut l'idée de

» rendre visite à M. de Swedenborg. Entre autres
» discours, elle lui demanda s'il n'avait pas connu
» M. de Marteville. A quoi il répondit qu'il n'avait
» pas pu le connaître. Il faut que je dise ici en
» passant que l'histoire des 25,000 florins de Hol-
» lande est exacte en ce sens que ma femme était
» inquiète à ce sujet et n'avait pas de quittance à
» présenter. Toutefois, dans la susdite visite, *il ne
» fut point fait mention de cela.* Huit jours après,
» M. de Marteville apparut en songe à mon épouse
» et lui indiqua, dans une cassette de façon anglaise,
» un endroit où elle trouverait non seulement la
» quittance, mais une épingle à cheveux avec vingt
» brillants, que l'on croyait également perdus. Il
» était environ deux heures du matin. Pleine de
» joie, elle se leva et trouva tout à la place indi-
» quée. Puis elle se recoucha et dormit jusqu'à
» neuf heures du matin. Vers onze heures, M. de
» Swedenborg se fait annoncer. Avant d'avoir rien
» appris de ce qui était arrivé, il raconta que, dans
» la nuit précédente, il avait vu plusieurs esprits,
» et entre autres M. de Marteville. Il aurait désiré
» s'entretenir avec lui ; mais M. de Marteville s'y
» était refusé par la raison qu'il était obligé de se
» rendre auprès de sa femme pour lui faire faire
» une découverte importante. »

Si l'on compare ce récit à la légende rapportée plus haut, on voit combien la part du merveilleux y est diminuée, et, en particulier, combien l'intervention de Swedenborg y est amoindrie. Ici ce n'est plus Swedenborg lui-même, c'est madame de Marteville qui, dans un rêve, retrouve la place de la quittance. Ce n'est plus un fait de seconde vue; c'est le fait si connu et si fréquent de la mémoire inconsciente. Tous les auteurs qui ont étudié les phénomènes du sommeil et de l'hallucination citent des cas semblables. Reste la coïncidence du rêve de Swedenborg avec celui de madame de Marteville et cet avertissement donné par l'âme du défunt, qu'elle était forcée d'aller rendre visite à sa femme. Mais c'est là un détail si puéril et si peu sérieux, qu'il est difficile de ne pas croire à quelque supercherie, et peut-être l'enquête poussée plus loin pourrait-elle nous apprendre que notre voyant avait quelque moyen de savoir ce qui se passait chez madame de Marteville. En accordant, d'ailleurs, l'authenticité des faits tels qu'on nous les donne, il ne resterait qu'une simple coïncidence de songes, s'expliquant par une préoccupation commune.

Quant à l'histoire de la reine, nous n'avons pas, comme pour la précédente, un moyen de contrôle aussi authentique et aussi précis; mais on doit remarquer d'abord que la reine elle-même, qui racontait l'histoire dans les mêmes termes que Swedenborg, n'a jamais voulu croire à une communication des esprits; elle a donc pensé que son secret avait pu lui être dérobé sans qu'elle devinât par quel moyen. En outre, voici quelques circonstances suspectes qui ont été rapportées après coup. Un ancien M. Gambs, ancien aumônier de la chapelle suédoise à Paris, écrivit, le 5 mai 1800, une lettre dans le *Morgenblatt*, où il invoque le témoignage de trois personnes distinguées vivant encore et qui ne réclamèrent pas. D'après leurs communications intimes, Swedenborg, instruit par le sénateur comte de Bréhé, président du conseil de l'Empire et père de l'un des témoins, de la correspondance secrète de la reine avec son frère, le prince de Prusse, put facilement révéler à la princesse un mystère dont il se serait procuré la connaissance en payant un homme de confiance. Tels sont les doutes qui planent sur la sincérité de Swedenborg dans cette affaire, et, sans nous autoriser à affirmer une supercherie, ils suffisent cependant pour nous mettre en garde contre une confiance trop naïve.

Reste l'histoire de l'incendie de Stockholm. Ici nul fil conducteur ; nous ne savons rien qui soit venu vérifier ou démentir le récit primitif de Kant ; il faut croire cependant que lui-même n'a pas attaché grande importance aux témoignages qu'il avait d'abord recueillis, puisqu'il ne les mentionne plus dans son second écrit que comme des bruits publics dont on ne peut vérifier l'origine. Il est vraisemblable que là aussi, si l'on pouvait remonter à la source, on trouverait soit une version nouvelle du fait primitif, comme dans le premier cas, soit des circonstances suspectes, comme dans le second. Peut-être Kant lui-même, ayant poursuivi l'enquête que nous lui avons vu commencer, a-t-il eu des raisons de traiter légèrement, après examen, ce qui lui avait paru, au premier abord presque indubitable.

Quoi qu'il en soit, on voit, par les exemples cités, combien il est facile au surnaturel de s'emparer des imaginations et combien il est difficile de le surprendre en faute. La transformation rapide des légendes et la difficulté de remonter à la source, plus une certaine part faite à la supercherie, expliquent la plupart du temps ce que l'on appelle le merveilleux. S'il en a été ainsi au xviii° siècle, dans un temps de pleine et lumineuse civilisation, si la critique éclairée, soupçonneuse, active, d'un penseur libre tel que Kant n'a pu réussir à démasquer de faux prodiges qu'une illusion volontaire et involontaire protégeait contre une indiscrète curiosité, combien, à plus forte raison, a-t-il dû en être ainsi dans l'enfance des peuples, dans l'absence de toute science, de tout examen, et lorsque l'imagination populaire, ardente et naïve, non seulement est disposée à tout croire, mais invente elle-même, sans s'en douter, ce qu'elle croit. Nous avons pu, sur un seul point, à la vérité, mais sur un point précis et circonscrit, signaler le passage de la réalité à la fiction, la réalité elle-même étant déjà peut-être, dans l'imagination du principal témoin, mêlée de fiction. Ce qui s'est passé dans cette circonstance est l'image fidèle de ce qui se passe dans toutes les circonstances semblables, et, sans vouloir en aucune façon toucher à rien de respectable, nous pouvons dire, au moins pour ce qui est des prodiges purement profanes, qu'ils s'évanouiraient tous de la même manière devant les lumières de la critique, si elle avait toujours à sa disposition toutes les données du problème.

LE
DERNIER MOT D'UN MATÉRIALISTE

LA PHILOSOPHIE DE DIDEROT [1].

La philosophie de Diderot, qui avait été négligée et dédaignée pendant un assez long cours de temps, a repris une grande faveur depuis quelques années, par suite de ses affinités avec les tendances prédominantes de la philosophie contemporaine. On peut dire que Diderot, en effet, a été l'un des précurseurs de cette philosophie. Beaucoup d'idées répandues aujourd'hui et développées avec éclat par les maîtres modernes se trouvent en germe dans ses œuvres. C'était en effet un des esprits les plus suggestifs que l'on pût trouver de son temps. Ne lui demandez pas des œuvres méditées, composées avec art, écrites avec goût, liées dans toutes leurs

[1]. *Œuvres complètes* de Diderot, revues sur les éditions originales et sur les manuscrits inédits conservés à la Bibliothèque de l'Ermitage, avec notices, notes, table analytique, par J. Assézat, chez Garnier frères, Paris 1875, 20 volumes, in-8.

parties : rien chez lui ne vient à maturité ; tout est jeté avec profusion, mais sans ordre et sans règle. Ce ne sont jamais que des fragments, des lueurs éclatantes mais passagères, d'admirables improvisations ; mais tout ce qui est raisonnement suivi, liaison d'idées, enchaînement systématique de propositions, enfin construction régulière et équilibrée, est chose inconnue pour cet esprit fumeux où tout est sans cesse à l'état de bouillonnement et de fermentation. Diderot, malgré d'éminentes qualités qui approchent du génie, n'a donc pas laissé de chef-d'œuvre ; quoique plus riche en idées peut-être que Voltaire et Rousseau, il ne peut être nommé qu'après eux parmi les grands hommes du siècle ; et à plus forte raison n'égale-t-il pas Montesquieu et Buffon. C'est un sublime improvisateur ; telle est l'idée que s'en sont toujours faite les juges les plus sympathiques et les plus éclairés ; et la nouvelle édition de ses œuvres, la plus complète de toutes, ne modifiera en rien, nous le croyons, cette opinion.

Cette édition se distingue de toutes les précédentes par la publication de pièces inédites qui ont été recueillies dans les papiers de Diderot restés en Russie à la Bibliothèque de l'Ermitage. On sait en effet, que Diderot, appelé par la grande Catherine à Saint-Pétersbourg, y resta quelques années et qu'il y avait laissé nombre de travaux écrits par lui pendant cette période. Ce sont ces travaux qui ont été collationnés avec soin et ajoutés par le nouvel éditeur à toutes les œuvres déjà connues.

En outre, depuis 1821, date de la dernière édition
de Diderot, des suppléments partiels assez importants avaient été publiés séparément, et il était
urgent de les incorporer aux œuvres complètes.
Enfin, comme il y avait lieu de craindre que,
dans les éditions antérieures, comme il arrive souvent, le texte n'eût été altéré, le nouvel éditeur a
confronté ce texte, toutes les fois que cela a été
possible, avec le texte des éditions originales données par Diderot lui-même. C'est donc, on peut le
dire, l'édition définitive de Diderot que le public a
aujourd'hui entre les mains. Cette édition nous est
une occasion naturelle de remettre en lumière quelques-unes des pensées les plus importantes d'un
auteur si célèbre et cependant si peu lu. Nous
croyons qu'il est permis, sans trop forcer les
choses, de distinguer dans la philosophie de Diderot trois périodes où elle se présente sous des
aspects assez différents. Dans la première, il n'est
encore qu'un déiste ; il s'attaque seulement au
Christianisme, mais il défend et, nous le croyons,
avec sincérité, le principe de la religion naturelle.
Dans la seconde, il est devenu tout entier lui-même,
il arbore le drapeau du matérialisme, mais d'un matérialisme singulier, aux tendances panthéistiques ;
enfin, dans une dernière période, il semble qu'il
soit amené à un commencement de réaction contre
le matérialisme ; au moins s'en sépare-t-il très
décidément au point de vue moral ; et il se rapproche, pour les tendances, des moralistes de
l'école écossaise.

C'est surtout cette troisième phase de la philosophie de Diderot que nous voudrions faire connaître d'après les documents nouveaux : nous devons seulement rappeler les traits essentiels de la doctrine de notre auteur, telle qu'elle résulte de ses écrits antérieurs, et notamment les deux principaux : *L'interprétation de la nature* et le *Rêve de d'Alembert*. Cette philosophie est généralement caractérisée par le nom de matérialisme, et Diderot est regardé par tous comme le coryphée du matérialisme au xviiie siècle. On ne peut dire sans doute que cette qualification soit inexacte ; mais il faut reconnaître en même temps que c'est un matérialisme original et assez différent de ce que l'on appelle d'ordinaire de ce nom. Le vrai type en effet du matérialisme, c'est l'atomisme de Démocrite et d'Épicure : c'est l'hypothèse que tous les changements de l'univers sont dus à la rencontre et à la combinaison des molécules primordiales dont les propriétés essentielles sont l'étendue et la solidité. Faire naître l'ordre de l'univers de la rencontre fortuite des atomes, et expliquer la sensibilité de la pensée par la mixtion et la combinaison de ces atomes, voilà le vrai matérialisme, et même, à parler rigoureusement, la seule doctrine qui puisse être appelée de ce nom : car pour être matérialiste, il faut évidemment ramener toutes choses à la matière ; mais il faut alors qu'elle soit définie, et réduite aux qualités qui sont le propre de tous les corps, par conséquent aux propriétés physiques et mécaniques. Si au contraire on commence par placer dans la matière les qualités propres à l'esprit, on peut se demander si cette hypothèse ne ressemble pas au spiritualisme autant et plus peut-être qu'au matérialisme : or c'est là, nous l'allons voir, la philosophie propre de Diderot.

Cette seconde doctrine qui anime et spiritualise la matière était celle que Maupertuis, sous le nom du « Docteur Baumann », avait exposée dans une thèse écrite en latin, et qu'il a depuis publiée en français sous le titre de *Système de la Nature*[1]. Dans ce travail Maupertuis combattait la théorie des atomes, celle des natures plastiques, celle des archées et enfin celle de l'emboîtement des germes ; et il substituait à toutes ces hypothèses celle d'une sensibilité essentielle à la matière. Il attribuait aux molécules primordiales le désir, l'aversion, la mémoire, l'intelligence, « en un mot, toutes les qualités que nous reconnaissons dans les animaux, que les anciens comprenaient sous le nom d'âme sensitive : ces qualités, il les admettait, toute proportion gardée des formes et des masses, dans les particules les plus petites de la matière comme dans le plus gros animal. » Diderot fait quelques réserves sur cette hypothèse ; mais ces réserves nous semblent plus apparentes que réelles, et sont plutôt des précautions que des objections. Il y voit des périls pour l'existence de Dieu et l'existence de l'âme ; mais ces deux questions mises à part peut-être par simple prudence, il accepte au fond l'hypothèse tout en cherchant à

1. *Œuvres de Maupertuis*, tom. 2.

l'atténuer. Il ne fallait pas, suivant lui « se précipiter dans l'espèce de matérialisme le plus séduisant en attribuant aux molécules organiques le désir, l'aversion, le sentiment et la pensée. Il fallait se contenter de supposer une sensibilité mille fois moindre que celle que le Tout-Puissant a accordée aux animaux les plus voisins de la matière morte ». En vertu de cette « sensibilité sourde », Diderot suppose que chaque molécule, sollicitée par « une inquiétude automate », cherche à se procurer la situation la plus commode de toutes, comme fait l'animal dans son sommeil ; il appelle l'animal un « système de molécules organiques qui, par l'impulsion d'une sensation semblable à un *toucher obtus*, se sont combinées, jusqu'à ce que chacune ait rencontré la place la plus convenable à sa figure et à son repos ». Il est difficile de démêler la différence qu'il y aurait entre un tel système et celui de Maupertuis. Celui-ci n'entendait certainement pas que les atomes possédassent les mêmes facultés que les animaux supérieurs ; il n'aurait pas chicané sur le degré, et sans doute il ne se serait pas refusé à admettre que la sensibilité qu'il prêtait aux molécules est « mille fois moindre » que celle du moindre animalcule ; car le degré ne fait rien à l'affaire. Diderot ne se sépare donc de Maupertuis qu'en apparence : au fond il lui emprunte son hypothèse, en ne la modifiant que dans la forme. Si nous essayons de remonter à l'origine de cette hypothèse, il est facile de voir qu'elle dérive directement de la monadologie de Leibniz. Maupertuis était le président de l'Académie de Berlin, fondée par Leibniz ; or cette Académie était le centre du monadisme leibnizien. Maupertuis lui-même, sur bien des points (par exemple sur le principe de la moindre action), se rattache directement au leibnizianisme. Or, on sait que Leibniz définissait la substance « ce qui est capable d'action », et il y reconnaissait deux appétits fondamentaux, *l'appétit* et *la perception*. Il suffisait de supprimer l'attribut de l'étendue pour que de telles substances simples, actives par essence, perceptives et appétitives fussent de véritables âmes ; et Leibniz disait en effet qu'elles sont « analogues à nos âmes ». C'est ce système que Maupertuis avait développé et que Diderot lui empruntait comme « le matérialisme le plus séduisant ». Mais on peut se demander encore une fois si un tel système ne mériterait pas plutôt le nom d'ultra-spiritualisme, puisqu'au lieu de faire l'esprit analogue à la matière, comme les atomistes, il représente, au contraire, la matière comme analogue à l'esprit.

Dans le *Rêve de d'Alembert*, Diderot a repris en son propre nom et soutenu hardiment l'hypothèse d'une sensibilité essentielle à la matière ; il y expose une sorte de panthéisme vitaliste et hylozoïste qui se rapprocherait plus de la philosophie stoïcienne que de la philosophie épicurienne. Il n'y a plus qu'une substance dans l'univers, dans l'homme et dans l'animal. « La serinette est de bois[1] ; l'homme est de chair ; le serin est de chair ; le musicien est

---

[1]. Diderot vient de comparer l'organisme vivant à un instrument de musique.

d'une chair diversement organisée ; mais l'un et l'autre ont une même origine, une même formation, une même fin ». D'Alembert objecte que si la sensibilité est essentielle à la matière, il faut que la pierre sente. « Pourquoi non ? » répond Diderot. Il prétend qu'on fait « du marbre avec de la chair et de la chair avec du marbre », en broyant le marbre, en le mettant en poussière, en l'incorporant à une terre végétale. Il distingue une « sensibilité active », celle des êtres vivants, et une « sensibilité inerte », celle de la matière morte. Enfin, il conclut que « depuis l'éléphant jusqu'au puceron, depuis le puceron jusqu'à la molécule sensible et vivante, l'origine de tout, pas un point dans la nature entière qui ne souffre ou qui ne jouisse». Toutes ces propositions étaient déjà implicitement contenues dans le livre de *l'Interprétation de la nature*. Mais ici Diderot creuse plus avant que n'avait fait Maupertuis, et qu'il n'avait fait lui-même dans le livre précédent : il se sépare nettement de la doctrine monadiste. Cette doctrine en effet consiste à donner à l'individu une valeur substantielle, et à réduire les corps à des substances simples douées chacune de caractères propres et individuels. Si on admet de telles substances, on admet par là même des âmes ; et l'âme humaine n'est qu'une de ces substances, douée de la faculté de réfléchir et de se replier sur elle-même. Diderot est entièrement opposé à cette doctrine. Pour lui, il n'y a point d'individu. « Que voulez-vous dire avec vos individus ? Il n'y en a pas ; non, il n'y en a pas. Il n'y a qu'un seul grand individu : c'est le tout. Dans ce tout, comme dans une machine, comme dans un animal quelconque, il y a une partie que vous appelez telle ou telle ; mais quand vous donnez le nom d'individu à cette partie du tout, c'est par un concept aussi faux que si, dans un oiseau, vous donniez le nom d'individu à l'aile, à une plume de l'aile ». S'il n'y a pas d'individu même corporel, à plus forte raison n'y a-t-il pas d'individu spirituel. L'âme est inutile : « — Vous en voulez, dit d'Alembert, à la distinction des deux substances ? — Je ne m'en cache pas, répond Diderot. Cependant, ne faut-il pas qu'un entendement soit distinct de l'instrument dont il se sert ? — Non, il faut seulement distinguer l'instrument philosophe de l'instrument clavecin. L'instrument philosophe est sensible ; il est à la fois le musicien et l'instrument. Nous sommes des instruments doués de sensibilité et de mémoire. — Mais, dit d'Alembert, la sensibilité est une qualité simple, et incompatible avec un sujet, un suppôt divisible. — Galimatias ! répond Diderot. Ne voyez-vous pas que toutes les qualités sont essentiellement indivisibles ? Il n'y a ni plus ni moins d'impénétrabilité ; il y a la moitié d'un corps rond, mais non la moitié de la rondeur. » Enfin Diderot, qui ne se soucie pas beaucoup de conséquence et de cohérence, invoque « l'indivisibilité de l'atome », quoiqu'il n'admette pas d'individus. Ce n'est pas ici le lieu de discuter toutes ces idées : disons seulement que Diderot ne va pas au fond de la difficulté ; cette difficulté est que la rondeur et l'impénétrabilité ne se perçoivent pas elles-mêmes, n'ont pas conscience d'elles-mêmes : leur unité vient de la pensée qui les pense, mais d'où vient l'unité de la pensée qui se pense elle-même? Diderot croit expliquer ce fait par la mémoire ; mais comment deux idées sont-elles à la fois présentes à l'esprit, et celle que je pense actuellement, et celle que j'ai pensée autrefois? Diderot nous dit que la « corde vibrante sensible oscille longtemps encore après qu'on l'a pincée, et qui en fait frémir d'autres ». On peut se demander si ce ne sont pas là de pures métaphores.

Nous n'insisterons pas sur un des points les plus curieux de cette philosophie, qui a été récemment mis en lumière par un savant français avec un grand talent, à savoir le transformisme de Diderot[1]. Il est bien certain, d'après les textes cités par M. Caro, que le véritable ancêtre du transformisme en France n'est ni Lamarck, ni Robinet, comme on l'a dit, mais Diderot. C'est lui qui a dit le premier qu'il n'y a jamais eu qu' « un seul animal », et que la nature entière n'est qu' « un même phénomène transformé ». C'est encore là un trait original et supérieur qui distingue son matérialisme de celui de ses contemporains. Il n'attribue pas la production des êtres de la nature à de simples combinaisons extérieures. Il voit dans l'univers entier, comme les stoïciens, un être vivant qui a en lui-même le principe de son développement. Ce système est encore une fois moins

---

1. *Revue des Deux Mondes*, 15 Octobre 1879; De l'Idée transformiste dans Diderot, par E. Caro. Voir le travail tout entier *(Diderot inédit)* dans son livre sur *La Fin du XVIIIe siècle*, t. I, p. 155.

matérialisme que spiritualisme. C'est une sorte de vitalisme universel très supérieur au *fortuitisme* (s'il est permis d'ainsi parler) des anciens atomistes.

Non seulement le matérialisme de Diderot est d'un ordre supérieur à celui de son temps, mais nous allons voir que lui-même (et c'est un des résultats les plus nouveaux de la publication récente) semble s'être éloigné plus tard de son propre point de vue, et qu'à la fin de sa vie, provoqué par les excès de ses propres opinions, en particulier par le livre plat et superficiel d'Helvétius, il avait fait un mouvement en arrière, et élevé à son tour des doutes et des objections contre le principe et les conséquences du matérialisme. C'est ce qui ressort de sa *Réfutation de l'ouvrage d'Helvétius intitulé l'Homme*, réfutation écrite en 1773 ou 1774. Résumons les principaux points de cette curieuse réfutation.

Helvétius avait posé ce principe, d'où dérive toute la psychologie matérialiste : *sentir, c'est penser*. Ce principe avait déjà été l'objet d'une forte et pénétrante discussion de J.-J. Rousseau dans le *Vicaire savoyard*. Diderot paraît incliner vers l'opinion de Rousseau, et se sépare de celle d'Helvétius : « Sentir, c'est juger. Cette assertion, comme elle est exprimée, ne me paraît pas rigoureusement vraie. Le stupide sent, mais peut-être ne juge-t-il pas. L'être totalement privé de mémoire sent, mais peut-être ne juge-t-il pas : le jugement suppose la comparaison des deux idées. » Diderot voit très bien le nœud de la question : c'est de savoir « comment nous avons deux idées présentes à la fois; ou comment, ne les ayant pas présentes, cependant nous les comparons. » Tout le dix-huitième siècle, sur les traces de Condillac, avait expliqué jusque là toutes les opérations intellectuelles comme des transformations de la sensation et l'on peut dire que Diderot lui-même dans ses écrits matérialistes avait admis implicitement cette doctrine. Ici au contraire, il s'en sépare décidément, ou du moins il élève contre elle les doutes les plus sérieux. Il affirme que cette doctrine « convient à l'animal plutôt qu'à l'homme ». Il insiste sur le caractère hypothétique de ces transformations arbitraires : « Passer brusquement de la sensibilité physique, c'est-à-dire que je ne suis pas une plante, une pierre, un métal, à l'amour du bonheur, de l'amour du bonheur à l'intérêt, de l'intérêt à l'attention, de l'attention à la comparaison des idées ; *je ne saurais m'accommoder de ces généralités-là* ; je suis homme, il me faut des causes propres à l'homme. » Ces doutes ne portent encore que sur le principe de la psychologie sensualiste. Voici qui va plus loin et qui touche jusqu'au matérialisme même : « J'estimerai davantage, dit-il, celui qui par l'expérience ou l'observation démontrera rigoureusement que la sensibilité physique appartient aussi essentiellement à la matière que l'impénétrabilité, ou qui la déduira sans réplique de l'organisation. » Il montre les difficultés des deux hypothèses : d'une part en effet « il faut convenir que *l'organisation* c'est-à-dire la coordination des parties inertes, *ne mène point du tout à la sensibilité* ». D'autre part,

« *la sensibilité générale des molécules n'est qu'une supposition qui tire toute sa force des difficultés dont elle débarrasse : ce qui ne suffit pas en bonne philosophie* ». Ainsi cette hypothèse que Diderot avait avancée déjà après Maupertuis, dans l'*Interprétation de la nature*, et qu'il avait développée si hardiment dans le *Rêve de d'Alembert*, n'est plus pour lui qu'une supposition arbitraire pour se débarrasser des difficultés, ce qui ne suffit pas en bonne philosophie. N'oublions pas d'ailleurs que l'autre hypothèse, celle qui fait naître la sensibilité de l'organisation, a toujours paru inadmissible à Diderot, et qu'elle ne peut lui être imputée. Enfin, lors même qu'on admettrait cette proposition d'une sensibilité essentielle à la matière, ce serait encore, nous l'avons vu, une question de savoir si cette proposition elle-même serait un aveu de matérialisme, ou si elle ne serait pas plutôt le renversement même du matérialisme.

C'est encore s'éloigner du matérialisme que de distinguer, comme fait Diderot dans ce dernier écrit, la *condition* et la *cause* presque dans les mêmes termes que l'ont fait Platon, Aristote, et Leibniz. Helvétius disait : « La sensibilité physique est la *cause unique* de nos actions et de nos pensées. » Diderot répond : « *Condition primitive*, cela est incontestable ; mais la *cause*, la *cause unique*, c'est ce qui me semble presque aussi évidemment faux. » L'exemple qu'il choisit pour prouver cette distinction rappelle celui de Socrate dans le *Phédon* : « Il faut que je marche pour aller rue Sainte-

Anne, causer avec un certain philosophe que j'aime ; mais n'y vais-je que parce que j'ai des pieds ? Ces actions sont sans doute réductibles en dernière analyse à la sensibilité physique, mais comme *condition*, mais non comme *cause*, *but*, ou *motif*. » C'est tout à fait dans le même sens, et presque dans les mêmes termes, que Socrate disait :

« N'est-ce pas comme si quelqu'un disait : tout ce que Socrate fait, il le fait avec intelligence, et qu'ensuite, voulant rendre raison de chaque chose que je fais, dirait qu'aujourd'hui, par exemple, je suis ici assis sur mon lit, parce que mon corps est composé d'os et de nerfs ; que les os, étant durs et solides, sont séparés par des jointures, et que les muscles lient les os avec les chairs, et la peau qui les renferme et les embrasse les uns les autres... ; ou bien encore, c'est comme si, pour expliquer la cause de notre entretien, il la cherchait dans le son de la voix, dans l'air, dans l'âme, et dans mille autres choses semblables, sans songer à parler de la véritable cause ; savoir, que les Athéniens ayant jugé qu'il était mieux de me condamner, j'ai trouvé aussi qu'il était mieux d'être assis sur ce lit et d'attendre tranquillement la peine qu'ils m'ont imposée ; car je vous jure que depuis longtemps ces muscles et ces os seraient à Mégare ou en Boétie, si j'avais cru que cela fût mieux, et si je n'avais pensé qu'il fût plus juste et plus beau de rester ici pour subir la peine à laquelle la patrie m'a condamné, que de m'échapper et de m'enfuir comme un esclave. Mais il est trop ridicule de donner ces raisons-là... *autre chose est la cause, et autre chose ce sans quoi la cause ne serait jamais cause*[1]. »

Diderot revient avec insistance sur cette distinction fondamentale de la *condition* et de la *cause* : « Je vous contredis, donc j'existe, fort bien ; mais : je vous contredis *parce que* j'existe, cela n'est pas ; pas plus que : il faut un pistolet pour faire sauter la cervelle ; donc je fais sauter la cervelle parce que j'ai un pistolet... Il faut une scie pour scier ; mais il n'a pas vu qu'on ne sciait pas par la raison qu'on avait une scie. »

Sans doute, il faut se garder de rien exagérer, et de prêter ici à Diderot plus de spiritualisme qu'il n'en a ; car le fond de son objection est qu'Helvétius a attaché trop d'importance aux sens externes, et pas assez à l'organe interne, à l'organe cérébral lui-même. « Il y a cinq sens ; voilà les cinq témoins ; mais *le juge ou le rapporteur ?* Il y a un organe particulier, le cerveau, auquel les cinq témoins font leur rapport, cet organe méritait bien un examen particulier. Il y a deux sortes de stupides : les uns le sont par des sens hébétés ; les autres, avec des sens exquis, par une mauvaise conformation du cerveau. C'est où j'attends l'auteur qui a pris l'outil nécessaire à l'ouvrage pour la raison de l'ouvrier... Il y a cinq sens excellents, mais la tête est mal organisée ; les témoins sont fidèles, mais le juge est corrompu. »

Il ne s'agirait donc, après tout, que d'opposer le

---

1. *Le Phédon*, trad. Victor Cousin, t. I, p. 278.

cerveau aux sens externes ; ce qui n'aurait, sans doute, rien de contraire à un matérialisme intelligent. Mais nous avons vu plus haut que Diderot croyait peu à l'explication de la sensibilité (et à fortiori de l'intelligence) par l'organisation, et préférait l'hypothèse d'une sensibilité essentielle à la matière; et encore était-il tout prêt de reconnaître que c'était là une supposition gratuite. On voit à combien peu se réduisait en définitive son matérialisme.

Quoi qu'il en soit, d'ailleurs, et quelle que fût l'essence de ce qu'il appelait la *raison*, *l'âme*, il l'opposait, comme l'ont fait Aristote ou Bossuet, à la sensibilité physique en termes des plus explicites :

« Pourquoi l'homme est-il perfectible ? (dit-il), et pourquoi l'animal ne l'est-il pas ? — L'animal ne l'est pas parce que sa raison, s'il en a une, est dominée par un seul despote qui le subjugue. *Toute l'âme du chien est au bout de son nez*. Toute l'âme de l'aigle est dans son œil ; l'âme de la taupe est dans son oreille. Mais il n'en est pas ainsi de l'homme. Il est entre ses sens une telle harmonie qu'aucun ne prédomine assez sur les autres pour donner la loi à son entendement : c'est son entendement au contraire ou l'organe de sa raison qui est le plus fort. C'est un juge qui n'est ni corrompu, ni subjugué par aucun des témoins ; il conserve toute son autorité, et il en use pour se perfectionner. »

Diderot se demande ce qui arriverait si l'homme

était réduit à n'être autre chose qu' « un œil vivant ou une oreille vivante ». Un tel être serait-il capable de juger, de penser, de raisonner? « Oui, » dit Helvétius, « car cet œil vivant aurait de la mémoire. » — « J'y consens, » dit Diderot (conclusion déjà très large). « S'il a de la mémoire, » dit Helvétius, « il comparera ses sensations; il raisonnera. » « Oui, » dit Diderot, « mais comme le chien raisonne; moins encore. » Il en est de même des autres sens; et « l'homme d'Helvétius se réduira à la réunion de cinq consciences très imparfaites ». En un mot, ce qui manque à l'homme d'Helvétius, et ce que Diderot réclame avec raison et sagacité, c'est l'unité, le lien, le *sensorium commune* : « Sans un correspondant et un juge commun de toutes les sensations, sans un organe commémoratif de tout ce qui nous arrive, l'instrument sensible et vivant de chaque sens aurait peut-être une conscience momentanée de son existence, mais il n'y aurait certainement aucune conscience de l'animal ou de l'homme entier. » Sans doute, Diderot veut parler ici d'un organe central; mais cet organe central lui-même, n'est-il pas composé d'organes? il leur faut donc un centre; et ce centre des centres sera encore lui-même composé, et cela à l'infini, tant qu'on ne sera pas arrivé à un centre véritable, c'est-à-dire à une unité véritable, et non à une unité de composition. C'est ainsi que la critique d'Helvétius conduirait insensiblement Diderot, s'il suivait sa pensée jusqu'au bout, à des conclusions décidément spiritualistes ou idéalistes.

Au reste, notre philosophe n'admet pas seulement un organe central ; il en admet deux : l'un qui est le centre des idées, l'autre le centre des émotions. Le premier est le cerveau ; le second est le diaphragme : Helvétius n'a étudié ni l'un, ni l'autre. Il y a cependant deux sensibilités : l'une physique, propre à toutes les parties de l'animal ; l'autre propre au diaphragme : « C'est là le siège de toutes nos peines et de tous nos plaisirs : ses oscillations ou crispations sont plus ou moins fortes dans un être que dans un autre ; c'est elle qui caractérise les âmes pusillanimes et les âmes fortes ; la tête fait les hommes sages ; le diaphragme les hommes compatissants et moraux. » L'opposition de la tête et du diaphragme correspond pour Diderot à l'opposition de l'esprit et du cœur. Ce qu'il reproche à Helvétius, c'est d'avoir ignoré « ces deux grands ressorts de l'homme ». Mais il oublie de se demander à lui-même si ce sont là deux centres séparés et indépendants, et si l'un n'est pas subordonné à l'autre ; dans le premier cas, il y aurait deux consciences distinctes ; et où serait alors ce qu'il appelle lui-même « la conscience de l'homme entier ? »

Il n'est donc pas douteux qu'en cherchant l'essence de l'homme non dans les sens externes, mais dans l'organisation intérieure, Diderot tend à s'éloigner de plus en plus du matérialisme, même lorsqu'il cherche encore dans un organe central ou même dans deux l'explication de la pensée et du sentiment : car c'est s'éloigner du matérialisme que de se retirer du dehors au dedans : ce mouvement vers l'infériorité ne peut s'arrêter qu'au centre des centres qui est l'esprit.

Signalons encore, dans le même ordre d'idées, quelques points curieux et intéressants de cette critique. Helvétius, expliquant tout par le dehors, cherche une loi qui établisse un certain rapport entre la sensation et ce que nous appellerions aujourd'hui *l'excitation*, c'est-à-dire l'impression produite sur l'organe par une action externe. Voici, suivant Diderot, la loi proposée par Helvétius : « Un coup, dit celui-ci, fait de la douleur à deux êtres différents dans le rapport de deux à un ; un coup double produira une douleur double dans l'un ou dans l'autre. » Cette loi en supposerait d'abord une autre : c'est qu'un coup double produit sur chacun séparément une douleur double. Or, ce serait là un résultat contraire aux faits, s'il fallait s'en référer à la célèbre loi (très contestée d'ailleurs) connue sous le nom de *Loi de Fechner*. Suivant cette loi, en effet, la sensation ne croîtrait pas comme l'excitation, mais comme *le logarithme de l'excitation*. Mais laissons de côté le rapport de la sensation à l'excitation dans un même individu, et considérons le rapport de ces deux éléments dans deux individus différents. C'est ici que se présente l'objection de Diderot : il s'en faut de beaucoup, suivant lui, qu'il soit permis d'admettre comme une loi que la sensation soit toujours proportionnelle à l'impression :

» Qui vous a dit que le plaisir et la douleur soient

dans le rapport constant des impressions? Un mouvement de joie s'excite dans deux êtres par un récit ; la suite du récit double l'impression dans l'un et dans l'autre; et voilà Jean qui rit de plus belle et Pierre qui se trouve mal. Le plaisir s'est transformé en douleur ; la quantité qui était positive est devenue négative. Le coup simple les fait crier tous deux; le coup double rend le cri de l'un plus aigu, et tue l'autre. On ne saurait accroître à discrétion le plaisir et la douleur; le plaisir extrême se transforme en douleur; l'extrême douleur amène le transport, le délire, l'insensibilité et la mort ».

C'est encore en faisant prédominer l'importance de l'organisation interne sur l'organisation externe, et du centre sur les parties, que Diderot oppose à Helvétius l'instinct chez les animaux, et la vocation parmi les hommes. Dans l'hypothèse, en effet, du pur sensualisme, l'homme ou l'animal ne serait qu'une table rase ; les individus dans l'humanité, comme les espèces animales, ne différeraient que par des accidents externes. De là cette opinion célèbre d'Helvétius que toutes les intelligences sont égales, et ne diffèrent que par l'éducation. Diderot poursuit cette doctrine par les arguments les plus nombreux et les plus décisifs.

Il insiste d'abord sur le caractère spécifique de l'instinct chez les animaux : « On ne donne pas du nez à un lévrier : on ne donne pas la vitesse du lévrier au chien-couchant; vous aurez beau faire : celui-ci gardera son nez, et celui-là gardera ses jambes. Pourquoi n'en serait-il pas de même parmi les hommes? Pourquoi n'y aurait-il pas dans l'espèce humaine la même variété d'individus que dans la race des chiens, pourquoi chacun n'aurait-il pas son allure et son gibier? »

Helvétius veut tout rapporter aux circonstances extérieures, aux accidents de l'éducation, et, en dernier mot, au hasard. A ce compte l'éducation devrait tout faire : « Si je vous confie cinq cents enfants, combien nous rendrez-vous d'hommes de génie? Pourquoi pas cinq cents? » Helvétius cite comme exemple du hasard qui provoque la vocation, Vaucanson qui, enfermé par sa mère dans une cellule solitaire, n'avait pour se distraire qu'une horloge dont le balancier éveilla sa curiosité. Mais comment ce hasard a-t-il pu développer ce génie de la mécanique, si ce génie ne préexistait pas auparavant? « Donnez-moi la mère de Vaucanson, et je ne ferai pas davantage le flûteur automate. Envoyez-moi en exil, ou enfermez-moi à la Bastille, je n'en sortirai pas *le Paradis perdu* à la main. » Suivant Helvétius, J.-J. Rousseau pouvait encore être considéré comme un chef-d'œuvre du hasard. Ce serait par hasard qu'ayant vu le programme proposé par l'Académie de Dijon sur l'influence morale des lettres et des arts, il avait reçu de Diderot lui-même, alors à la Bastille, la première impulsion qui devait décider de toute sa carrière d'écrivain. « Mais, répond Diderot, Rousseau fit ce qu'il devait faire parce que c'était lui; j'aurais fait tout autre chose parce que c'était moi... Si l'impertinente question de Dijon n'avait pas été posée, Rousseau eût-il été moins capable de faire son discours ? on sut que Démosthène était éloquent quand il eut parlé ; mais il l'était avant d'avoir ouvert la bouche. » Helvétius confond donc encore ici l'occasion ou la condition accidentelle avec la cause essentielle. Un baril de poudre peut rester sans explosion si une étincelle ne vient l'enflammer ; mais ce n'est pas l'étincelle qui rend la poudre explosible. De plus, l'éducation et les hasards peuvent-ils rendre passionnés les hommes nés froids ? On peut, par l'éducation, rendre les hommes bons ou méchants ; on ne peut les rendre spirituels. « Un père peut contraindre son fils à une bonne action ; mais il serait une bête féroce, s'il lui disait : *Maroufle, fais donc de l'esprit.* » Les idées, dit Helvétius, viennent de la mémoire. Fort bien ; mais, la mémoire, d'où vient-elle ? La mémoire, dit-on, peut dépendre d'une chute, d'un accident. Oui, mais pourquoi pas aussi d'un organe naturellement vicié ? Suivant Helvétius, on peut se faire à volonté, poète, orateur ou peintre. Rien de plus faux : « On citerait à peine un seul homme (Michel Ange par exemple), qui ait su faire en même temps un bon poème et un beau tableau. » Parmi les écrivains chacun a son style, s'il est original, et ne peut l'échanger contre le style de son voisin : « Voici trois styles différents : celui-ci est simple, clair, sans figures, sans mouvement, sans couleur : c'est le style de d'Alembert et du géomètre. Cet autre est large, majestueux, abondant, plein d'images ; c'est celui de l'historien de la nature et de Buffon. Ce troisième est véhément, il touche, il trouble, il agite ; il élève ou calme les passions : c'est celui du moraliste ou de Rousseau. » Qui croira que d'Alembert pourrait, s'il le voulait, écrire comme Rousseau, et Rousseau comme Buffon ! Helvétius pousse le paradoxe jusqu'à soutenir qu'être capable de comprendre une vérité, c'est être capable de la découvrir. Or tous les hommes, suivant lui, sont capables, avec de l'étude, de comprendre le système de Newton. Ils pourraient donc l'avoir découvert. Diderot conteste d'abord la mineure de ce raisonnement, à savoir que tous les hommes sont capables de comprendre certaines vérités : « Pendant longtemps, il n'y eut que trois hommes en Europe capables de comprendre la géométrie de Descartes. » Mais de plus, « quelle assertion, grand Dieu ! Inventer une chose ou l'entendre, et l'entendre avec un maître, c'est la même chose ! » Helvétius réduit tout au hasard. Cependant « lorsqu'on demanda à Newton comment il avait découvert le système du monde, il ne répondit pas : par hasard ; mais : en y pensant toujours. Un autre aurait ajouté : et parce que c'était lui. » On voit que Diderot est inépuisable et infatigable dans sa réfutation du célèbre paradoxe d'Helvétius, à savoir l'égalité radicale des intelligences, paradoxe qui suppose que toutes les différences sont accidentelles, Diderot admet au contraire des innéités : il cherche la cause des différences en dedans et non au dehors ; et en supposant que le matérialisme fût désintéressé dans la question et pût s'accommoder d'une opinion aussi bien que de l'autre, au moins faudrait-il admettre qu'un matérialisme qui cherche l'explication du génie dans la constitution intime de l'organe le plus délicat et le plus subtil, est d'un ordre supérieur à celui qui ramène tout à des circonstances fortuites : car l'organisation au moins est une cause, et le hasard n'en est pas une. Et d'ailleurs, le même mode d'argumentation que Diderot emploie contre Helvétius pourrait être poussé plus loin, et contre toute explication physique : car on peut tout aussi bien dire du cerveau ce qu'Helvétius dit des sens externes ou des circonstances fortuites, à savoir qu'il n'est que la condition, mais non la cause ultime des phénomènes de la pensée.

Le point le plus important de la réfutation d'Helvétius, et sur lequel Diderot s'éloigne le plus du matérialisme, c'est la discussion du paradoxe par lequel Helvétius ramène à la sensibilité physique toutes les qualités morales et toutes les vertus. Ici c'est le cœur du philosophe qui se révolte ; c'est son âme généreuse et passionnée qui prend parti contre une des conséquences les plus évidentes et les plus fâcheuses du système matérialiste. Il parle presque comme J.-J. Rousseau dans l'*Émile* : « Que se propose celui qui sacrifie sa vie ? Codrus et Décius allaient-ils chercher quelque jouissance physique dans un sépulcre au fond d'un abîme ? » Suivant Helvétius, le remords ne serait que « la prévoyance du mal physique auquel le crime découvert nous exposerait. » — « C'est là, » répond Diderot, « le remords du scélérat. » Mais n'en est-il pas un autre ? Lors même que le plaisir serait le but des actions, encore devrions-nous distinguer « le plaisir et l'attente du plaisir, » distinction que faisait déjà Épicure lui-même. Le plaisir est tout physique ; l'attente du plaisir est déjà un phénomène de tout autre ordre. « La maladie et la crainte de tomber malade sont-elles une même chose ? La faim est dans le gosier ; la crainte de la faim est dans l'entendement. » Helvétius disait brutalement que pour le soldat qui va à la tranchée, l'écu de la solde est « représentatif d'une pinte d'eau-de-vie ». Diderot lui oppose l'exemple de ce soldat à qui l'on offrait cent louis pour trahir, et qui répondait : « Mon capitaine, reprenez vos cent louis : cela ne se fait pas pour de l'argent. » A la plate et pauvre doctrine d'Helvétius, Diderot oppose l'enthousiasme du savant, du patriote, de l'homme religieux : « Comment résoudrez-vous en dernière analyse à des plaisirs sensuels, sans un pitoyable abus de mots, ce généreux enthousiasme qui expose les hommes à la perte de leur liberté, de leur fortune, de leur honneur et de leur vie ? Quel rapport entre l'héroïsme insensé de quelques hommes religieux et les biens de ce monde ? Ce n'est pas de s'enivrer de vins délicieux, de se plonger dans un torrent de voluptés sensuelles ; ils s'en passent ici, et n'en espèrent pas là haut ; ce n'est pas de regorger de richesses ; ils donnent ce qu'ils en ont. Voilà ce qu'il faut expliquer. Quand on établit une loi générale, il faut qu'elle embrasse tous les phénomènes, et les actions de la sagesse et les écarts de la folie. »

Dans la doctrine d'Helvétius la plupart des règles de la morale s'expliquent par des conventions sociales. Diderot combat encore cette doctrine : « Qu'un sauvage, dit-il, monte à un arbre pour cueillir des fruits, et qu'un autre sauvage survienne pour s'emparer de ces fruits, celui-ci ne s'enfuira-t-il pas avec son vol ? Il me semble que, par sa fuite, il décèlera la conscience de son injustice et qu'il s'avouera punissable ; il me semble que le spolié s'indignera, poursuivra le voleur, et aura conscience de l'injure qu'on lui aura faite. Le sauvage n'a pas de mots pour désigner le juste et l'injuste ; il crie ; mais ce cri est-il vide de sens ? N'est-ce que le cri de l'animal ? Entre l'homme et l'animal, il se peut que la seule loi soit la loi de la force : mais en est-il de même d'homme à homme ? « L'homme pense-t-il d'un lion qui l'attaque comme d'un tyran qui l'écrase ? Non. Quelle différence met-il donc entre ces deux malfaiteurs, si elle ne dérive pas de quelque prérogative naturelle, de quelque idée confuse de la justice ? Mais si le persécuté a cette idée, pourquoi manquerait-elle au persécuteur ? »

On peut trouver que cette réfutation d'Helvétius n'est pas assez philosophique, qu'elle est œuvre de sentiment, plus que d'analyse et de critique sévère. Lui-même semble le dire : « Cet ouvrage m'attriste de tout, il m'ôte mes plus douces illusions. » Peu nous importe : car il ne s'agit pas ici pour nous de réfuter Helvétius ; ce qui nous intéresse, c'est de voir Diderot se révolter à son tour contre les conséquences morales du matérialisme. C'est le même sentiment qui a animé Rousseau dans le *Vicaire savoyard*, et qui lui avait fait écrire également un examen critique d'Helvétius. L'un et l'autre défendent la conscience et la morale du cœur contre le scepticisme moral : « Je consens que le fort opprime le faible ; ce que j'ai peine à concevoir, c'est qu'il n'ait ni la conscience de son injustice, ni le remords de son action. Fut-il un temps où l'homme pût être confondu avec la brute? Je ne le pense pas. » Comme Rousseau, Diderot défend encore contre Helvétius le sentiment de la pitié. « Pourquoi le cerf aux abois m'émeut-il ? » C'est à cause de la nouveauté du fait, dit Helvétius. Mais « la nouveauté surprend et ne touche pas. Cette commisération est d'animal à animal : c'est une illusion rapide amenée par des symptômes de douleur communs à l'homme et à l'animal, et qui nous montre l'homme à la place d'un cerf. »

Tel est en substance cet écrit, composé de notes fragmentaires, et que l'on ne peut appeler un ouvrage, mais qui est très important, parce qu'il paraît être le dernier écrit philosophique de l'auteur, et qu'il marque une phase nouvelle dans la doctrine de Diderot. On ne pourrait aller jusqu'à dire que c'est une rétractation et un désaveu : ce serait dépasser la vérité ; mais c'est au moins un arrêt, et un commencement de retour en arrière.

Il est certain que les deux livres d'Helvétius, le livre de l'*Esprit* et le livre de l'*Homme*, ont été le point extrême et culminant du matérialisme au xviii° siècle. A partir de l'*Émile*, les idées opposées, réveillées par l'éloquence de Rousseau, ont repris la prépondérance. Rousseau, Turgot, Bernardin de Saint-Pierre, et au début du siècle suivant Chateaubriand et madame de Staël, voilà le mouvement progressif qu'a suivi depuis cette époque l'opposition au matérialisme. Or, il est visible que, sans en avoir tout à fait conscience, Diderot a été entraîné un des premiers dans ce mouvement. Il y avait en lui un souffle et une vie qui débordaient au delà des limites étroites et des formules sèches du matérialisme. S'il eût eu plus de science philosophique, plus de force de raisonnement, il eût été plus loin dans cette voie. Nul doute qu'une philosophie comme l'idéalisme allemand de notre siècle ne l'eût facilement conquis. Ce ne sera donc toujours qu'avec quelques réserves que l'on devra donner à Diderot la qualification de matérialiste, et en ajoutant que son matérialisme, s'il mérite ce nom, est d'un ordre supérieur à celui de d'Holbach, d'Helvétius, et de Lamettrie. C'est pourquoi Goethe, qui estimait si peu la philosophie française du xviii° siècle, a toujours mis à part la personne et le génie de Diderot. Il se reconnaissait en quelque sorte lui-même dans cette nature enthousiaste et encyclopédique, passionnée à la fois pour les arts et pour les sciences, ivre de vie en tous sens. Ce qui manque cependant à Diderot pour être Goethe, c'est l'art et la poésie. Il y a toujours en Diderot quelque chose de grossier et de sensuel qui ne lui permet pas de s'élever au premier rang : mais il est le premier des hommes de génie du second rang. Quelques admirateurs excessifs pourront trouver peut-être encore ce jugement trop sévère : c'est jusqu'ici cependant celui qu'a porté la postérité ; et nous ne croyons pas qu'il y ait lieu à le réviser.

UN PHILOSOPHE SPIRITUALISTE

AU XIX⁰ SIECLE

LES ÉCRITS INÉDITS DE MAINE DE BIRAN [1]

Le nom de Maine de Biran a mis beaucoup de temps à devenir célèbre. Ce philosophe qui a tant écrit, n'avait presque rien publié, et rien n'est plus compliqué que l'histoire de ses éditions successives. De son vivant, il n'imprima que son *Mémoire sur l'habitude*, son *Examen* des leçons de

[1]. *Œuvres inédites* de Maine de Biran, publiées par Ernest Naville, Paris, 1859. Déjà, dans nos *Problèmes du XIX⁰ siècle* (l. IV, c. 2) nous avons signalé le rôle considérable de Maine de Biran dans la philosophie spiritualiste de notre temps ; mais nous nous étions surtout efforcé d'en développer librement et à notre propre point de vue la pensée fondamentale. Ici, notre travail est exclusivement historique, et a pour but de faire connaître les derniers écrits de ce puissant penseur. Voir sur Maine de Biran et sur ses écrits le remarquable article de M. Naville dans le *Dictionnaire des sciences philosophiques*.

Laromiguière, et un article sur Leibniz dans la *Biographie universelle*. Le reste de ses écrits se composait de mémoires couronnés par diverses Académies, et d'un ouvrage capital, reproduit sous diverses formes, comme devant être l'expression définitive de sa philosophie, mais qu'il ne donna jamais au public.

C'est une assez étrange histoire que celle des manuscrits de Maine de Biran. On se croirait encore dans l'antiquité, à l'époque où les manuscrits d'Aristote passaient de main en main par héritage, dormaient dans des bibliothèques inconnues, ou même restaient pendant des années oubliés dans une cave jusqu'à ce qu'Apellicon de Téo s'avisât de les publier. Cette légende vraie ou fausse, n'est pas sans analogie avec celle que nous raconte M. Naville, au commencement de ce nouveau volume. Parmi les manuscrits très nombreux de Maine de Biran, qui avait très peu imprimé, mais beaucoup écrit, les uns ont été perdus, et, le croirait-on, vendus à l'épicier comme paperasses ; d'autres sont restés ignorés jusqu'en 1843 et 1844, et n'ont vu le jour qu'en 1859.

En 1834, dix ans ans après la mort de l'auteur, M. Cousin son ami, et qui se faisait honneur d'avoir été son disciple, publia pour la première fois, avec une admirable introduction, l'ouvrage qu'il considère avec raison comme l'œuvre la meilleure et la plus achevée qu'ait laissée Maine de Biran, les *Rapports du physique et du moral*. Plus tard, en 1841, le même philosophe donna trois nouveaux volumes, dont le premier comprenait le

Mémoire sur l'habitude déjà publié, et les deux autres des morceaux plus ou moins importants, mais tous d'une certaine étendue et qui pouvaient servir à éclaircir les points obscurs de cette philosophie peu connue. On eut alors, ou l'on crut avoir une édition complète de Maine de Biran.

Les choses en étaient là, lorsqu'on apprit qu'il existait des manuscrits considérables, différents de tous ceux qui avaient été publiés par M. Cousin. Ces manuscrits, après avoir passé par des vicissitudes qu'il serait trop long d'énumérer, étaient arrivés entre les mains de M. Naville, savant et respectable pasteur de Genève, qui avait eu jadis quelques rapports avec Maine de Biran. M. Naville s'appliqua avec ardeur à l'œuvre ingrate et difficile de visiter et de classer ces papiers. Il mourut sans avoir pu achever ce travail; mais heureusement, il laissait un fils, digne héritier de sa science et de son zèle, M. Ernest Naville, qui se dévoua à l'œuvre commencée, et vient de la terminer à son grand honneur, et à la satisfaction de tous les amis de la philosophie.

Déjà, en 1857, M. Ernest Naville avait donné au public une œuvre inédite du plus grand intérêt, le *Journal intime* de Maine de Biran, histoire sincère et curieuse de toutes les révolutions de son âme et de sa pensée, sorte de confession discrète et mélancolique, que l'on n'attendait pas de cet austère penseur. Maintenant, M. Ernest Naville achève la tâche paternelle et la sienne par la publication de trois volumes in-8° d'œuvres inédites, qui, en s'ajoutant aux quatre volumes de M. Cousin, constituent cette fois les œuvres définitivement complètes de Maine de Biran.

I

Avant d'analyser ces œuvres nouvelles, arrêtons-nous un instant à ce journal intime où M. de Biran a dépeint avec un abandon et une candeur admirables l'histoire de ses pensées, de ses sentiments, de ses impressions, à plusieurs époques très importantes de sa vie, et qui nous fait connaître en lui une personne non pas contraire à celle que l'on pouvait conjecturer d'après les écrits publiés, mais cependant bien différente. Ainsi l'on savait que Maine de Biran avait été un contemplatif, un passionné observateur de lui-même, un amant de la vie intérieure, si ignorée ou si oubliée par les philosophes du dernier siècle. Mais on pouvait croire qu'il n'était qu'un penseur abstrait, ne vivant que par la réflexion, et préoccupé seulement de l'analyse scientifique des phénomènes intérieurs. Les *Pensées*, au contraire, nous montrent une âme tendre, délicate, mélancolique, ébranlée comme une sensitive par le moindre souffle du dehors, puisant quelques rares éclairs de bonheur dans l'amour de la nature, mais la plupart du temps mécontente de soi, aspirant à une satisfaction qui le fuit sans cesse, et souffrant jusqu'à l'angoisse de cette lutte de l'homme intérieur et de l'homme extérieur qui n'ont jamais pu s'accorder en elle, et dont l'un n'a jamais réussi à subjuguer l'autre. Ainsi, au lieu d'un spéculatif semblable à Descartes ou à Kant, le journal intime nous montre une personne émue, troublée, altérée de bonheur et de vérité, avide de paix et de joie intime, mais qui n'a jamais pu rencontrer ni la joie ni la paix.

On remarquera encore que le style de Maine de Biran, qui dans ses écrits philosophiques est d'ordinaire si dur et si difficile, s'anime au contraire, se colore, s'assouplit lorsqu'il raconte ses impressions intimes. Que l'on en juge par la page suivante, pleine d'éclat et d'émotion : « J'ai éprouvé ce soir, dans une promenade solitaire, faite par le plus beau temps, quelques éclairs momentanés de cette jouissance ineffable, que j'ai goûtée dans d'autres temps et à pareille saison, de cette volupté pure qui semble nous arracher à tout ce qu'il y a de terrestre, et nous donne un avant-goût du ciel : la verdure avait une fraîcheur nouvelle, et s'embellissait des derniers rayons du soleil couchant ; tous les objets étaient animés d'un doux éclat ; les arbres agitaient mollement leurs cimes majestueuses ; l'air était embaumé ; et les rossignols se répondaient par des soupirs amoureux auxquels succédaient les accords du plaisir et de la joie. Je me promenais lentement dans une allée de jeunes platanes que j'ai plantés, il y a peu d'années ; sur toutes les impressions et les images vagues, infinies qui naissent de la présence des objets et de mes dispositions, planait ce sentiment de l'infini, qui nous emporte quelquefois vers un monde supérieur aux phénomènes, vers ce monde des réalités qui va se rattacher à Dieu, comme à la première et à la seule des réalités. Il semble que dans cet état, où toutes les sensations intérieures et extérieures sont calmes et heureuses, il y ait un sens particulier approprié aux choses célestes, et qui, enveloppé dans le mode actuel de notre existence, est destiné à se développer un jour, quand l'âme aura quitté son enveloppe mortelle. »

Ce ne sont là que de rares lueurs chez M. de Biran. En général, sa pensée est triste et découragée. Ce métaphysicien de la volonté était dans la réalité de la vie, un Obermann ou un René, et il sentait avec une vivacité extrême ce profond ennui du commencement de notre siècle, si admirablement décrit par Chateaubriand « Je suis bien près, dit-il en 1811 (il avait alors 45 ans), je suis bien près de désespérer de moi-même. J'étais heureux autrefois dans la solitude ; mon imagination et ma sensibilité montées sur un ton élevé étaient comme les harpes éoliennes dont les cordes frémissent au moindre souffle et rendent des sons harmonieux. Aujourd'hui, je ne suis plus heureux par mon imagination ; je n'ai plus de ces idées qui charment et auxquelles se rattache un sentiment d'espérance ; ma vie se décolore peu à peu. » En 1817, dans le plus grand éclat de la vie extérieure, il écrivait ces mots douloureux : « Je n'ai pas de base, pas d'appui, pas de mobile constant... je souffre. »

Mais c'est assez insister sur les détails personnels, si intéressants qu'ils soient, qui abondent dans les *Pensées* de Maine de Biran. Ce que nous voulons y chercher, ce sont des lumières et des éclaircissements sur l'histoire de ses opinions et de ses doctrines.

Tous ceux qui s'occupent de philosophie savent que Maine de Biran a eu deux doctrines, qu'il a commencé par être un disciple, déjà indépendant, de Condillac et de Cabanis, et que plus tard il a fondé une théorie qui lui est propre et qui repose surtout sur une théorie de la volonté.

Maine de Biran a donc commencé à philosopher par la société d'Auteuil ; ses premières relations philosophiques ont été Cabanis et de Tracy. Il n'a jamais abandonné ces premières relations ; et jusqu'à la fin de sa vie, il visitait de loin en loin le vieil abbé Morellet, qui lui disait avec son fin sourire du xviiie siècle : « Monsieur, qu'est-ce que le moi ? »

En 1816 ou 1817, lorsque Maine de Biran fut appelé à Paris par sa situation politique, il devint lui-même le centre d'une société philosophique dont faisaient partie Ampère, Cuvier, M. de Gérando, M. Royer-Collard, M. Guizot, et dans les derniers temps, M. Cousin lui-même, alors très jeune. C'est le temps de la seconde doctrine de Maine de Biran. Nous apprenons par son journal qu'Ampère était avec lui et Cuvier contre. Au sortir de la Chambre et des grands débats politiques du temps, on venait discuter chez Maine de Biran, sur le moi, sur l'activité volontaire, sur l'origine de l'idée de cause, etc., et cependant Maine de Biran se plaignait que les hommes de son temps fussent indifférents aux matières de métaphysique !

Les *Pensées* de Maine de Biran sont de deux époques : les premières sont de l'année 1794 et 1795 ; les autres sont de 1814 et se continuent sans interruption jusqu'en 1824.

Dans les pensées de 1794, Maine de Biran est tout à fait sous l'empire des doctrines du temps. Quoique déjà très occupé à s'observer intérieurement, il accordait cependant une très grande part à l'influence du physique et n'avait pas encore saisi le fait capital de la volonté qu'il devait plus tard opposer à Condillac. Il en avait néanmoins un pressentiment. Voici un curieux passage, qui en nous le montrant complètement condillacien, nous indique aussi le point d'où viendra la réforme : « Qu'est-ce que cette activité prétendue de l'âme ? Je sens toujours son état déterminé par tel ou tel état du corps ; toujours remuée au gré des impressions du dehors, elle est affaissée ou élevée, triste ou joyeuse ; calme ou agitée selon la température de l'air, selon une bonne ou une mauvaise digestion. Je voudrais, si jamais je pouvais entreprendre quelque chose de suivi, rechercher jusqu'à quel point l'âme est active, jusqu'à quel point elle peut modifier les impressions extérieures, augmenter ou diminuer leur intensité par l'attention qu'elle leur donne, examiner jusqu'où elle est maîtresse de cette attention. » C'est ce cadre qu'il a essayé de remplir en partie dans son *Mémoire sur l'habitude*, ouvrage condillacien où s'aperçoivent déjà, à l'insu même de l'auteur, les germes d'une réforme.

Le journal, interrompu de 1795 à 1814, sauf quelques pages en 1811, ne nous laisse malheureusement aucun détail sur le moment où Maine de Biran conçut sa théorie de l'activité. Il eût été curieux d'avoir la confidence des expériences intérieures qui conduisirent notre auteur à sa théorie favorite. Ici les pensées publiées font complètement défaut. Les années 1794 et 1795 sont antérieures à la seconde phase philosophique de Biran; les années 1814 et suivantes lui sont postérieures. L'auteur est alors en possession de sa doctrine; il l'expose, il la développe; mais il ne la forme plus; ou plutôt on y sent déjà le germe d'une doctrine nouvelle qui commence à poindre vers cette époque et qui dominera de plus en plus jusqu'à la fin de la vie de l'auteur. Ici le journal abonde en pensées intimes, et jette le plus grand jour sur la troisième phase philosophique de Maine de Biran, phase qu'on pourrait à peine soupçonner d'après les documents publiés jusqu'ici.

On savait bien, il est vrai, que Maine de Biran avait eu quelques tentations de mysticisme; on le conjecturait d'après une note assez singulière qui suit les *Rapports du physique et du moral*, où il semble admettre une sorte d'illumination intellectuelle pour rendre compte des idées absolues que sa théorie de la volonté ne suffisait pas à expliquer. Mais on pensait que c'était là une vue fugitive et sans conséquence; que Maine de Biran, n'ayant jamais porté son attention sur les idées pures de l'esprit, les avait expliquées en passant, comme il avait pu, par une théorie mal démêlée, et dont il ne fallait pas presser les termes et les conséquences. Cependant Victor Cousin, dans sa préface de 1841, affirmait déjà que, si Maine de Biran avait vécu, il eût fini par le mysticisme; aujourd'hui, ce n'est plus une conjecture; c'est une vérité acquise à l'histoire de la philosophie. Les *Pensées* publiées par M. Naville abondent en preuves à ce sujet.

Mais le mysticisme des *Pensées* n'est pas, comme celui de la note mentionnée, un mysticisme théorique, spéculatif, destiné à expliquer l'inexplicable: ce n'est point une doctrine de la raison et de l'esprit, c'est une doctrine de l'âme et du cœur, une doctrine de foi. En un mot, pour rendre plus clair le triple mouvement d'idées par lequel a passé Maine de Biran, disons qu'il a commencé par être matérialiste avec le xviiie siècle, qu'il s'est élevé de là au stoïcisme pour finir par le christianisme.

C'est dans ces termes mêmes qu'il pose le problème dans les dernières années de sa vie. Stoïcien ou chrétien, voilà la question. Nul philosophe de notre temps, pas même M. Jouffroy, n'a eu un sentiment aussi vif et aussi profond du problème religieux. Pour Maine de Biran, ce n'est point comme pour MM. de Maistre et de Bonald, un problème social ; quoique attaché en politique au principe d'autorité, ce n'est pas par ce côté extérieur qu'il étudie le problème religieux. Son christianisme est tout intérieur, et de même que le fait intime du libre arbitre l'avait rendu spiritualiste, c'est le sentiment de la nécessité et de la puissance de la grâce qui l'a fait chrétien [1].

Ainsi de 1815 à 1824, pendant que le monde était agité par les grands débats de la liberté et de l'autorité, tandis qu'on se partageait pour ou contre la révolution française, et que tous les esprits éminents étaient dans l'arène, un penseur solitaire, mêlé en apparence à tous ces mouvements, n'était occupé qu'à agiter en lui-même, dans la profondeur la plus secrète de ses pensées, la querelle éternelle de saint Augustin et de Pélage, comparait Marc-Aurèle et Fénelon, pesait le pour et le contre avec une sincérité incomparable, et une finesse d'observation intérieure qui le prédestinait au mysticisme ; et après avoir oscillé quelque temps entre la doctrine qui accorde tout à la volonté humaine, et celle qui lui ordonne de s'humilier et d'appeler à son secours celui qui l'a faite, se décidait enfin pour celle-ci, et se jetait en pleurant, en priant, en gémissant, dans les bras de la grâce.

[1]. Il ne s'agit pas d'un christianisme dogmatique et littéral, (Biran n'a jamais été jusque-là), mais d'un christianisme de sentiment.

Cette dernière phase mystique de Maine de Biran est représentée dans les écrits posthumes par un ouvrage inachevé, qui porte ce titre : *Nouveaux essais d'anthropologie* (1823 et 1824), nous en reparlerons tout à l'heure; mais l'œuvre capitale de la nouvelle publication, œuvre souvent annoncée par Biran et qui restera comme le monument définitif de sa doctrine, est l'*Essai sur les fondements de la psychologie*[1].

L'*Essai* est la refonte et la synthèse systématique de tous les écrits antérieurs de Maine de Biran consacrés à la psychologie : les *Rapports du physique et du moral*, la *Décomposition de la pensée*, l'*aperception immédiate*, etc. Il se compose de deux parties. Dans la première, l'auteur analyse les faits

1. Outre ces deux ouvrages, dont le second à lui seul remplit avec l'Introduction de l'éditeur les deux premiers volumes, l'édition nouvelle contient encore un *Examen* étendu et très intéressant des opinions de M. de Bonald.

du sens intime en les rattachant à ce qu'il appelle le *fait primitif*, le phénomène de l'effort volontaire ; dans la seconde, il essaie de classer ces faits et de les ramener à un ordre généalogique et synthétique. Ce livre contient donc un vrai système psychologique et c'est ce qui le distingue des ouvrages de pure psychologie descriptive, tels que sont ceux des Écossais, ou parmi nous, l'ouvrage si précieux d'ailleurs de M. Adolphe Garnier, sur les *Facultés de l'âme*.

Il s'agit d'abord de déterminer le fait primitif de conscience, à savoir le fait générateur d'où dérivent tous les autres. Ce fait sera-t-il la sensation pure et simple, la sensation affective et passive telle que la décrit Condillac? Non, car, dans l'hypothèse de Condillac, le moi se confond avec ses sensations, mais il n'existe pas pour lui-même à titre de moi. Il est successivement odeur de rose, odeur d'œillet, ou toute autre chose : il n'est pas encore *moi*. Il ne peut le devenir qu'en tant qu'il intervient lui-même dans le phénomène par l'activité volontaire. C'est donc avec le premier phénomène de volonté que commence véritablement le moi. Mais cet acte de volonté n'est pas davantage l'acte d'une substance absolue, se saisissant elle-même en elle-même, sans aucune modification ou qualification. Ce point de vue de la substance abstraite ou du moi en soi n'est pas plus pour Biran le fait primitif de conscience que la sensation de Condillac. Le moi s'atteste à lui-même comme force et non comme substance absolue. Mais « l'existence

» de la force n'est un fait pour le moi qu'autant
» qu'elle s'exerce, et elle ne s'exerce qu'autant
» qu'elle peut s'appliquer à un terme résistant ou
» inerte. La force n'est donc déterminée ou actua-
» lisée que dans le rapport à son terme d'appli-
» cation, de même que celui-ci n'est déterminé
» comme résistant que dans le rapport à la force
» actuelle qui le meut ou tend à lui imprimer le
» mouvement; le fait de cette tendance est ce que
» nous appelons *effort* et cet effort est le fait pri-
» mitif du sens intime[1].

A l'aide de ce fait primitif, Biran croit pouvoir résoudre le grand problème de l'origine de nos connaissances, et particulièrement de ce qu'on appelle les idées métaphysiques, l'unité, l'identité, la substance, la cause, que les uns prétendent être des notions *à priori* ou innées, et que les autres ne considèrent que comme des généralisations de la sensation. Les uns et les autres méconnaissent l'origine véritable de ces notions, à savoir le fait primitif de conscience. Ces notions sont en effet indépendantes de l'expérience, mais de l'expérience externe, non de l'expérience interne. Ils sont constants et nécessaires; car issus du moi qui seul est invariable au milieu de toutes nos sensations, ils sont invariables et per-

1. *Essai sur les facultés de la psychologie*, tome I, p. 47. Cette théorie de l'effort volontaire comme fait constitutif de conscience est commun à la fois à Biran et à Ampère. La part d'originalité propre à chacun d'eux est difficile à faire. Ampère a essayé lui-même de faire cette part d'une manière qui lui paraît équitable dans une de ses lettres à Maine de Biran. (Voir *Philosophie d'Ampère*, publiée par Barthélemy Saint-Hilaire, Paris, 1866, p. 330.)

manents comme lui. Dira-t-on, avec Leibniz, qu'ils sont innés comme le sujet pensant l'est à lui-même? Mais le sujet lui-même n'est pas inné ; il s'est constitué lui-même dans un fait ou rapport primitif. Ce fait doit avoir un commencement comme toute série doit avoir un premier terme. Or, si la personnalité a une origine, si le moi n'est pas inné à lui-même, qui est-ce qui peut l'être[1] ? » On voit par là que Biran s'est approché aussi près que possible du point de vue de Fichte, sans cependant y abonder absolument. Il dirait bien comme lui, que le moi se pose lui-même, « qu'il est parce qu'il se pose, et » qu'il se pose parce qu'il est », que c'est le propre du moi d'être posé par un acte d'activité propre, à la différence de toutes choses que nous trouvons toutes posées devant la pensée, mais que la pensée produit par le seul fait qu'elle les pense. Mais il n'irait pas jusqu'à dire que c'est là un acte absolu et primitif, qui pose le moi comme étant lui-même l'absolu. Il ne parle jamais que du moi individuel, du moi humain, et non de ce moi illimité et infini qui est à peine un moi, et que Fichte a bien de la peine à distinguer de l'absolu de Schelling, et de la substance de Spinosa. Mais, sauf cette réserve, on peut dire que le penseur français a pénétré aussi profondément que le penseur allemand dans l'analyse du fait primitif de conscience, et qu'il exprime à peu près la même pensée fondamentale que celui-ci, dans le passage

---

1. *Ibid.*, p. 55.

suivant : « *Le sentiment du moi*, dit-il[1], n'est pas
» adventice à l'homme ; c'est le produit immédiat
» d'une force qui lui est propre et inhérente (*vis
» insita*), dont le caractère essentiel est de se dé-
» terminer elle-même, et en tant qu'elle se déter-
» mine ainsi, de s'apercevoir immédiatement et
» dans sa libre détermination et dans ses produits,
» dans la cause et dans l'effet, qui indivisiblement
» liés l'un à l'autre, constitue le rapport fonda-
» mental ou le fait primitif de conscience. De là,
» la notion de causalité et par suite de substance
» et tout un système de notions qui dérivent clai-
» rement du sentiment du moi, qui ne sont pas
» plus que lui des produits de l'expérience exté-
» rieure ; et qui aussi ne peuvent pas plus que le
» moi, être dites innées à l'âme humaine, si ce
» n'est à titre de possibilités ou de produits vir-
» tuels d'une force qui était dans l'absolu avant
» de se manifester ou s'effectuer par des actes[1]. »

Tel est, suivant Biran, le fait primitif de conscience. Il consiste essentiellement dans l'antithèse primitive du moi et du non-moi, s'opposant l'un à l'autre, et se déterminant l'un par l'autre, le moi ne se sentant que par le choc qu'il rencontre dans un obstacle qui s'oppose à lui et par la lutte qu'il exerce contre cet obstacle. Mais il ne va pas au delà de cette antithèse primitive, et il n'attribue pas, comme Fichte, la création du non-moi lui-même à un acte libre du moi.

1. *Ibid*, p. 132.

La première partie de l'*Essai* a donc pour objet : 1° de signaler et d'analyser ce fait primitif du sens intime, à savoir l'effort volontaire, composé de deux termes indissolubles, le moi voulant et le non-moi résistant, et de le distinguer de tous les faits physiologiques qui le précèdent ; 2° d'expliquer par ce fait toutes les idées métaphysiques de substance, de force, de cause, d'unité, d'identité, de liberté, etc. Biran montre que toutes ces idées ont leur type dans le fait primitif de vouloir, et que les débats des philosophes viennent de ce que les uns ont voulu ramener toutes ces idées à des sensations passives, qui en contredisent les caractères essentiels, tandis que les autres en cherchent l'origine dans l'absolu de l'âme, qui, pour Biran, nous est absolument inconnu. Les uns sont les disciples de Condillac, les autres ceux de Descartes.

On remarquera ici le caractère éminemment expérimental de la philosophie de Maine de Biran ; et à ce point de vue, il n'a jamais répudié les traditions du xviii° siècle. Il n'est jamais revenu aux idées innées de Descartes, et n'a pas davantage admis les concepts *à priori* de Kant. Il s'en tient à l'expérience et fait sortir comme Condillac toutes nos idées d'un fait primitif. Seulement, au lieu de l'expérience externe, il invoque l'expérience interne : « J'étudiai, dit-il, le phénomène au dedans, au lieu de le prendre du dehors[1]. » Au lieu d'expliquer le fait de conscience par la physiologie et l'anatomie, comme Hartley et Bonnet, au lieu d'expliquer les notions par les sensations passives comme

1. *Ibid.*, p. 55.

Condillac, ce qui était encore ramener le dedans au dehors, il trouve dans la conscience de l'activité du moi la condition péremptoire sans laquelle la sensation ne deviendrait jamais connaissance, et les sons ne deviendraient jamais des signes. La doctrine de Biran est donc une sorte d'empirisme interne, ou plutôt, s'il est permis de parler ainsi, une sorte de réflexivisme qui dépasse le point de vue de Condillac, en revenant à celui de Locke et de Leibniz approfondi et développé.

Mais si le moi, avec les notions essentielles qui s'y rattachent immédiatement, constitue le mode fondamental de notre existence actuelle, il ne le compose pas seul; car pour se manifester à lui-même, il doit s'unir incessamment à des impressions diverses qui lui viennent du dehors. C'est l'union du moi et de ces impressions qui donne naissance à tous les faits de conscience, et dont les combinaisons diverses composent notre existence affective et intellectuelle. Dans la première partie de son ouvrage, Biran étudie le moi, abstraction faite des impressions qui viennent se combiner avec lui, c'est-à-dire l'élément actif sans l'élément passif. Dans la seconde partie, il étudie d'abord les impressions ou affections séparées du moi, autant du moins qu'une telle étude est possible. Puis il cherche à déterminer ce qu'il appelle « les combinaisons diverses du moi et des affections », soit dans l'ordre des connaissances, soit dans l'ordre des affections et de la volonté.

En conséquence il distingue dans l'âme humaine

quatre moments, ou, comme il dit, quatre systèmes à chacun desquels correspond un degré particulier de la personnalité ; ce qui les distingue, c'est en quelque sorte le plus ou moins de présence du moi dans chacun d'eux.

1° Au plus bas degré, il n'y a que des impressions passives et des mouvements instinctifs, des modes de plaisir et de douleur sans *moi* : c'est ce que l'auteur appelle des *affections*, et ce premier système est le *système affectif*. Les *affections*, dans ce système, correspondent à peu près à ce que Leibniz appelait les perceptions obscures.

2° Le moi commence à s'unir aux affections, mais sans s'identifier avec elles; il les rapporte à des sièges organiques particuliers, et il n'en est que spectateur. C'est ainsi, par exemple, que nous avons conscience d'un mal de tête, sans y concourir cependant par notre action ; il est, pour le moi, comme quelque chose d'étranger, qui le touche cependant : c'est la *sensation*. Au *système affectif* succède le *système sensitif*.

3° Le moi commence à prendre une part directe aux phénomènes de la sensibilité. Au lieu de subir simplement la sensation, il la provoque, il la prolonge, il la fixe, il la précise, il en fait une connaissance. Il passe enfin de la sensation à la perception. Troisième système : *système perceptif*. Dans ce troisième état, l'action du moi est encore subordonnée à l'action des objets extérieurs, et le sentiment qu'il a de lui-même est développé et comme confondu dans la perception.

4° Enfin la volonté, par son effort propre, peut déterminer des modes dans lesquels l'impression n'est jamais que consécutive à l'effort voulu. Le moi, dès lors, ne peut plus ignorer sa propre causalité et sa part dans le fait de la connaissance. Il s'aperçoit lui-même, et, pour la première fois, le *sujet* s'oppose nettement à l'*objet*. C'est le système *réflexif*.

Telle est la doctrine psychologique de Maine de Biran, et, quoiqu'elle puisse donner lieu à bien des observations critiques, on ne peut nier qu'elle ne soit un vigoureux effort pour expliquer dans l'homme l'union de deux éléments bien distincts, le passif et l'actif, le spontané et le réfléchi. On a souvent dit que Maine de Biran n'avait jamais étudié que la volonté ; mais on pourrait dire, au contraire, qu'il s'est au moins occupé autant des phénomènes obscurs, des sensations indistinctes, et, en général, des modes instinctifs de l'âme que de l'effort et de la volonté. Nul n'a été plus préoccupé de ce que la philosophie allemande appelle « l'inconscient », dont on parle tant aujourd'hui. Biran d'ailleurs, ne faisait en cela comme sur beaucoup d'autres points que de suivre ou de retrouver la tradition de Leibniz, si négligée par ses devanciers.

Reprenons ces quatre systèmes pour donner quelque idée plus particulière de chacun d'eux : 1° Système affectif. — « L'affection, dit Maine de Biran » c'est la sensation sans moi, par conséquent, sans » idée, sans forme d'espace et de temps. » C'est, en un mot, la sensation diffuse, ce que Kant appelle la *matière* du phénomène avant son union avec la *forme*. De tels phénomènes n'étant pas immédiatement l'objet de la conscience, puisqu'ils sont sans moi, ne peuvent être atteints que par induction. Comme on voit la conscience s'affaiblir peu à peu à mesure que les impressions ou affections augmentent en intensité, on a lieu de supposer qu'il y a un moment où elles subsistent seules. Biran en distingue de deux sortes : les générales et les particulières. Les affections *générales* sont celles qui correspondent à l'organisme entier : c'est d'abord le sentiment général de la vitalité, et de toutes ses modifications : « Tel est, dit-il, le principe de cette sorte de réfraction morale qui nous fait voir la nature tantôt sous un aspect riant et gracieux, tantôt comme couverte d'un voile funèbre, et qui nous présente dans les mêmes êtres tantôt des objets d'espérance et d'amour, tantôt des sujets d'aversion et de crainte[1]. » Telles sont aussi les modifications de l'existence relatives à la succession des âges, aux révolutions des tempéraments, à l'état de santé ou de maladie, aux changements de saison, de climat, de température, etc. Les affections *particulières* sont celles qui sont relatives à quelques dispositions d'organe particulier. Elles ressemblent déjà à des sensations ; mais ce qui paraît les en distinguer, selon Biran, c'est qu'elles ont toujours quelque rapport avec la sensibilité générale ; en second lieu, elles sont tout affectives et nullement représenta-

2. *Œuvres inédites*, t. II, page 18.

tives. Telles sont, par exemple, les sensations du toucher passif, les affections du goût et de l'odorat, les affections auditives, en tant qu'elles agissent non seulement sur l'appareil auditif, mais sur d'autres organes, l'épigastre, par exemple. Enfin, parmi les affections, etc., mais plus rapprochées de la sensation, Biran place encore ce qu'il appelle « les intuitions immédiates », à savoir celles qui ont déjà une certaine forme d'espace et de temps, par exemple les impressions tactiles et visuelles qui se coordonnent dans l'espace, les impressions auditives qui se coordonnent dans le temps. Les affections laissent après elles des *attraits* et des *répugnances*; les intuitions laissent après elles des *images*; les unes et les autres sont suivies de tendances d'où naissent les mouvements spontanés. Les affections amènent les sensations; les intuitions amènent les perceptions. Les mouvements spontanés amènent l'effort. L'ensemble de ces phénomènes constitue la vie animale : c'est le domaine de l'inconscient; le moi en reste absent.

Aussitôt que le moi, par l'effort volontaire, commence à paraître, la vie consciente commence avec lui; et elle a trois degrés : la sensation, la perception et la réflexion. Résumons rapidement les principaux moments de ces trois modes de la vie humaine.

Le moi en s'unissant aux impressions donne naissance à la sensation. En tant qu'uni à ces sortes d'impressions que Biran a appelées affections, il constitue les sensations affectives ; en tant que s'unissant à ces autres impressions qu'il a appelées intuitions, le moi produit les sensations représentatives. C'est ici qu'intervient la loi célèbre déjà signalée par lui dans un premier mémoire: « L'habitude émousse les affections et rend les intuitions plus distinctes. »

La difficulté de telles analyses, dont on ne peut contester la finesse et la profondeur, est de fixer des distinctions précises entre des phénomènes qui passent continuellement l'un dans l'autre. Par exemple, comment Biran distinguera-t-il ce qu'il appelle les sensations affectives (qui constituent la seconde classe) des affections particulières (qui rentrent dans la première)? Est-ce l'absence ou la présence de la conscience qui servira de critérium? Mais, dans les affections particulières, il fait rentrer le chaud et le froid, le timbre des sons, l'accent de la voix : sont-ce là des phénomènes sans conscience? Et, s'ils sont déjà accompagnés de quelque conscience, en quoi se distingueront-ils des sensations purement affectives et non représentatives, telles que l'odeur, la saveur, la couleur même ? Comment le timbre et l'accent ne seraient-ils que des affections, tandis que le son lui-même serait déjà une sensation ? En second lieu, en quoi les intuitions immédiates que Biran fait rentrer dans le système affectif se distinguent-elles des sensations représentatives qui appartiennent au système sensitif ? Est-ce encore une fois parce qu'elles sont sans conscience ? Mais Biran leur donne déjà la forme de l'espace et du temps. Or, de telles formes peuvent-elles exister sans qu'il y ait déjà quelque conscience ? Car, ne l'oublions pas, Biran rejette la doctrine de Kant, et n'admet pas qu'elles préexistent *a priori*. Biran dit : « En se rejoignant à la sphère de la connaissance, l'intuition devient sensation représentative. » C'est là une détermination bien vague et qui semble autoriser chacun à fixer où il voudra la limite des deux phénomènes. Enfin, de même que les sensations représentatives se distinguent difficilement des intuitions qui sont au-dessous d'elles, elles ne se distinguent pas plus facilement des perceptions qui sont au-dessus.

Quoi qu'il en soit, c'est à ce second degré de la vie humaine que Biran rapporte la réminiscence, qui est de trois espèces : la réminiscence *personnelle*, la réminiscence *modale* et la réminiscence *objective*; la première, qui a pour objet notre propre moi, et qui nous atteste notre identité personnelle ; — la seconde, qui reproduit les sensations antérieures ; — la troisième, qui reproduit les images. A cette troisième forme de la réminiscence se rattache l'imagination, et à celle-ci un commencement de généralisation spontanée.

Les deux derniers étages, et les plus importants de la vie intellectuelle de l'homme sont la perception et la réflexion.

Le passage de la sensation à la perception se fait par l'effort. C'est lui qui, sous le nom d'attention, fixe l'action des organes sur un seul objet, rend la sensation plus nette, et la transforme en perception. C'est surtout aux sensations représentatives coordonnées dans l'espace et dans le temps que le terme de perception peut s'appliquer. Cependant, chaque sens est susceptible de deux formes : l'une passive, l'autre active, que le langage exprime par des termes différents. De tous les sens, celui qui nous donne le plus nettement l'idée d'extériorité est le toucher. Il suffit, pour que cette idée soit complète, que la pression tactile, qui renferme déjà une représentation étendue, s'associe à l'idée d'une cause qui résiste à l'effort. Dès lors, l'étendue tactile devient le symbole de l'extériorité. C'est encore l'effort qui, suivant Biran, sert à localiser les sensations dans les organes. Tout ce qu'on appelle dans l'école qualités premières se ramène à la résistance et à l'effort, d'où naissent l'impénétrabilité et l'inertie. C'est encore lui qui nous fournit la conception de l'étendue, qui n'est pour Biran comme pour Leibniz, que « la continuité du résistant » ; elle n'est d'abord pour nous qu' « un espace intérieur » immédiatement lié au sentiment du moi, et qui s'extériorise ensuite par le toucher. C'est l'exercice répété du sens musculaire qui nous apprend peu à peu à déterminer, à figurer, à localiser les différentes parties du résistant. Ainsi, l'idée d'espace n'est pas, comme l'a pensé Kant, une forme *a priori* : c'est bien une forme, mais c'est la forme du sens musculaire généralisé.

L'affirmation de quelque chose hors de nous, fondée sur le double fait de l'effort et de la résistance, est ce que Biran appelle le *jugement substantiel*. Sur ce fond viennent s'ajouter par induction ce qu'il appelle *les attributions modales*, c'est-à-dire les qualités secondes, en vertu desquelles les corps nous paraissent comme causes de nos sensations. Le toucher les objective en les répandant et les fixant sur le continu résistant ; ce troisième moment constitue *les attributions objectives*, ou les intuitions projetées dans un espace extérieur.

Au système perceptif se rattachent, selon Biran, la mémoire volontaire, la comparaison, la classification, enfin le sentiment, les notions morales et la liberté. Seulement, il est encore ici permis de se demander si ce n'est pas là rapprocher un peu arbitrairement des éléments bien hétérogènes, et si l'on ne rapporte pas à la perception des éléments qui se rattacheraient beaucoup plus directement au système réflexif.

La limite en effet, est bien difficile à fixer. Le système perceptif est caractérisé selon Biran par l'attention ; le système réflexif, au contraire, par la réflexion. Mais quelle différence y a-t-il donc entre l'attention et la réflexion ? La voici : « L'attention s'attache surtout aux résultats de nos actes extérieurs... La réflexion, se concentre dans le sentiment du pouvoir libre qui les effectue[1] »... « La réflexion est cette faculté par laquelle l'esprit aperçoit dans un groupe de sensations, ou dans une combinaison de phénomènes quelconques, les rapports communs de tous les éléments à une unité fondamentale, comme de plusieurs modes ou qualités à l'unité de résistance, de plusieurs effets divers à une même cause, des modifications varia-

1. *Ibid*, tome II, p. 227.

bles au même *moi*, sujet d'inhérence, et avant tout de mouvements répétés à la même force productive, ou à la même volonté *moi*[1]. » La réflexion serait donc, pour employer le langage de Kant, la faculté qui ramène la pluralité à l'unité, surtout à cette unité fondamentale dont le type est en nous-mêmes. « Elle commence donc avec le premier effort voulu, avec le fait primitif de conscience. » Par la réflexion le moi se distingue de ses impressions ; il distingue, en outre, les perceptions qui lui viennent du dehors de celles qu'il peut produire et se procurer à lui-même par un effort de la volonté. A ce point de vue, Biran attache une grande importance à un fait trop peu remarqué par les psychologues, celui de l'union du sens de l'ouïe et des organes de la voix. Grâce à cette union, et en même temps à la distinction des deux espèces d'organes, le moi peut se donner à lui-même des sensations sans s'y perdre et sans s'y confondre, tandis que pour tous les autres sens l'élément actif est tellement mêlé à l'élément passif qu'on ne peut que très difficilement les séparer par l'esprit ; de telle sorte que c'est dans le mouvement volontaire de l'organe vocal que Biran saisit le premier exercice précis et conscient de la réflexion, le premier acte du moi. On comprend par là l'importance qu'il attribue à l'institution volontaire des signes, et comment il se sépare à la fois de l'école de Bonald, qui fait venir le langage d'une révélation extérieure et divine, et de

---

1. *Ibid.* p. 225.

Condillac qui le fait venir des sens, c'est-à-dire de la pure passivité. L'institution des signes est pour lui le fait caractéristique de l'état de réflexion. A cet emploi volontaire et conscient des signes se rattache un nouveau degré de la mémoire. La mémoire *imaginative*, ou *réminiscence* correspond au système sensitif et la mémoire *volontaire* au système perceptif. A celle-ci succède à son tour la mémoire *intellectuelle*, qui se rapporte au système réflexif. Ce système comprend encore toutes les opérations discursives de l'entendement, l'induction et la déduction, et les diverses espèces de déductions. Les psychologues trouveront sur toutes ces questions une riche matière d'observations et de faits. Remarquons cependant combien Biran, malgré la profondeur de son esprit a été peu frappé de la difficulté d'expliquer, en partant du simple fait de l'effort volontaire, les notions absolues et nécessaires, et les principes premiers. Il ne parle qu'incidemment de ce qu'il appelle « l'intuition intellectuelle [1] » qui donnerait, suivant lui, les jugements nécessaires et immédiats; mais, c'est là un point tout à fait secondaire dans sa théorie; et sur cette question, il est resté fidèle à l'empirisme du xviii° siècle ; seulement, comme nous l'avons dit déjà, ce n'est pas un empirisme extérieur, comme celui de Condillac : c'est un empirisme intérieur, que l'on pourrait appeler une sorte de *réflexivisme empirique*.

Quelque objection que l'on puisse opposer à la doctrine de Biran, il faut lui savoir gré d'avoir

1. *Ibid.* p. 273.

essayé de construire une psychologie complète et systématique. Tout aussi préoccupé que les Écossais de distinguer ce qui ne doit pas être confondu, ayant même trouvé un fondement plus solide que Reid à la réfutation du scepticisme de Hume et du sensualisme de Condillac, il ne se contente pas cependant comme eux, d'énumérer, paquet par paquet en quelque sorte, les groupes de phénomènes que l'on peut distinguer dans le langage ; il essaie de les lier ensemble, d'en montrer le développement et, comme on dirait aujourd'hui, l'évolution. La psychologie de Reid laisse encore à chercher comment tous ces phénomènes s'unissent et s'associent dans un même moi. Biran conserve en quelque sorte la doctrine condillacienne de la transformation, avec cette différence qu'au lieu d'une sensation qui se transforme toute seule ou par des causes extérieures, l'agent de la transformation est ici dans le moi lui-même : c'est l'intervention plus ou moins active et énergique du moi qui transforme les sensations en images, les images en idées, les idées en pensées, en jugements, en sciences. Au lieu d'une statue que l'on regarde du dehors, c'est un être vivant qui se regarde du dedans. Là est la ligne de démarcation qui sépare Biran de Condillac, la philosophie du xix° siècle de celle du xviii°; et malgré d'apparents retours favorables à l'empirisme, le point de vue de l'intériorité est trop vrai, trop évident quand une fois on y est entré, pour qu'il ne retrouve pas dans la science la place légitime qui lui appartient.

III

Les *Fondements de la psychologie* nous ont montré le moi actif se mêlant aux affections, et en tirant par degrés toutes nos connaissances. Mais il est une autre face de la vie humaine, dont Biran jusque-là, dans aucun de ses travaux psychologiques n'avait fait mention, et qui va être l'objet principal de ses méditations pendant la dernière phase de sa vie : c'est le côté « par où l'homme touche à la nature divine, dont il émane, dont il est le reflet et l'image [1] » ; c'est « ce monde supérieur de réalité invisible, qui ne se manifeste qu'à un sens sublime : celui de la religion, de la foi et de l'amour [2] ». De ce nouveau point de vue est issu le dernier ouvrage de Maine de Biran, et que, comme Pascal, il a laissé inachevé. M. Ernest Naville a essayé d'en relier les débris épars avec un soin extrême ; il a pour titre : *Nouveaux essais d'Anthropologie*.

1. T. III, *Anthropologie*, p. 355.
2. *Ibid*, p. 356.

Au lieu des quatre grands systèmes auxquels il avait ramené l'économie de l'intelligence humaine dans les *Fondements de la psychologie*, il distingue ici dans l'homme trois vies différentes : la vie *animale* ou vie *organique* (réunissant ainsi en une seule les deux vies distinguées par Bichat); en second lieu, la vie propre à l'homme ou vie *humaine*, c'est-à-dire la vie du sujet pensant et sentant; en troisième lieu « la plus importante de toutes et qu'on a eu le tort jusqu'ici d'abandonner aux spéculations du mysticisme; » c'est la vie *spirituelle* ou vie de *l'esprit*. De ces trois vies, les deux premières ont été suffisamment étudiées et décrites par Biran dans ses autres ouvrages; et ses vues sur ce point n'ont subi aucune modification remarquable. C'est donc principalement la troisième vie, celle de l'esprit, qui doit attirer ici principalement notre attention.

Maine de Biran ne craint pas, dès l'abord, de caractériser ce troisième mode de vie par cette expression suspecte empruntée aux mystiques, « l'absorption en Dieu ». De même que l'homme peut s'identifier avec la nature par les sens et y absorber sa personnalité, de même aussi, « il peut jusqu'à un certain point s'identifier avec Dieu, en absorbant son moi par l'exercice d'une faculté supérieure, que l'école d'Aristote a méconnue entièrement, que le platonisme a distinguée et caractérisée, et que le christianisme a perfectionnée en la ramenant à son vrai type ».

De quelle nature est cette absorption suprême ?

Est-ce l'anéantissement absolu, le *nirvâna* boudhique ? Non ; Biran fait ici une distinction : ce n'est pas l'absorption de la substance, de la force absolue, celle qui pense et qui veut ; non ; c'est l'absorption du *moi*. Ainsi, le moi subsiste dans son absolu à titre de force ; il ne perd que le sentiment de lui-même, c'est-à-dire la conscience. La conscience et la personnalité ne sont qu'un moment dans la vie de l'homme. En bas, comme en haut, dans les deux extrêmes de la vie « l'homme perd également la personnalité : mais dans l'un, c'est pour se perdre en Dieu ; dans l'autre, c'est pour s'anéantir dans la créature [1] ». Dans ce troisième état « l'homme est affranchi du joug des affections et des passions... le génie qui dirige l'âme et l'éclaire, comme un reflet de la divinité, se fait entendre dans le silence de toute nature sensible [2] ». La volonté humaine a pour fonction de nous arracher à la sphère inférieure où l'âme est absorbée dans la nature sensible pour « nous faire entrer dans une sphère supérieure et lumineuse où l'âme s'absorbe en perdant le sentiment de son moi avec sa liberté [3] ».

Cette voix de l'esprit serait donc, d'après les fortes expressions que nous venons de citer, un véritable anéantissement, non de la substance, mais de la personnalité, une vie absolument impersonnelle. Sans doute, la substance, la force absolue continuent à subsister ; mais le moi disparaît, et que m'importe alors ? Et quelle différence y a-t-il entre

1. *Anthropologie*, p. 517.
2. *Ibid*, p. 519.
3. *Ibid*, p. 521.

ma substance inconsciente et la substance d'une pierre ou d'un insecte ? Ce qui fait que l'âme est âme et non pas force aveugle, c'est le moi, la conscience, la personnalité. Qui l'a mieux démontré que Biran lui-même ? Quelle est donc cette vie supérieure qui ne se sait pas vivre ? Quel est ce bonheur dont je ne jouis pas ? Ainsi, dès les premiers pas de la vie de l'esprit, Biran se laisse entraîner aux dernières exagérations et aux décevantes hallucinations des quiétistes. Cependant, dans d'autres passages, il s'exprime moins fortement, et semble ramener à un sens plus raisonnable et plus admissible cette prétendue absorption en Dieu ; on pourrait même croire qu'il ne s'agit en réalité que d'une métaphore hyperbolique. C'est ainsi, par exemple, que pour nous donner une idée de cet état supérieur, il nous décrit ce moment « où la passion étant vaincue, le devoir accompli et le sacrifice consommé, l'âme est remplie d'un sentiment ineffable, où le moi se trouve absorbé ». Mais il semble impossible qu'il y ait dans l'âme un sentiment ineffable sans qu'elle le sache, sans qu'elle en ait conscience ; et si elle en a conscience le moi n'est pas complètement absorbé, et n'est pas anéanti, comme Biran le disait tout à l'heure. Il dépeint encore cet état supérieur comme étant « le sentiment du repos après et avant l'effort, » comme « le calme des sens ou de la chair ; » il l'identifie avec « la charité ou la vie en autrui ». Or, rien de tout cela n'est absorption, anéantissement du moi. Sans doute, le moi doit s'oublier soi-même, s'élever à Dieu, au Beau et au Bien, se répandre dans les autres, et vivre autant qu'il peut dans l'absolu. Mais rien de tout cela n'est sans conscience et par conséquent sans moi. Rien de tout cela ne ressemble au nirvâna boudhique ; ce n'est pas absorption, c'est au contraire consommation et perfection.

Biran méconnaît cette vérité, lorsqu'il dit que « le moi est le pivot et le pôle des facultés cognitives, et que le non moi, ou l'absorption du moi dans l'objectif, est la condition première des facultés affectives. Pour connaître, il faut que le moi soit présent à lui-même..., pour aimer, il faut que le moi s'oublie ou se perde de vue, en se rapportant à l'être beau, bon, parfait qui est sa fin [1]. » C'est là, à ce qu'il nous semble, une psychologie très inexacte. Dans les facultés cognitives, comme dans les facultés affectives, le moi s'oublie et se perd de vue, quand il est en présence de l'absolu. Est-ce qu'un géomètre, quand il est tout entier à son théorème, ne s'oublie pas lui-même ? Est-ce que l'histoire si connue d'Archimède ne prouve pas que la connaissance aussi bien que l'amour entraîne l'oubli de soi ? D'un autre côté, cet oubli de soi qui caractérise, je le reconnais, l'état le plus élevé de l'âme, soit dans l'ordre de l'amour, soit dans l'ordre de la connaissance, cet oubli de soi, n'est pas du tout « un non-moi. » Ce n'est pas « l'absorption du moi dans l'objectif pur. » Le moi s'oublie, mais il se sent ; il a conscience de lui-même en autrui et en autre chose.

1. *Ibid*, p. 529.

C'est la conscience en autre chose que soi ; mais c'est toujours la conscience. La mère transporte, si vous voulez, sa conscience dans sa fille ; elle se sent en elle ; mais elle continue à se sentir.

Biran dit encore que « l'âme a deux manifestations essentielles : la raison et l'amour. L'activité personnelle est la base de la raison : c'est la vie propre de l'âme. L'amour est une vie communiquée, et comme une addition de sa vie propre, qui lui vient du dehors et de plus haut qu'elle, savoir *l'esprit-amour* qui souffle où il veut. L'activité du moi n'a aucune influence directe sur les sentiments du cœur ou de l'amour. Nous ne pouvons que nous prêter à la réceptivité de l'esprit (c'est-à-dire *désirer* et *prier*) [1] ». Puis, sans s'apercevoir qu'il se contredit, il ajoute que notre liberté « ne consiste qu'à nous disposer de manière à recevoir des *idées* et des *sentiments* ». Mais si cela est vrai des idées aussi bien que des sentiments, l'activité personnelle n'est donc pas plus le pivot de la raison que du cœur. Et, en effet, la liberté ne suffit pas plus pour connaître que pour aimer. Vouloir n'est pas plus connaître que jouir ; et nous ne pouvons pas plus par notre volonté créer la vérité que le bonheur. Réciproquement si la liberté, le moi, le vouloir est indispensable pour connaître, il ne l'est pas moins pour jouir et pour aimer. Que ce soit « une grâce » divine qui produise les idées et les sentiments, je le veux bien ; mais c'est à la condition qu'il y ait un moi pour les recevoir et pour

1. *Ibid.* p. 541.

se les approprier, ou pour s'y assimiler ; autrement, il en serait de la grâce comme de la pluie qui tomberait sur une pierre : ce serait toujours de la pluie, mais elle ne servirait à rien.

La même réserve étant faite une fois pour toutes, et si l'on veut bien admettre que l'absorption du moi ne signifie que le sentiment du moi en autre chose que lui-même, nous pourrons jouir avec sécurité des belles pages de Maine de Biran, où il a reproduit en son propre nom, et par suite d'expériences intérieures, les plus nobles pensées des mystiques. Il remarque, par exemple, « qu'il y a des âmes qui ont la faculté de voir ou plutôt de sentir immédiatement ce qui est respectivement dans chacune d'elles sans l'intermédiaire des sens extérieurs ». Il peut donc y avoir un langage semblable entre l'âme humaine et l'esprit divin. Il dit encore avec raison « que le véritable amour consiste dans le sacrifice entier de soi-même à l'objet aimé ». C'est dans cette abnégation même que « l'âme trouve son repos ». Mais comment faire un pas en dehors de nous-mêmes, « si Dieu ne nous soutient »? C'est donc Dieu qui est le principe du sacrifice et qui en est en même temps le dernier objet : « Dieu est à l'âme ce que l'âme est au corps. » Dans cette vie, l'homme ne communique avec Dieu que par son âme, c'est-à-dire par les facultés actives et cognitives. Mais il y a une vie supérieure, où la communication pourra être plus intime et plus directe. « Je viendrai avec mon père, a dit Jésus-Christ. C'est alors que la pensée et son objet, l'amour et l'être aimé, seront fondus en un [1] ».

Tel est le dernier mot de la philosophie de Biran. Comme Fichte [2], ce philosophe de la volonté a fini par la philosophie de l'amour. L'un et l'autre ont senti que le moi ne se suffit pas à lui-même, et qu'il ne suffit pas de vouloir, mais qu'il faut vouloir quelque chose. Ils ont vu que le but idéal de la volonté ne peut être la lutte et le combat, mais la paix et le repos. Ils ont vu que le moi, sans se perdre dans l'égoïsme, ne peut rester éternellement attaché à lui-même. Ils ont donc admis tous deux, au-dessus des sens, au-dessus de la volonté, une vie supérieure : la vie de l'esprit, la vie de la grâce, la vie de l'amour. Biran a peint cette troisième vie en termes émus, où l'on sent l'influence à la fois de Fénelon et de l'*Imitation*. On ne peut nier et cette troisième vie et sa supériorité sur les deux autres : c'est par là que le quiétisme et le mysticisme sont vrais ; mais encore une fois, à la condition que cet état supérieur ne soit pas considéré comme l'absorption, l'anéantissement du moi, mais comme sa consommation. Ce n'est pas la perte, c'est l'accomplissement de la personnalité. L'amour est le plus haut terme de notre existence ; mais il faut un sujet qui aime. Le moi aimant aussi bien que le moi pensant n'est pas au-dessus de la personne humaine, c'est la personne elle-même.

1. *Ibid.* page 550.
2. Voir l'ouvrage de Fichte intitulé : *Méthode pour arriver à la vie bienheureuse*.

Nous venons de comparer Biran à Fichte. On peut le rapprocher également d'un autre philosophe allemand, devenu célèbre, Schopenhauer. Comme Biran, ce philosophe trouve dans le sujet manifesté à lui-même dans la conscience par la volonté cette réalité que les purs concepts de l'esprit ne peuvent pas nous donner. La volonté, c'est-à-dire la force, est le vrai principe réel et substantiel de la nature. C'est pour avoir méconnu ce principe que Kant a nié toute objectivité et que les *trois Sophistes* (c'est ainsi que Schopenhauer nomme Fichte, Schelling et Hegel), ont tout ramené à *l'Idée* et au *Moi*. Schopenhauer cependant n'est pas un *réaliste* absolu comme Herbart; mais il représente un point de vue intermédiaire entre les deux écoles à peu près, pour ne rien forcer, comme Biran lui-même entre Kant et Leibniz. Ce n'est pas là d'ailleurs la seule ressemblance qui les unisse : car Schopenhauer, après avoir posé la volonté comme principe, propose à l'homme comme fin dernière, aussi bien que Biran, l'anéantissement de la volonté. L'un et l'autre finissent par le nirvâna. Chez l'un, cependant, c'est le nirvâna athée ; chez l'autre c'est un nirvâna chrétien : chez Biran, c'est l'absorption en Dieu ; chez Schopenhauer, c'est l'absorption dans le vide : chez l'un c'est le désir du bien suprême et l'effort exalté d'une âme tendre, qui ne s'oublie jamais assez elle-même ; chez l'autre c'est l'horreur de la vie, qu'il se représente sous les couleurs les plus noires, et la révolte d'une âme aigrie contre la destinée. Les sentiments qui les animent sont donc profondément différents : mais au fond et rigoureusement parlant les deux doctrines ne diffèrent pas essentiellement ; car celui qui aspire à perdre sa personnalité, indique bien par là que la vie consciente et active lui est douloureuse et pesante et par conséquent qu'elle est un mal ; et celui qui demande à se perdre dans le vide, se représente, malgré qu'il en ait, ce vide comme un bien supérieur à toute réalité sensible, et pour lui le vide est Dieu.

Quoi qu'il en soit de ces rapprochements, il semble bien résulter de cette triple expérience, (Biran, Fichte, Schopenhauer), que la philosophie de la volonté n'est pas suffisante et qu'elle ne peut pas être la dernière philosophie. Là est la radicale faiblesse du pélagianisme : la volonté ne peut pas tout, elle n'est pas tout. Mais aussi rien n'est possible sans elle ; aimer n'est rien sans vouloir, vouloir n'est rien sans aimer. C'est une chimère malsaine de croire que la plus haute manière d'être est de ne pas être. Que cette chimère soit le rêve de la piété ou le défi de l'athéisme, elle n'en révolte pas moins les lois fondamentales de la vie.

Nous ne nous séparerons pas de Maine de Biran sans remercier et féliciter le savant éditeur genevois M. Ernest Naville, digne héritier de son père dans cette tâche difficile, du soin infini et du zèle désintéressé qu'il a consacrés à la gloire d'un philosophe dont il n'est pas même le compatriote : chrétien fidèle et convaincu, il n'a pas considéré la philosophie comme une ennemie, et n'a pas craint de consacrer plusieurs années de recherches et de peines à publier les écrits d'un penseur qui n'a touché au christianisme que dans les dernières années de sa vie, et encore qui y était entré beaucoup plus par le cœur que par la foi. Ce bel amour de la science libre, uni chez M. Ernest Naville à la foi la plus libre et aussi la plus éclairée, mérite au plus haut degré notre estime et notre respect. Remercions Genève de ce culte envers une gloire française, de ce service rendu à la philosophie : ce n'est pas le seul que lui doivent la science et la liberté.

FIN

TABLE

	Pages.
DESCARTES, SON CARACTÈRE ET SON GÉNIE.	1
SPINOZA ET LA THÉOLOGIE SPINOZISTE.	49
LE SPINOZISME EN FRANCE.	105
LA PHILOSOPHIE DE MALEBRANCHE	147
LA PHILOSOPHIE ANGLAISE ET SON HISTORIEN	187
LE SCEPTICISME MODERNE: PASCAL ET KANT	225
LA CRITIQUE ET LE SPIRITISME : KANT ET SVEDENBORG.	304
LE DERNIER MOT D'UN MATÉRIALISTE : LA PHILOSOPHIE DE DIDEROT	333
UN PHILOSOPHE SPIRITUALISTE AU XIX° SIÈCLE : LES ÉCRITS INÉDITS DE MAINE DE BIRAN.	363

www.ingramcontent.com/pod-product-compliance
Lightning Source LLC
Chambersburg PA
CBHW071909230426
43671CB00010B/1529